在一切都太過迅疾的年代，
我們慢慢讀書。

恐懼密碼

為什麼我們總是怕黑、
怕鬼、怕獨處？

SCREAM

Chilling Adventures
in the Science of Fear

瑪姬・克爾——著　蕭美惠、林奕伶、楊琇玲、陳筱宛——譯

MARGEE KERR

目錄

前　言　窺探恐懼的冒險之旅　4

Part I
生理上的戰慄

第一章　從數十公尺高空俯衝而下　14
——失去控制，反而解放壓抑

第二章　在一百一十六層樓的邊緣漫步　37
——當恐懼火力全開，其他的感官都將失去作用

Part II
心理上的驚恐

第三章　伸手不見五指的監獄　60
——我們害怕的不是黑暗，而是與人隔絕

第四章　怪聲、白影、不明物體　95
——鬼怪真的存在嗎？

第五章　從凶宅到日本鬼屋的挑戰 121
——大起雞皮疙瘩的場景與角色連結

Part III 真正的恐懼來自何處？

第六章　當死亡如此靠近 148
——在自殺森林裡的沉思

第七章　暴力攻擊下的顫抖 176
——高犯罪率地區的創傷反應

Part VI 創造恐懼

第八章　比鬼屋更恐怖的恐懼實驗室 214
——既然無法戰勝，就去學習接納

後記　克服恐懼，活出充實的人生 258

注釋 260

前言

窺探恐懼的冒險之旅

十月中旬，某個星期五晚上九點左右。當時天氣寒冷，但仍是秋季般的涼爽，尚未冷到吐氣時會冒出白煙。觀察了繞著建物大約兩個街口長度的排隊人龍之後，我開始走上通往恐怖屋（ScareHouse）主要入口的山坡，這是匹茲堡（Pittsburgh）一個鬧鬼（或「流連忘返」）的景點。

當我走過去時，一名遊客對著我大喊：「喂！喂！有多可怕？」我喊回去說：「你有多帶一條褲子嗎？」然後繼續走上去。我對一名警衛點個頭，穿過前門，在遊客中蜿蜒前進，走向大廳後面的厚重黑幕。走過布幕後，溫度好像升高了二十度。當我沿著穿越屋子中央的祕密演員通道回到穀倉時，可以感受到期待感逐漸升高。在我的左手邊，由殭屍發出的咆哮與吼叫變得大聲了，等我走過去又變小聲。我聽到「砰」的一聲引發驚聲尖叫，便笑了笑，那是我們的一名演員，一名格外精力充沛的殭屍撞向距離遊客臉部僅數吋的塑膠玻璃板（接下來五小時，他至少每分鐘要做一次）。在我的右手邊，走過禮拜堂時，我聽到一位發狂的牧師含糊難懂的咒罵。

終於來到幕後通道的最後一段，在這裡我已經可以感受到連續殺人魔的門滑動與撞擊所造成的震動。我稱它為「門」，但實際上是房間裡一整面牆板，安裝在一條滑槽上，尾端還裝上金屬片，好擴大聲響。我聽見「你在我房間裡幹什麼」，然後是數個不同的聲音叫嚷「我的天吶」等驚呼。雖然還看不到我們的連續殺人魔，我知道他在做什麼：握著他的菜刀，赤裸上身衝到外頭來，足以驚嚇客人，但不會妨礙他們跑過去。連續殺人魔又退回去，用力關上門。遊客們驚魂甫定，喘口氣之後，扮演殺人魔的「被害者」角色出現並乞求協助。遊客們又驚又窘，嚇個半死之後，接著向前跑到穀倉。穀倉入口處安靜、詭異，堆放著填充動物（不是毛茸茸的那種），就在轉角處，守候著一名屠夫、稻草人、一組鏈鋸、和一位我們稱之為「乾草棚」的人。這段鬧鬼通道——從地下室到穀倉——是這世界上我最喜愛的地方之一。

我和連續殺人魔擊掌，問他今晚有多嚇人。他掛著大大的笑容回答：「棒透了。」這幾個房間的工作人員已經合作三年多了。他們的精力與營造出的緊湊感極為神奇。我鑽進拉門旁邊的一道托板（那是鑲在牆上的一道窗戶，有一扇厚重的門，可以向下拉開鑽進去），由牆上一個錢幣大小的孔洞窺視。整個鬼屋布滿了這種偷窺孔，目的是讓警衛和演員注意行動提示、客人流量，當然，還有惹麻煩的人。對社會學的觀察而言，則沒有這麼多功能。

窺視孔中的真實

第一次窺視時，我覺得毛骨悚然，老實說，到現在還是覺得毛骨悚然。從牆上的孔洞偷窺算不上是社會允許及可接受的行為，要說這件事是一種禁忌也不為過。我在當地一所大學的研究倫理審查委員會（IRB）監督下，花六年時間進行研究，該機構設定嚴格的人類研究標準。IRB強力要求受試人員被告知並同意，尤其是在敏感情況下。雖然每個遊客再三被警告與告知，進入恐怖屋之後他們將會被鏡頭拍攝，但這種偷窺癖仍令人覺得不公平、危險，而且，是的，令人有權力感。更讓人發窘的是，我在觀看處於恐懼與脆弱時刻的人們。我看到他們臉上的表情，聽見他們的喊叫，偶爾還看到他們眼中的淚水。他們奔跑，絆倒在別人身上，直覺地後退、前傾，往任何可以避開連續殺人魔和他的菜刀的方向躲藏。我看過男人企圖逃避時把女友推開，還有人跪倒在地，大喊救命。

不同組的遊客之間通常會有一分鐘左右的間隔。那一分鐘很安靜、很超現實。我可以聽到已進入穀倉的前一組遊客被稻草人驚嚇的尖叫聲。我蹲在那裡，從孔洞窺視，看到下一組遊客帶頭的人。她很年輕，或許二十幾歲，正在張望四周。有很多東西吸引她的注意：房間牆上散布著照片，滿布鮮血與內臟的水槽，蛆在垃圾上蠕動的3D投影。她掃描地上、角落，想要看清前方，完全沒料到左手邊的整面牆隨時都會被拉開。即使看過許多遍，此時總會讓我感到焦急。期待感升高，我感覺自己的心跳加速。猜想著什麼時候——他什麼時候會把門拉開？我看到這名遊客緩慢走向前，她被反方向的牆正前方的鏡子分散了注意力，也就是我躲藏的那面牆。

有那麼一刻，我以為她可以看見我，但我知道那是不可能的。當她明白鏡子裡是她自己的身影時，門被拉開，連續殺人魔出來嚇人了。這位年輕女子連同其他同伴，尖叫著往前衝向右邊。我轉頭看著他們跑過轉角，聽到尖叫聲變成歇斯底里的大笑，緊接著又變回尖叫，因為殺人魔的被害者出來嚇人了。這組遊客進入穀倉後，我向演員們祝賀他們超成功的二部曲。他們笑了笑，重新回到自己窺視孔的位置，等候行動指示。

這種時刻，我再度感到敬畏。不可思議的事情正在這個空間進行著。每當我離開時，覺得自己目睹了人類處於他們最基本、最原始的狀態下。這是一種特權。我們在人生中有多少時候可以真正看到人們卸下偽裝和拋開社會腳本（social scripts）？因此，我繼續蹲著，從窺視孔注視遊客害怕地尖叫、演員躡手躡腳等著跳出去嚇人，心裡猜想著我們怎麼會做這種事，這些人為何會排隊兩小時，花錢購買尖叫的機會？

當世界被恐懼吞噬

自從我六歲時首次逛進一個在體育館舞臺上搭建的簡陋小型鬼屋，裡頭有衛生紙包成的木乃伊和黑色塑膠蝙蝠，之後我便成了鬼屋迷。它們不僅符合我對恐怖、毛骨悚然故事的喜愛與著迷，而且對我來說，萬聖節是最棒的節日，因為這個節日的重點是朋友、怪物和糖果，而不是家庭與責任。我發現鬼屋的刺激與期待感令人興奮，從小便明白自己喜好追求驚險。當然，我不是使用那類字眼，也不知道什麼叫做冒險王、腎上腺素狂或大膽鬼，或者是下列名詞的學術觀念：追求感官，追加新奇，良性自虐（benign masochism），享樂逆轉（hedonic reversals）。我不知道壓力敏感或抗壓是什麼意思，只知道自己真的喜歡鬼屋、恐怖電影、不用馬鞍騎馬恣意越過田野、快速溜滑輪，還有坐最陡峭的雲霄飛車。我從來沒有刻意去思考自己為什麼喜歡，只覺得那是很有趣、愉快的時光。

為了追求刺激，我來到匹茲堡全國聞名的鬼屋景點——恐怖屋。這是我去過的眾多鬼屋當中最可怕的。當時在我尤其感到害怕的瞬間，我撞上一面牆，把肩膀撞傷，痛了幾星期。它也是我去過最詭異的鬼屋：裡頭沒有佛萊迪〔譯注：Freddy Krueger，佛萊迪是經典恐怖電影系列《半夜鬼上床》（*A Nightmare on Elm Street*）的主角〕、傑森（Jason）或皮革臉（Leatherface），也不像時下許多流行鬼屋到處都是血漬和內臟。相反地，這裡有些房間需要遊客戴上3D眼鏡，東西都搽上螢光顏色，還有奇怪特異的原創角色。氣氛詭異令人不安。去過鬼屋後，我覺得十分亢奮，但也覺得放鬆，甚至心情平靜。我決定要盡量多去鬼屋，這很瘋狂，因為我正在寫論文，而且在退伍軍人管理局的健康權益研究與推廣中心還有份正職工作。

當我首次玩過恐怖屋之後，我找到其中一位老闆史考特．西蒙斯（Scott Simmons），對他說，我什麼都願意做，只要可以加入他們的團隊。一名身上仍滿布血漬的演員悄悄靠近我們。他嘲笑地說：「社會學家在鬼屋可以做什麼？」「我可以分析資料！」這就是我現在在做的事。

我的論文指導教授聽到我打算在恐怖屋工作時，給了我一個白眼，但我並不在意。恐怖屋每年都會在遊客意見調查上詢問：「你覺得有多恐怖？」多麼棒的機會啊！這份資料雖然不夠詳盡，或者在控制條件下，無法發表於《美國社會學期刊》（*American Journal of Sociology*），卻是少見地能在幕後窺探恐懼，因為它看到真實世界。自從二〇〇八年以來，我有幸閱讀到人們對於自身恐懼的表述，這不僅有趣，還發人深省。

我持續同時在匹茲堡和恐怖屋研究恐懼時，發現有些恐懼的問題是理論與成堆的實驗室研究所無法解答的。我讀到的所有資料都聚焦於恐懼的負面影響。學者們說明恐慌、焦慮、擔憂和恐懼控制了美國人心理，成為我們大多數行動與決策的主導情緒，對我們極為有害。無數作者剖析和譴責當代美國社會猖獗的「恐懼牟利行為」，（正確地）指出恐懼被用來銷售產品和塑造政治辯論。渴求閱聽人的新聞媒體操弄我們的恐懼回應，我們的大腦無法辨別「真實的」威脅，以及手機與電視上無時無刻出現全球各地的抽象與異常恐怖。我們活在一個客觀來說比以往更加安全的世界，[1]可是卻受到引發恐懼的訊息操弄，[2]擔心可能不會影響我們、遠非我們所能控制的問題。我們可以說被恐懼吞噬。

然而，許多人享受恐懼。他們喜歡大聲尖叫，驕傲地在推特（Twitter）和臉書（Facebook）上展示尿溼褲子的照片。他們離開鬼屋時帶著笑容，彼此擁抱，相互擊掌。

我在恐怖屋的觀察（更別提電視、電玩等恐怖內容取得的商業成功）和研究文獻並不符合。一些問題有待回答。其中一些是有趣的，像是為什麼有些人喜歡鬼屋，有些人就不喜歡？雲霄飛車等生理刺激與獨自待在黑暗中等心理驚嚇有何差別？但也有嚴肅的問題，例如我們可以由驚嚇自己學到些什麼，我們的生物學與文化如何影響我們害怕的東西，以及我們如何面對可怕嚇人的內容？還有，為何在人們自覺深陷危險的世界，我們還追求更多的恐懼——而且是創紀錄的數量？恐懼的故事需要調查、經歷和分享。

因此，我便這麼做了。但不是在實驗室裡進行。

過去兩年來，我走遍全世界想要徹底了解恐懼。我去過世上最可怕的鬼屋，以及最陡峭的雲霄飛車。我到過最高的人造建物，並懸掛在鋼纜上。我從飛機上跳下去，在廢棄的監獄過夜，而且還是兩次。我被銬上手銬，在漆黑的坑道爬行，反而被大白天發生的事情驚嚇得更嚴重。我哭過幾次，有一次是單獨在日本的森林裡，有一次是在哥倫比亞的人群裡。我訪談過許多研究刺激、恐怖與鬧鬼的專家和科學家。這些體驗讓我的人生變得更好了。

本書是我的學習成果。這些是我的恐懼歷險。

Part I

生理上的戰慄

這個世界對我而言是我想要探究的祕密。

—— 瑪麗・雪萊，《科學怪人》（*Mary Shelley, Frankenstein*）——

第一章

從數十公尺高空俯衝而下

——失去控制，反而解放壓抑

抬頭仰望雲霄飛車的廣闊鐵網，這種感覺是很獨特的。

我第一次坐雲霄飛車是在十一歲時，搭了好時樂園（Hershey Park）裡最舊的雲霄飛車「彗星」（Comet）。我一次又一次地重綁馬尾，因為當時我的頭髮如同長髮公主般長過腰部，甚至快要到膝蓋，而我認為頭髮可能會卡進軌道裡（事後發現，這樣的擔憂看來仍是合理的）。在那之後我坐過許多雲霄飛車，能記得每一次的經驗，每一座雲霄飛車都是獨特又刺激。但我知道接下來我要去搭的這座雲霄飛車非常特別：它是全世界最陡的雲霄飛車，並且位於日本最高山的山腳下。富士急高原樂園的「高飛車」長達三千三百英尺，兩分鐘的路程中將遊客帶到一四一英尺的高空，接著俯衝下墜至超越垂直的一二一度。我跨越半個地球只為了去搭乘它。

刺激的遊樂設施帶來一種獨特類型的恐懼體驗。它們不是因為內容讓人懼怕，而是讓我們正在思考中的大腦斷線，直接對身體造成快速且強而有力的衝擊。這種快速的性質——持續不到數分鐘的時間——就是它們如此好玩的原因之一。與懸掛在一棟高樓的邊緣長達幾乎一小時不同（稍後會有更多說明），刺激的遊樂設施不讓我們的大腦有時間來嚴密思考現在發生了什麼事，或是努力克服恐懼。因此我們完全放棄，並交由遊樂設施控制一切，任它使用一些人體構造上無法承受的方式，將我們翻滾、投射、扭轉、旋轉或拋來拋去。被綁在座椅上，任由遊樂設施控制，我們的身體在幾秒內進入高度活化狀態，觸發一連串化學反應，被統稱為戰鬥或逃跑反應（fight or flight response），或威脅反應（threat response）——一般人單純將它稱為「恐懼」。

我們所謂的恐懼，實際上不像它的名稱這般單純。事實上，美國國立衛生研究院最近發表了一份三十四頁的文件，大略說明恐懼與其所有情緒的許多層面。[1]舉例來說，我們所說的「恐懼」其實可以被分為幾個負面情緒系統，包含強烈威脅、潛在威脅、長期威脅、失落、無酬賞的挫折（frustrative nonreward）。這份報告接著分析人體內的基因、分子、細胞、循環系統，以研究生理學及進行行為測試。這是一份了不起的報告，全都是為了理解這個被多數人簡稱為一種「感受」的事情。

情緒的共通與表現

多數人將恐懼作為一種情緒來討論，聽起來很合理——但情緒是非常難以解釋的。想像一下，嘗試要和一個完全不懂人類經驗的外星人，說明如何區別恐懼和其他情緒，例如焦慮之類的。幸福和驚喜、憤怒和挫折、罪惡感和羞恥心之間的差別是什麼？所以，要如何和外星人形容一種情緒？什麼是「感覺」？感覺是一系列的生理反應（例如心跳加快或流汗）導致幾種特別的表現（例如尖叫和遮住你的雙眼）嗎？如果是的話，哪一種生理反應會對應到哪種特別的表現？這些表現在所有人類身上都一樣嗎？我和你所感覺到的「快樂」會一樣嗎？

也許吧。差不多。情緒是全球共通的，這種理論在一九七〇年代逐漸受到注目，保羅．艾克曼（Paul Ekman）提出所有人類都同意能夠代表特定情緒，[2]無論是在不同的時代或地點的六種表情：恐懼、驚訝、憤怒、快樂、悲傷、厭惡。之後他又新增了愉悅、輕蔑、滿足、窘迫、興奮、內疚、成就感、安慰、滿意、感官愉悅、羞愧。然而，艾莉卡．西格爾（Erika Siegel）與麗莎．費德曼．巴瑞特（Lisa Feldman Barrett，一位著名的教授及跨學科情感科學實驗室主任，同時是《情緒從何而來》（*How Emotions Are Made*）一書作者）近期進行了關於情緒的統合研究，[3]在他們的新研究中發現「生理學上，不同的情緒之間沒有連續或特定的變化」，意思是你不能從一連串生理上的徵兆來猜測某人的情緒狀態，例如流汗、心跳或體溫。應該說，有一連串的行為和意義，以及一系列可能因人、時間和地點而改變的生理反應有關。換句話說，我認為的恐懼和你認為的恐懼或許不同。

然而，關於恐懼還是有一些全球共通生物學事實。每一種生物，從果蠅到人類都有防衛或威脅反應，這是我們的生存迴路之一[a]。[4]人類的威脅反應是這樣進行的：有一個刺激來源（舉例來說，雲霄飛車所發出如雷般的巨響）讓警鈴響起，觸發兩個警告訊號——神經科學家兼恐懼專家約瑟夫·雷道克斯（Joseph LeDoux）稱之為「低路徑」和「高路徑」。[5]低路徑是不經過脈絡訊息聚集的地方，快速通到大腦中處理威脅的結構：形狀類似杏仁的杏仁核（amygdala），在我們大腦中間部分的深處。接著杏仁核會觸發一大串遍及大腦與全身的反應〔也就是交感神經（sympathetic nervous system）活化〕，讓身體準備好要戰鬥或是逃跑。

高路徑的訊號比低路徑的訊號晚了一秒以上才到達，因為它要從我們大腦其他部分蒐集資訊——特別是負責危急評估資訊的新皮質區域，以及像是深思熟慮這種緩慢、有意識的活動有關之區域。舉例來說，高路徑的訊息使視覺資訊和我們儲存的記憶中任何可能有用的資訊結合。第二個訊號可能強化第一個訊號——蒙提·派森（Monty Python，譯注：英國搞笑六人團體）有名的勸告：「快跑！快跑！」的

a 其他的生存迴路負責精力與營養、體液平衡、體溫調節和生殖。

神經學版本——或者可以拆穿第一個訊號只是個假警告，並傳送訊息讓身體回到放鬆的狀態〔活化副交感神經系統（parasympathetic system）〕。以遊樂園的例子來說，只要第二個訊息到達，讓你知道自己以前曾搭過這項遊樂設施，而且是安全地被綁在一個鋼鐵機械上，真正的娛樂就開始了。

很明顯地，我們的威脅反應系統很忙碌，因為這對喜歡尋找刺激的人來說是美好的時光；遊樂設施和遊樂園產業蓬勃發展。在美國，二〇一〇年共有超過二億九千萬人造訪四百座遊樂園，[6]高於兩年前的一億四千五百五十萬。而且這狀況並沒有減緩的趨勢，過去七年來平均一年成長六％，經由銷售、創造就業和消費支出，在二〇一一年造成二千一百九十億美元的經濟衝擊。[b]在其他國家，遊樂設施和遊樂園的成長更巨大，特別是亞洲和南美洲。最近一項來自國際遊樂園暨遊樂設施協會（IAAPA）的意見調查表示，六七％的受訪者在下一年有要前往遊樂園或遊樂設施的計畫——這自然是有原因的。遊樂園對於有不同興趣的對象提供不同的活動，從小嬰兒到大膽的爺爺奶奶們都能感到興奮。然而遊樂設施之王，永遠都是雲霄飛車。

瘋狂刺激的雲霄飛車

繼第一次在好時樂園的冒險之後，我又搭了布須樂園（Busch Gardens）的「阿波羅的戰車」、環球影城的「哈利波特與逃出古靈閣」、肯尼伍德遊樂園（Kennywood）的「幽靈的復仇」（大概搭了二十次），以及在號稱世界雲霄飛車之都——位於俄亥俄州桑達斯基的雲杉點（Cedar Point）樂園的數十次搭乘經驗。所以我很有自信，認為自己一定已經玩過最極限、最棒的雲霄飛車。當然囉，我錯了。依照典型美國人的傳統，我認為在我的國家有著全世界最刺激的雲霄飛車，只要做一點小小的研究，這個假設很快就會被打破。終極的雲霄飛車遍布全球：杜拜、中國、芬蘭、澳洲、日本。我所去過的富士急高原樂園，打破超過十四項金氏世界紀錄，而那一天我體驗了三項目前的世界紀錄保持設施：世界上最陡的雲霄飛車（高飛車），起動時加速最快的雲霄飛車（Dodonpa），以及總旋轉數世界第一、最高最快的４Ｄ雲霄飛車（Eejanaika）。[c]

我去富士急高原樂園的那天是最完美的天氣：空氣清新冰冷，明亮的太陽在天空的低處。宏偉的富士山座落在令人眩目的人造雲霄飛車、摩天輪、像巨大鋼鐵怪物的高聳旋轉遊樂設施、房子般大的招財貓、人群和賣食物的攤販及售票亭的後面。這座樂園非常超脫世俗：我感覺自己好像身處

---

b 根據國際遊樂園暨遊樂設施協會二〇一四年的「美國旅遊業經濟衝擊」報告，二〇一一年美國有三萬個遊樂設施。其經濟衝擊包括九百十億美元的直接衝擊，一千二百七十億美元的間接和誘導衝擊，六百七十億美元的總勞動所得，二百三十萬份工作。

c 雲霄飛車小知識：４Ｄ雲霄飛車是車廂本身會旋轉的飛車，所以即使軌道是正面向上，搭乘者也會上下顛倒。這點導致哪個飛車翻轉次數最多之爭議，雲霄飛車資料庫認為英國的Smiler翻轉最多次，可是金氏世界紀錄認為是Eejanaika，雖然後者有些翻轉是４Ｄ性質。無論如何，乘坐Eejanaika時有很多時間是頭下腳上的。

於神話的世界，任何事情都有可能發生。我對被雪覆蓋的山峰與必然是受到富士山啟發的這座樂園感到敬佩，這是一個人類不可思議的智慧、創造力和努力的成果，不計一切地追求刺激尖叫的見證。為什麼像雲霄飛車這種瘋狂的機器會存在於這個世界上呢？

雲霄飛車擁有久遠的歷史，跟隨著工業化、消費主義，以及政治和經濟的轉變。第一座雲霄飛車的靈感來自一種稱為俄羅斯滑冰（Russian Ice Slides）的活動，在十七世紀的俄羅斯非常受歡迎。人們為了好玩，從當地的雪山上坐雪橇滑下來的這個舉動，至少從十五世紀起就有了，俄羅斯滑冰是依照雪山的形狀，用木頭製造高達八十英尺、鋪著雪的長坡道。[7]就像現在的雲霄飛車一樣，乘坐的人坐在木製的雪橇或車廂裡滑下山，有時候還會有一些人為的碰撞，增加刺激性。

起初，歐洲是建造刺激遊樂設施的領導者，在一八〇〇年代中期以各種不同的鐵軌經驗來進行實驗。一八四六年建造於巴黎弗拉斯卡蒂花園（Frascati Gardens）的「離心力軌道」（Centrifugal Railway）是第一座有單迴圈的雲霄飛車，[8]依靠離心力將車廂帶上去並轉一圈。這些早期的雲霄飛車恐怖之處不只在於身體的體驗，還有它們的可靠性與安全度是非常讓人質疑的。早期的刺激遊樂設施，並非不可能造成死亡。[d]

在美國，隨著電車發明與一些聰明的資本家幫忙之下，雲霄飛車被改良並達到顛峰。[9]電車的設計是用來將煤炭和物資運送至別處，使用的電力是從新成立的電力公司以統一價格購買來的。自從明白不管有一臺或一百臺電車在軌道上運行都不會有影響，電車公司便把握機會來賺更多錢，他們用便宜的車資鼓勵大家搭電車去從事休閒活動和享樂。一些家庭開始搭乘電車離開城鎮，到公園來趟小旅行，逃離狹窄嘈雜的城市。結果就是：大家享受搭乘電車的過程，就如同已經到達目的地一樣好玩，尤其是當電車爬上陡坡，再衝下斜坡的時候。

民眾逐漸發現這種商業行銷的刺激設施之樂趣，沒多久企業家與工程師便設計出新一代的雲霄飛車和遊樂設施，最初是一八八四年在康尼島（Coney Island）開幕的「重力娛樂回頭鐵路」（Gravity Pleasure Switchback Railway）。由拉馬克斯．湯普森（LaMarcus Thompson）所設計的這座雲霄飛車，載著遊客衝下六百英尺的軌道，然後衝上高塔的另一邊，再扭轉方向，往下衝後又攀升。這座飛車成了康尼島最受歡迎的遊樂設施，其他的雲霄飛車也像雨後春筍在全美各地興建；一九二〇年時，美國有多達一千五百到二千項雲霄飛車。進入二十世紀後，不只是雲霄飛車在刺激遊客，摩天輪（一八九三年六月二十一日在芝加哥世界哥倫比亞博覽會推出）、旋轉木馬和秋千都被設計來激發這種美妙的感受。

d 今日的雲霄飛車十分安全，《國家評論》的記者庫克（Charles C. W. Cooke）表示：「美國人死於政府執刑的機率是死於雲霄飛車的五千倍。」可是，主題樂園仍無聯邦規範；業主自發性遵守美國測試及材料協會的標準。

然而這個快速發展的產業卻因為經濟大恐慌而停擺了。大眾沒有可支配所得或欲望去尋求刺激，他們的精力全放在蒐集和保存資源。在一九三〇年至一九三九年間，有一千五百座遊樂園關閉，裡面的遊樂設施被拆除，任何有價值的原料都被回收。但是，往日的刺激好玩並未被遺忘。在戰後的經濟繁榮期，有一個世代想要為孩子創造他們曾經體驗過的快樂。遊樂園開始強勢回歸，一九五五年隨著加州迪士尼樂園的開幕，開闢了新天地。迪士尼樂園不只是第一個主題樂園，也是鋼鐵雲霄飛車的誕生地。一九五九年啟用的「馬特洪峰」（Matterhorn Mountain）並沒有特別恐怖，大部分時間只是上上下下，但是它的鋼鐵設計和結構，成為我們現在知道並喜愛的多迴圈、懸吊和站立式雲霄飛車之基礎，其中包括打破世界紀錄的高飛車。

共同體驗與同理心

走進富士急高原樂園的大門，我立刻就感到心跳加速。我聽見雲霄飛車在軌道向上爬升時發出的喀喀聲，雲霄飛車扭轉或轉圈時，尖叫聲時而大聲、時而變弱，最後是當飛車在交織的軌道中奔馳所發出的震撼雷聲。

我馬上就衝向高飛車並開始排隊。通常排隊時人們心中會充滿逐漸增長的期待，我附近所有看起來像朋友或情侶的人們興奮地手舞足蹈，他們在聊天大笑時努力控制自己的神經。遊樂園是為了朋友和家庭而存在，這些人證明了「獨樂樂不如眾樂樂」這句話的真諦。沒錯，亞瑟・艾隆（Arthur Aron）和共同研究者的研究發現，受試者回報一起參加新奇又刺激的活動後，增進了伴侶關係。[10]近期田納西大學蓋瑞・史坦伯格（Garriy Shteynberg）透過一系列的社會實驗發現「同步共同注意」，也就是和別人一起參與某件事時，會造成更加強烈的情緒體驗。[11]他和共同研究者表示當人們知道他們不是單獨體驗時，會讓恐怖的廣告感覺更恐怖，負面的圖片讓人更加傷心，快樂的圖片則讓人更快樂。[e]

當我們與他人共同體驗時會更加快樂，是因為不只自己的情緒反應，看著別人體驗一件事時，自己也會感同身受——這就是我們如何讓自己有同感並與他人產生連結。匹茲堡大學的李經和（譯音，Kyung Hwa Lee）和克瑞格・西格爾（Greg Siegle）將既有的利用腦神經造影來測量自己與他人情緒程度的研究進行統合分析。[12]他們發現到，當我們經歷一種情緒與評估他人的這種情緒時，會出現相似或重疊的腦波活動模式。舉例來說，我們的島葉皮質（insular cortex，一個位於左右腦大腦皮層中

---

e 在情緒體驗時，有他人同在的影響其實更加複雜，如同我在稍後章節會談到，朋友、愛人，甚或陌生人在場，可以讓可怕的體驗變得較不可怕，甚至讓山坡看起來沒那麼陡峭。這種差異可能是因為朋友的動機——他們在場是為了替你加油，拋出救生圈給你，還是說你們同在一條船上？

的結構——稍後會有更多說明）負責處理疼痛的部分會被活化，不僅在我們體驗疼痛時，還有單純只是觀看某個會造成疼痛的事物的時候，所以才會有「看著牙醫鑽她牙齒時，我也可以感覺到牙齒痛！」這可以解釋為什麼朋友嚇到時你會尖叫，或是為什麼看到心愛的人哭泣時你會哭泣。當然，看見別人在做某些事，或是想像我們自己在做某件事，與實際上在做那件事的體驗並不完全相同（如同我日後一再學到的）。舉例來說，我們幾乎都只感受到他人疼痛的情感部分，我們的身體不會真的出現同樣的強烈感受。也就是說，你會和螢幕上正在把自己的腳切斷的主角一起感覺痛苦，但不會痛到像是真的被鋸子鋸下來般大叫（不過可能會有一點點痛）。

這個產生重疊影像的過程，其背後機制仍然受到爭議，可是神經學家拉馬查德蘭（V.S. Ramachandran）和琳賽・歐伯曼（Lindsay Oberman）等研究人員相信，這可能是鏡像神經元（mirror neuron）造成的，拉馬查德蘭稱這項發現是人類文明大躍進的原因。[13]鏡像神經元是一九九二年，一個義大利研究小組在獼猴的運動前區皮質所發現。[14]他們注意到，這種新神經元不僅在猴子進行任務時活化，當牠看到其他猴子做同一件事時也會活化。媒體將這項發現視為可由神經學來解釋人類為何具有同理心，各式各樣的新聞標題宣稱研究人員發現大腦裡的上帝，或是發現人類的靈魂。但是認知神經科學家和科學作家克里斯汀・賈瑞特（Christian Jarrett）在他的評論文章〈平靜看待神經科學最夯概念〉指出，這股熱潮只不過是吸引注意和搏版面的機會而已。[15]研究人員詹姆士・吉爾納（James

Kilner）及羅傑・雷蒙（Roger Lemon）審慎評估這個主題的研究之後表示，鏡像神經元造成的問題比提出的答案還要多。[16]它們確實在運動皮質運作，並可能與我們模仿表情和姿勢的能力有關，可是它們並不是人類同理心的「靈魂」源頭。

看著身邊的人們展開笑顏，我發現自己好希望身邊有人可以分享這個經驗。前一天晚上，在搭往富士山的火車上，我想著遠離任何人、任何事是一件多麼棒的事。沒有人知道我在哪裡，沒有人能夠找到我，沒有人對我有任何期待。我覺得從所有責任中解放了，好像得到人生的通行證。但是當我在排隊時，那些同樣的想法變成了新的意義，我並沒有像周圍的人那般微笑，而是感到一陣悲傷。我是孤單的。突然之間我覺得既沉重又疲勞。我想回去坐在自己的房間裡盯著牆壁看。

輪到我的時候，工作人員走過來，伸出一根手指，問我：「一個人？」我點點頭，對於必須拆散我身旁的情侶們感到尷尬。和三個陌生人坐一節車廂，我感到不自然又沉重——不是一種搭雲霄飛車前會出現的典型情緒反應。我應該要汗流浹背、覺得焦慮又興奮，就像我和朋友們在雲杉點樂園搭一整天的雲霄飛車時那樣。我試著讓這些情緒散去。最後，在日文、英文和其他幾種語言的說明結束之後，雲霄飛車出發了——僅僅兩秒之內加速到時速六十二英里——然後墜入完全的黑暗裡。我的整個身體立刻活了起來，在發覺之前我就已經在尖叫了。

體驗重力加速度

人有非常複雜的預測系統，而當我們的預測不符合發生的事情時，它就會舉起紅旗並讓我們處於不確定的狀態。[f]也許最重要的是那些告訴我們該怎麼預期重力改變的系統，也就是我們的前庭系統和本體感覺（proprioception，我們對自己身體在周圍空間的感受）。[17]我們的大腦將這些系統所提供的資訊結合，幫助我們決定平衡、加速和方向之類的事。一個錯誤的預測會嚴重混淆我們的內臟——就好比我們走到地下室時誤以為下面還有一階樓梯。

刺激的遊樂設施搞亂我們這些設計精細的系統，違反我們的期待，嘲笑演化的傑作。它們讓我們體驗自己永遠無法藉由跑步達到的速度；把我們拋到空中，就好像我們會飛一樣；讓我們快速地旋轉，超過我們可以承受的速度，基本上就是讓我們的身體困惑到不行。我們很少有機會可以自然地獲得體驗這種感受的機會——或者是說在沒有機械操作的輔助之下。

在二十世紀這些創新、有創意的刺激遊樂設施出現之前，唯一可以感受到這種由加速度和方向所造成的感覺，就只有發生意外時：舉例來說，在獅子嘴裡被來回擺動，或是從很陡峭的斜坡上摔下來，兩者都代表著我們不太可能存活。然而今天我們建造了這些機器，讓我們可以體驗這些老祖先根本沒辦法想像的身體感受，只是想知道感覺怎麼樣。結果就是——可能會感覺很好，但也可能讓你乞求安全溫暖的床鋪所帶來的舒適，或者更糟的結果是「死亡」。

由於前美國空軍軍官約翰·史塔普（John Stapp）的研究，[18]我們得知人體在時間、方向和加速度之下忍受G力改變的能力（G力主要用來測量人體承受的重力：1G是正常，3G會讓你感覺到三倍的重量）。你或許可以承受一秒鐘被100G在肚子上重擊一拳，但是時間愈久，我們所能忍受的G力愈小。大多數人在超過5G之後便會感到不適，這表示開始感受到真正的危險了。在加速度與方向快速改變時，我們的血壓會大受影響，這可能造成頭昏、意識不全，或者昏倒、完全失去意識，甚至死亡。在史塔普實驗性質的搭乘雲霄飛車時（他用科學名義坐了好幾次極端的飛車，最高達到46G），他發生骨折、視網膜剝離、血管爆裂和永久性視力受損。

人類的構造不是被設計來經歷這些不自然的體驗，這就是為什麼我們的身體會完全發狂。再者，每個人有不同的忍受度。對某些人來說，摩天輪就足已造成噁心了，但有些人在玩了6.3G大怒神之後還不過癮。設計者的重點就是要找到4G到6G之間的最佳狀態，用剛剛好的路徑、高度、速度及時間來引發那種感受，卻不會讓我們頸部扭傷、生病或真的陷入危險。

---

f 有趣的小知識：這也是為何我們沒辦法給自己搔癢的原因。我們的大腦知道我們的手在幹什麼，所以不會感到意外。請參考Sarah-Jayne Blakemore、Daniel Wolpert及Chris Frith合撰〈為何你無法給自己撓癢癢〉，*NeuroReport Review* 2（2000.08）。

刺激性遊樂設施帶來的感受

這些都是人們在討論刺激性遊樂設施時最常談到的感受：「暈眩感」、「空氣感」或「失重」，以及「胃部下墜」。[19]「暈眩感」最強烈的遊樂設施是反重力旋轉機，因為負責報告旋轉運動的半規管系統受到擾亂而使人體感到混淆（半規管是前庭系統的一部分，構成內耳的複雜和敏感耳管迷宮）。當然，我們的視覺也完全被攪亂（當你在旋轉時很難聚焦）。很多人其實超愛暈眩感，尤其是剛開始摸索人體功能的兒童。他們覺得這很新奇，是自我探索的時光，這些人不記得小時候自己一直轉圈圈，直到倒在草地上，眼冒金星而咯咯大笑。但是隨著年紀增長，我們的前庭系統也已經老化，比較不容易找到平衡，所以暈眩感就沒有那麼好玩了。另外，失去控制和喪失方向感對成人來說是難以忍受的，你必須決心放輕鬆，接受暈眩感，那麼或許便能重拾一些童年樂趣。[20]

我不討厭旋轉式遊樂設施，可是殘留的暈眩感讓我在之後半小時都有喝醉般的不穩定，有時很沒有現實感。原來我和其他姿勢控制（或平衡感）不好的人，對於暈眩比較敏感（我的冒險歷程中一再感受到）。[21]在坐了迴旋十四次、座椅也會旋轉的Eejanaika以後，這種感覺十分強烈，有整整五分鐘我都分不清東西南北。

接著是我最喜歡的刺激性遊樂設施感受——失重感。當列車越過陡升坡頂點或開始下降到地面，那短暫而寶貴的數秒間就會產生這種感覺。在那時，我們感受不到重量，其實當然不是這樣，因為無G力不等於無重力。在地球上，重力永遠存在，因此唯有透過下墜加速度，我們才能產生無重力的感覺，這很具挑戰性。刺激的遊樂設施只能讓我們感受數秒鐘，如果你花五千美元，「零G力：失重體驗飛行」則可以讓你體驗七分鐘半（以三十秒的間隔）。

在極為短暫的失重感之前與之後，便會感受到人們說的「胃部下墜」。這真的不是比喻，而是你的胃部感受到的重力，因為在人體內胃部並沒有固定。當你用超過1G的速度往下墜落時，比如在六旗大冒險樂園玩「末日下降」（Zumanjaro: Drop of Doom）時，用時速九十英里落下四一五英尺，你會感覺胃「跑到胸口了」（另一種常見形容）。當你在玩Dodonpa雲霄飛車時，一．八秒內達到時速一〇六．九英里，你會覺得自己的胃部留在乘車場了。那一天我才明白，Dodonpa對於我們的預測和平衡系統尤其不利。當我坐在列車內等候，擴音器開始倒數，我的身體跟著每一秒緊繃起來，準備要出發。最後倒數結束。可是，什麼事都沒有，我只是向前衝了一下。設計師很聰明地做了虛晃一招的「假起步」，好像要推開一扇我以為重達一百磅的門，結果卻輕如鴻毛。記得嗎？重力隨時都在影響我們，我們的身體構造已準備好承受一定的重力。當這股重力突然改變，或者不是你所預期或準備好承受的，人體便會感到困惑而發出警報。

乘坐高速攀升的遊樂設施確實會造成你的內臟「往下墜」，至少低至它們所能達到的程度。這會讓你產生各種奇妙的感受，有些是因為血壓下降，但大多是因為迷走神經（vagus nerve）傳送到大腦的訊號。[22]迷走神經是混合性神經，包含傳入神經（傳送訊息給大腦）和傳出神經（接收大腦發出的訊息），由腦部延伸到腹部。迷走神經在我們的威脅反應擔任要角，這組神經蒐集資訊提醒你不對勁的情況，例如，當你乘坐「末日下降」時內臟在我們身體裡「漂浮」，並把訊息傳送到主司威脅反應的大腦邊緣系統。蘇黎世的研究人員亦發現，迷走神經在我們的天生恐懼反應有著核心作用；當老鼠的迷走神經被切斷時，對於開放空間和亮光的恐懼程度就會降低。若以人類來說，就像是站在大峽谷的邊緣而不會害怕。

迷走神經亦與副交感神經系統配合（自主神經系統中負責休息與消化的部分），[23]降低心跳與血壓，實際上，它也會傳達讓我們感覺快樂的神經傳導物質的變化[24]（這些化學物質儲存在神經元，經由化學與電子訊號處理並傳導我們腦部的資訊。不同的刺激會誘發不同的神經傳導物質反應）。事實上，現今的研究證實，透過植入器傳導電脈衝來刺激迷走神經，可有效治療患有難治型憂鬱症（treatment resistant depression）的人。[g]當然，如果透過外科植入器來電擊迷走神經可以幫助那些難治型憂鬱症患者，你便能想像雲霄飛車對於一般大眾的影響，難怪大家排隊四小時去尋求兩分鐘的刺激。

並不是每個人都喜歡這些感覺。舉例來說，不喜歡搭飛機的人們，會從這種感覺聯想到起飛時所產生的那種引發焦慮之感受。至於其他人，強烈的G力可能感覺像恐慌症發作，我可以感同身受。[25]它們感覺一樣，因為在生理學上它們本質是一樣的：和恐慌症有關的系統或症狀，與威脅反應是一樣的——流汗、心跳加速跳個不停、頭昏眼花，基本上就是覺得你要死了。所以經歷過恐慌症發作的人會不喜歡這種感受是很合理的。我很幸運，在我開始會半夜三點醒來，覺得自己要被隱形的鐵砧壓碎的很久以前就坐過雲霄飛車了。

對我來說，坐在精密金屬怪獸上的小列車攀升到一四一英尺陡坡的頂點，像要壓碎全身的重量和快速心跳沒有造成恐慌，反而鬆了一口氣。我知道只要車子一越過頂點後，便會覺得自己好像在飛行，無重量，而且棒透了。這只是我喜歡雲霄飛車的理因之一〔我們期待要去做有報償性的事情時，也會釋放多巴胺（dopamine），也就是「舒爽」的神經傳導物質〕；我從來不知道恐慌發作會持續

g 為了刺激迷走神經，病患要在左胸壁植入類似心律調整器的裝置，把一個電極貼在頸部頸動脈的神經。電脈衝會發送到電極去刺激神經，以傳輸訊號給大腦。研究人員並不十分明白為何迷走神經刺激可以產生抗憂鬱的效果，可是他們認為這種刺激造成了神經傳導物質的改變，諸如血清素、正腎上腺素、GABA（γ-胺基丁酸）和谷氨酸等與減輕壓力有關的物質。對於抗藥性憂鬱症的人來說，這是一項突破性發現，但其功效確實引起一些人注意。精神外科籠罩著黑暗歷史，不乏受到濫用與誤用的案例。最著名的是二十世紀數萬例不必要的前葉腦白質切除術的悲劇性後果（一九五一年前便已執行過兩萬次的前葉腦白質切除術）。想當然，用外科手術來治療心理疾病受到醫學界的懷疑與擔憂。這些方法是否徹底改變一個人的認同，以及利用人工植入器來操縱與控制他人也是隱憂之一。

多久，但我知道當坐上雲霄飛車，兩分鐘後會回到車站，腳踏實地，覺得棒透了，並獲得解放。

「高飛車」轉過一個U型彎道和兩個高峰之後，減速爬上一個一百八十度的拐彎，我的尖叫聲忽然間停下來。我倒抽了一口氣，因為看到軌道垂直九十度向上。列車就定位後，鏈條開始卡嗒卡嗒作響，我馬上就與地面垂直，開始往上爬升。我被緊緊綁在座位上，背對著地面，我感覺沉重，動彈不得，像一袋馬鈴薯（重力對人體器官有著不同作用，我們無法「感受」到器官，不像可以明顯感受到自己的皮膚那樣，但是神經能接收到體內不同的「模糊」感受）。除了鏈條的卡嗒聲，列車一片寂靜。往上看著眼前無垠的天空，我覺得整個世界在往下墜，而我馬上就要發射升空了。

列車緩慢爬上陡坡，到達頂點後停了下來，這種期待感十分折磨人。那裡的景色美極了：富士山映襯著晴朗的天空，用深奧的智慧俯視著我。可惜這種時刻沒有持續很久。我的注意力很快又轉回在我眼前消失的軌道。由於彎角達到一二一度，你幾乎看不到軌道，因為它是往內彎進去的。這很嚇人，看起來列車就要衝出軌道，墜落到地面，乘客會像一袋馬鈴薯似的散落空中。

當列車一步一步逼近頂點時，我的腳無法控制的抖動，碎唸著「我的天，我的天，我的天。」懸吊在離地一四一英尺的半空中，我可以感覺到全身每一條肌肉緊緊裹住骨骼，我迎接著極限，準備即將來臨的急墜。我咬緊牙關，費力把握得牢牢的拳頭放到頭上，盡可能張開雙臂（這個動作讓人更加緊張！）列車終於越過頂點，往地面墜落了。我開始從未有過的大聲喊叫，臉上流下了淚水。

刺激能提升情緒？

當你盡情喊叫時，會覺得釋放了些什麼，甚至有一丁點危險的意味。喊叫是我們的演化生存工具之一，[26]可嚇跑掠奪者，並通知他人周遭的危險，藉以保護自我。據說，我們的臉部在喊叫時，可使我們更加警覺，強化威脅反應（就如同作嘔時皺起鼻子，可阻止臭味進入鼻孔）。多倫多大學的亞當·安德森納（Adam Anderson）發現，當人們做出驚嚇的表情時，他們可擴大自己的視角，眼球運動加速，鼻孔加速吸氣而增強了嗅覺。更別說，當我們喊叫時，眼睛圓瞪，露出牙齒，在掠奪者看來更加可怕嚇人。

喊叫，不論是小聲尖叫或高聲大喊，是我們在壓力之下由本能所發出來的，但如果不是適當的環境，比如搭雲霄飛車、在鬼屋裡，或是你真的身處險境，這種行為不是社會允許的反應。以自我管控的行為而言，（在安全時）喊叫可能讓你覺得有些叛逆；我們有多少人曾想過在教堂、教室或者沒完沒了的商務會議當中發出反抗的喊叫？對於每天都要克制這種衝動的人來說，真正放鬆自我的機會具有淨化作用，尤其是有注意力不足過動症（ADHD）之類克制衝動問題的人。努力不去做某件事所造成的焦慮和專注，會讓人身心俱疲。刺激活動提供一個安全空間，讓我們抒發克制衝動的內在壓力（對於那些認為尖叫和害怕是軟弱表徵的人，能有適當環境表達恐懼會讓人覺得心情舒爽）。

其他人將之稱為抒發「壓抑情感」（bottled emotions）的方法。[27]壓抑情感的觀念在西方社會很普遍，不論是「釋放一些高壓」或者「打開洪水匣門」等說法，人們一般認為我們體內儲存了情緒。[28]事實上，我們體內並沒有真正儲存情緒。雖然我們往往以為身體裡有個蓄水池，儲滿了痛苦、悲傷或快樂（隨便你怎麼定義它們），但不是這麼回事。相反地，我們在不同刺激（可能是一個想法或者一頭活生生的熊）誘發不同化學反應時，才會感受到情緒。我在列車轉過頂點時臉上流下的淚水，是因為風的刺激與乾燥誘發的一般和反射性流淚，高度覺醒反應則誘發與強烈情感有關的「情感」（psychic）眼淚（是的，淚水分為三種）。[29]可是，即使壓抑情感在心理學上並不是事實，它們還是有意義的。我們的知覺（perception）可賦予各種事物意義，換句話說，如果你相信高聲喊叫或放聲大哭可以釋放一些壓抑情感，你就會覺得比較舒服。[h]

當我在「高飛車」的最後一圈翻轉時，完全解放地大叫和大笑，沒有必要自我管控。所有的悲傷、自我意識和難堪都拋到腦後。列車進場停止後，我全身發麻，覺得自己好像仍在行進中。我只想待在座位裡，再坐一次。況且，我不確定站得起來嗎？我的雙腿早已放鬆，這袋馬鈴薯現在已成為一灘馬鈴薯泥。但我仍覺得充滿精力，有些興奮激動。

親切的服務人員立刻請我往出口走。我發出很大的一聲嘆息，回頭看著高聳入天的雲霄飛車，敬佩建造這趟兩分鐘的飛車所投入的智力、時間、精力、勞力和三千二百萬元，讓人們排隊四小時來體驗。

那一天，我又搭了不同的雲霄飛車，甚至玩了日本歷時最久的鬼屋（二〇一四年時為世界第二長時間）：「最恐戰慄迷宮——暗黑病棟」。每當我轉身想要和人說「我的天，真是酷斃了」時，我的熱情就會被澆熄，因為這才想起我是一個人來的。倒不是說我為自己感到難過；我一直覺得自己能來這裡是莫大的幸運與特權。我不是那種不敢獨自做事的人，正好相反。我的感受是渴望與人分享，想要和在乎的人表達我感覺到的刺激。分享讓人有美好感受（意思是說，當我們分享時，多巴胺會釋放到大腦裡），[30]如同前面提到，和別人一起經歷時，尤其是親近的朋友，人們的情緒會被強化。維吉尼亞情感神經科學實驗室主任和《情感抽取和評估指導手冊》（*Handbook of Emotion Elicitation and Assessment*）作者詹姆士·柯安（James Coan）對於我的悲傷狀態提出一種解釋：[31]基本上，當獨自進行影響進化的活動時（可以啟動戰鬥或逃走反應的事情，或是影響我們生存的事情），

h 重要附注：原始喊叫療法，也就是再度體驗創傷經驗的時候大聲喊叫，並不受到心理學家認同，也不是創傷或心理衛生的有效或建議治療。事實上，它反而可能因為負面記憶再度經歷高度覺醒狀態，而造成更多傷害。

我們會覺得報償性不高。我們已演化成為團體動物，尤其是壓力時刻。但是，我努力往好的方面想：我從來沒有自己單獨玩一整天的雲霄飛車，所以可以拿來對比和朋友們一同經歷的許多時候。我現在有信心說，雖然在富士急高原樂園感受到最強烈的刺激，我明白如果和朋友一起來一定會更好玩。然而，那一天我離開樂園時，情緒無比高昂。

才不過兩分鐘的活動便能改變我的一整天，真是件神奇的事。假如我每天一起床就去坐一趟雲霄飛車，那麼我的人生將會如何？我不禁猜想，感受相同的刺激，但是歷時較久，比如一個小時以上，那又會怎樣。那樣的刺激是否可以更長時間提升你的情緒？一星期？一個月？我的旅程的下一站將可以回答這個問題。

第二章

在一百一十六層樓的邊緣漫步

——當恐懼火力全開，其他的感官都將失去作用

如果你對高度感到恐懼，位於多倫多，加拿大國家電視塔（CN Tower，以下統稱西恩塔）大樓的「邊緣漫步」（Edge Walk）可能是地球上最糟糕的地方。我說「可能」的原因是，「地球上」這個說詞值得商榷：這個電視塔實際上只有數千平方英尺的面積附著於地球表面；其餘是削瘦的尖塔，高聳入雲端一千英尺以上。被金氏世界紀錄列為全球最高大樓外部走道的邊緣漫步，遊客們要到觀景臺外頭，沿著電視塔外圍走在寬五英尺的金屬格板步道上。他們被安全帶吊在步道上方的保險軌道，可以雙手放空在邊緣行走和後傾。那裡沒有護欄。

用實心混凝土建成、高度一八一五．四英尺的西恩塔，於一九七六年落成。由遠處看，像是大樓中段卡著一座西雅圖太空針塔（Seattle Space Needle），也像是一把巨大的光劍，尤其是在夜晚燈光全亮時。這棟大樓打破數項世界紀錄，並榮獲多項知名獎項：一九七六到二〇一〇年間，它一直是全球最高的獨立建築物，直到被杜拜的哈里發塔和中國的廣州塔超越。今日，它仍是西半球最高大樓。西恩塔被美國土木工程學會列為世界七大奇觀，很快便成為加拿大的驕傲象徵之一。目前，主要以旅遊景點而聞名，每年吸引逾兩百萬遊客，可是這座電視塔仍然播放三十多個地區電視臺和廣播電臺，並作為無線呼叫系統和基地臺。標高一一六八英尺（一百一十六層樓）的邊緣漫步，於二〇一一年啟用，以慶祝塔樓建成三十五週年。

如今，站在半空中的狹窄走道上，不過是遊客們可以選擇的眾多非典型度假方式之一。你可以攀登火山、火車沖浪（在行進中的火車車頂奔跑）、空氣彈射（AirKicking，由人體投石器發射出去）、氣泡草地滾球（Zorbing，站在大球裡，從山坡上滾下去），還有走繩運動（走在一條不怎麼緊繃的繩索上）。近來，刺激體驗成為平淡無奇的景點吸引遊客的一個主要因素。沒錯，奢華飯店、吃到飽自助餐和湛藍海水仍有其魅力，但是二十一世紀的人們希望親身體驗。博物館、歷史古蹟和國家地標逐漸加入一些活動，將被動的觀察者變成主動的參與者。現在，你不會只是站在大峽谷的邊緣瞭望，而是站在橫越科羅拉多河的一條透明橋上俯瞰。[a]我們怎麼會在面對可能致命的威脅時，如此大膽呢？

從高處縱身一跳的古老儀式

所有人都會經歷高度引起的生理症狀。[1]畢竟，我們是人類，不是鳥類。甚至連希臘、羅馬和中國古文明都充滿對於高度後遺症的敘述，像是視力模糊、昏眩，還有如同西元前五世紀希臘《希波克拉底全集》（*Corpus Hippocraticum*）所描述的「全身肌肉鬆弛」。對於高度的普通恐懼是正常的——我們不能飛啊！但這並不會阻撓我們尋找創新方式來克服恐懼，以及短暫感受像老鷹般衝上雲霄是什麼滋味。

數千年來，人們一直從高聳建物跳出去或懸掛其外。[2]事實上，降落傘的使用可以回溯至十二世紀的中國。就村民記憶所及（「很多、很多世紀」），萬那杜彭特科斯特島（Pentecost Island）的男性就用藤蔓繫在腳踝，從很高的木製平臺，以倒栽蔥的方式跳下去。[b]阿茲特克人也有類似的飛人舞蹈，表演者爬上柱子頂端，進行歌舞的儀式。

美國民眾於一九二〇年代開始的航空展，觀賞「巡迴飛行表演者」（barnstormers）用降落傘降

---

a 二〇一四年十月，巴黎艾菲爾鐵塔標高一八七英尺的玻璃地板啟用。

b 這種習俗源自一則代代相傳的傳說，並且是高空彈跳的前身。此習俗在今日依然盛行，已成為觀光景點。

落到人群之中，首度了解高度的刺激。及至六〇年代晚期，高空跳傘這個在五〇年代由雷蒙・楊（Raymond Young）首創的名詞，已成為一項事業，民眾為了樂趣而接受訓練、認證，然後從飛機跳出去。迄今，人類已成功進行數百萬次自由落下，包括從高樓和懸崖往下跳，以及菲利克斯・鮑加納（Felix Baumgartner）二〇一二年十月十四日從十二萬八千英尺的高空創下最高和最快速跳傘紀錄。

雖然人們覺得高空跳傘是人類所做最危險、最大膽的活動之一，其實它十分安全，只要你配合專業人員。二〇一三年共進行三百二十萬次跳傘，致命意外二十四起。大約每一千次跳傘，有〇・〇〇〇七五次致命意外，雙人跳傘則是〇・〇〇三次。我們還比較可能死於自殺、溺水、觸電、彗星撞擊、被閃電擊中，或者執行死刑。

還有高空彈跳這種被用來追求刺激的古老儀式。現代的高空彈跳始於一九七九年，英格蘭布里斯托的克利夫頓吊橋（Clifton Suspension Bridge）。進行這項活動的是牛津大學危險運動俱樂部的成員。[c]他們的彈跳引起拍攝這項危險運動的媒體注意，讓廣大群眾發現一項全新的刺激體驗。沒多久，高空彈跳、滑翔傘、高空滑索、繩索秋千等讓人恐懼的高空挑戰在全球各地出現。[d]自從一九七九年第一次現代彈跳以來，民眾已成功進行數百萬次，用各種創新方式，包括最新流行由熱汽球高空彈跳，然後再以高空跳傘到地面。甚至有人進一步以高空跳傘登上山頂，再從山頂滑雪板下去。

恐懼引發不理性行為

我原先以為，邊緣漫步將會是我做過最不具挑戰性的冒險之一。畢竟我沒有懼高症，這會對高度有著病態的恐懼（意即強烈的恐懼嚴重干擾了一個人的行為能力），大約三%至五%人有這種問題。我甚至不像二八%的人有著心理學家所說的「視覺高度耐受不良」，高樓、橋梁或懸崖的影像會讓這些人感到不安和壓力。他們可能會迴避高度，但不致影響他們的行為能力。我曾去高山垂降、在室內和戶外攀岩、從孩童時期便經常爬樹，所以認為自己面對高度很有信心。我對那一年稍後要進行的高空跳傘還比較緊張，結果，那次冒險開心得不得了，我一點都不害怕。所以，這一章才會寫西恩塔。因為，在大樹的樹幹上鎮定自若是一回事，用安全帶懸吊在一一六層高樓的邊緣完全又是另一回事。

抵達時，我在大樓樓下站定，抬頭直直往上看，想要觀賞它的雄偉，卻立刻感到頭昏（眾多意料外生理反應的頭一樁）。甚至當我扶住一張長椅，想要穩住身軀，還是忍不住往上看。這是叫人

c 當時彈跳的人被逮捕，可是後來繼續在全球著名橋梁和地點進行彈跳，包括舊金山金門大橋和皇家峽谷大橋。

d 全球最成功的高度挑戰公司是一九八〇年代由A.J. Hackett於紐西蘭昆士蘭經營，營業遍布全球各地。

恍神的經驗，可是我的放空狀態馬上被始料未及的事情打斷：我腳邊數十名鬧哄哄的小孩。大樓入口處亂成一團，所到之處都是推著嬰兒車的家庭和吵鬧兒童。我沒有社交恐懼症，人群通常也不會對我造成困擾，可是這棟大樓加上兒童哭喊聲（我相信他們也有在笑，可是我沒聽見），讓我發出無意識且很明顯的「噁」的一聲。

通常，令人敬畏的感受，例如人們站在一個巨型結構的底部（像是山腳），會引發更多親社會行為（prosocial）。加州大學柏克萊分校至善科學中心（Greater Good Science Center）主任達契爾・克特納（Dacher Keltner）發現，人們表示在心生敬畏的時刻會產生更多謙卑的心情，甚至對別人伸出援手。[3]我卻沒有這種感受；相反地，我感到沮喪和焦慮，無法應付這些哭鬧的兒童。就相關環境來看，這是有道理的：我的大腦將焦點轉移到害怕的事情上，因此，情緒管理變成一大挑戰。心理學家甘蒂絲・瑞歐（Candace Raio）和她的同事們最近證實，即使在實驗室裡多次練習成功的情緒管理，大多數人仍無法將這些接受與重新評估的技巧，運用在實際生活中會讓你害怕的情況（但不是不可能做到）[4]——也就是告訴自己讓你感到壓力的事情其實不是那樣。下一次有人和你說，他們累壞了，現在不是談話的好時機，請相信他們的話。

我倉促地在邊緣漫步的入口處搜尋，躲到一個舒適的儲物櫃室，避開落地玻璃帷幕牆後的人潮。在那裡，我遇到漫步時要一起走的五人團體，他們口操法語，彼此正在聊天。

此時，兩名指導員加入我們這群遊客，瑪歌是漫步時的指導員，克里斯則負責漫步前的說明。他們一進入房間，便掌控了全局。他們運用了一些微妙但有效的小技巧，醫師、警察和空服員等許多面對公眾的人士都學習過：例如，走路抬頭挺胸，擺出令人信服的姿勢；聲調大聲但友善；甚至調整句子結構。這兩名指導員顯然也受過這些訓練。他們沒有要求大家圍成一個圓圈聽他們講話，而是大聲、愉悅地說：「大家過來一下，我們要告訴你們該怎麼做。」他們沒有說：「各位請借一步說話。」而是把手放在我們肩頭說：「現在，請站到這裡來。」他們不是邀請，而是帶著微笑的命令。

我同意這次的體驗（在閱讀及簽署一張很長的同意書之後），並將我的安全，實際上是我的性命，交到他們手上。數個月後我去高空跳傘時，又會再一次看到這種方法——權威與親善的完美均衡，最適合需要寫同意書的任何情況。[e] 如果有人沒在現場接受指導，他們就不會帶這些人到空中去，這種事要盡快知道才好。不論你的鋼纜和安全帶有多麼堅固，你必須認識你要指導的人才行。人們在害怕時會做出不理性的事情。

[e] 在我的冒險生涯中，被人用幾乎各種想像得到的方式推、拉及對待（並且簽過至少七份即使死亡也不會追究的同意書）。西恩塔的指導員、雲霄飛車的工作人員和鬼屋演員們，基本上把我當成腹語術的玩偶。設法克服無法掌控自我就是一種冒險，也讓我深刻體會控制與服從的重要性。我想要挑戰自我，做完原先計畫的事情。因此當兩人高空跳傘的夥伴抓住我，把我放到他膝蓋上，在三千英尺高空的敞開機門前雙手環抱住我的時候，老實說，我腦海裡最後有記憶的是我對陌生人的焦慮。

第一道安全檢查意外地證實，不理性的行為令人擔憂：我們必須要全部通過酒測。下一項檢查完全令人詫異：他們搜查我們的衣服，看有沒有爆炸物。我想問這道安檢是因應措施嗎？以前有人身上綁了爆炸物，想要炸掉西恩塔嗎？但我不想因為提出以下疑惑而引起懷疑：這些指導員像警察和邊境巡警一樣搜身。接著我們必須脫掉幾乎所有的衣物配件，只穿著長褲與上衣，手腳張開，讓他們用手持式金屬探測器掃描全身。

排成一圈站著讓人有種脆弱感，同時又要面對陌生人，我便開始想像各種可怕的事情，像是有人口袋藏著刀子，想要殺人或自殺。我不知道那是不是故意的，指導人員說我們即將要去做一件十分危險、十分驚嚇的事情。我的壓力程度不斷升高。

我們穿上橘色的連身工作服，背好安全帶，擠進一部塞滿人的小電梯。搭乘十五層辦公大樓的電梯很舒服，我們早已把這項現代發明視為理所當然。和一群口操法語、穿著像囚犯似的陌生人擠在一部小電梯，升高到一千一百英尺，則是另一回事。連身服很悶熱，空間又狹隘，我的耳朵開始嗡嗡作響。我低頭從電梯底層的毛玻璃看著迅速消失的地面，感覺自己的胃在翻騰。我想我最好閉上眼睛，不去想自己被困在電梯裡，這當然不管用，多虧了我們大腦非常有效率的一個部位——海馬體（hippocampus）。[5]

大腦判斷某種情況是否確實具威脅性的方法之一是，經由海馬體去回想我們先前處於類似情況下的經驗資訊。我們清楚記得驚嚇與可怕的事件，也就是所謂「閃光燈記憶」（flashbulb memory），因為我們的戰鬥或逃跑反應所激發的化學物質與荷爾蒙，讓那些時刻深植腦海。如此一來，我們便會記住應該害怕（或喜愛）的人與時刻，下次便知道該避開（或親近）。海馬體很神奇，不妨想像一座無窮無盡、超多抽屜的U型檔案櫃，有位聰明的歸檔辦事員知道該如何儲存記憶，又該在何時取出記憶。海馬體可以在千分之一秒，在我們有意識之外，藉由與先前經驗相關的景象、聲音、味道、地點或行動，開始召喚記憶。海馬體與大腦的杏仁核有著緊密連結，兩者合作產生一種記憶的回饋迴路——引發一種感受後，又召喚出另一項記憶，如此連環下去。說不定，每當你走過朋友被搶劫的巷子就會發抖，或者聞到汽油味便緊張，因為拿著鏈鋸的瘋子正要走過來。又或者，和我一樣，你走進電梯就會緊張，設想著最壞的情況。

當我在西恩塔的電梯閉上眼睛，回想起有一次我在匹茲堡的榮民醫院搭電梯卡在兩個樓層之間。我沒想過自己會害怕這種事，但不知道要困在空盪盪的電梯裡多久，造成我嚴重恐慌。我的呼吸變得急促，便來回踱步，假如你不知道狀況何時才會解除，幾分鐘也是一段很長的時間。按下第十遍「緊急呼叫」鈕還是沒人回應後，我便住手，深呼吸告訴自己放輕鬆。我對自己說，我得到了預期外的休息時間，不妨坐下來，翹個二郎腿。直到我獲救為止，這招都沒效。諷刺的是，電梯被撬開時，我的情緒管理仍然不敵那種令人軟弱的恐懼感。

維修人員把電梯門撬開兩英尺，看到我在樓板下方四英尺，也就是我必須往上跳才能爬出電梯。維修人員伸出手說：「來吧。」但我想像著電梯墜落地面，他的手臂也被扯斷了。在那一刻之前，我都沒想過電梯鋼纜會斷裂，一想到四肢摔斷、頭顱掉落和死亡的畫面，讓我呆住不動。喃喃自語一番後，救難人員由循循善誘變成嚴厲命令，我才嘗試跳躍。直到今日，每次搭電梯我都會想像被卡住的景象。邊緣漫步是在一一六層樓，所以我有很多時間可以想像。

等到電梯門終於打開，我彷彿走進了科幻電影拍攝現場：地板是白色金屬網格；繩索、鏈子和安全帶由天花板垂吊下來；好多部電腦，牆面掛著大型螢幕；由金屬坡道的上方看出去，只看到無盡的藍天。我一直期待看見飛碟，最起碼也會出現哈里森．福特（Harrison Ford）。我們靠著牆邊排隊，被吊在繩索、安全帶和扣環上，像是真人木偶一樣。萬一吊環軌道斷裂怎麼辦？我心想著。萬一安全帶斷裂怎麼辦？我思考著每一個可能出錯的地方，但這毫無意義——要不就走出去到走道上，要不就不出去；要不就信任指導員，要不就不信任。我決定信任，所以我們走出大樓，來到高空之中。

戰鬥或逃跑反應

再會吧，正在寫一本恐懼之書的分析社會學家。哈囉，原始自我。我可以從腳底五英尺寬的金屬網格清楚看出去，每個方型空格最起碼是六乘四英寸，一定大到兒童的腳可以伸進去。我——應該說我的身體——決定停止動作，像木頭人一樣。我忍不住一直低頭看著腳底下，小得如同胡椒粉似的移動物體：人行道上的行人。「我的天吶，」我低聲說。我屏住氣息。瑪歌說了些什麼，可是我沒聽到。我的太陽穴感受到高度壓力，我可以聽見及感受到血液流動，心跳就像全力衝刺了三十秒般。周遭寂靜無聲，好像我在水底。風呼呼地吹，我必須瞇起眼睛，反正也看不清楚任何東西。我想要用雙手護住臉部，可是嚇到不敢從繩索上放手。我覺得昏眩不適，但我不是在雲霄飛車的軌道上翻轉。這回我站在原地，呆若木雞。

這些都是戰鬥或逃跑反應的相關症候，[6]但亦與眩暈（vertigo）有關，當觀測者與最近的靜止物體之間的距離太遠，無法使用參考點來保持平衡時，這種症狀就可能發作（我在地面抬頭看的時候，實際上就是小型的發作）。姿勢控制不良的人較常發生眩暈，[7]這基本上是指我們保持平衡，讓環境資訊與我們體內系統同步的能力。假如你的姿勢控制不良（像我這樣站在離地一一六八英尺的金屬環型走道上），你會更加依賴視覺提示來決定平衡，在沒有視覺提示之下，你的體內系統會感到混亂。這也是為什麼我童年時爬上三十英尺的樹都沒事，卻在高空一一六八英尺完全抓狂（這種表達方式是有充分理由的）。

我動也不動地站在網格地板上，覺得自己好像忘了怎麼走路，同時又要克制跑掉的衝動。我的戰鬥或逃跑反應進入「火力全開」模式。[8]當人體出現戰鬥或逃跑反應，自主神經系統的交感神經部分——主控我們重要的生命系統，像是呼吸、心律、消化、甚至情慾——會分泌大量化學物質。交感神經系統的反應迅速，有時我們甚至沒有意識到自己做出回應，並且分泌戰鬥或逃跑反應的「火力全開」荷爾蒙，包括腎上腺分泌的腎上腺素和去甲腎上腺素（norepinephrine，去甲腎上腺素亦釋放到脊髓以減輕疼痛）。我們的身體因而進入超速狀態，體內釋放另一種壓力荷爾蒙——皮質醇（cortisol），將脂肪酸轉化為能量，傳導到我們的肌肉，準備進行任何立即的行動。其他作用是暫時失去聽力和視野狹窄。這些都是為了讓我們專注在求生，把我們的身體變成一具隨時可以啟動的強大機器。

我確實感到我的身體進入「火力全開」模式，可是不覺得自己像一具強力機器。我的雙腿抖到無法控制；這種情況通常發生在我搭雲霄飛車、不需要擔心支撐我自己的時候，更何況一趟雲霄飛車通常只要兩分鐘就結束了。這次是嶄新體驗。我想要振作精神，卻無法專心聽瑪歌在說什麼。我已經沒有辦法思考，這也是我們的身體為了專注於求生所做的動作之一。負責理性與邏輯決策的前額葉皮質（prefrontal cortex），讓位給大腦比較低層、比較原始而「古老」的動物本能。我們在受到驚嚇時很難去思考（這是我後來一再學到的教訓）。我有一種很奇怪的感覺，好像一波又一波的熱浪傳遍全身。

接著，我注意到一件極其意外的事：我尿褲子了。或者說，至少我以為自己尿褲子。我知道很多人嚇到尿褲子；不過，其原因一直受到爭議。交感神經系統確實會抑制或阻斷消化，將血液導入我們的肌肉，但那未必會造成我們的膀胱鬆弛。和交感神經保持平衡的副交感神經系統，負責讓人體鬆弛休息、促進消化；這同樣未必會造成你尿褲子。比較可能的是，我們太過驚嚇以致忘記要「憋住」。[9]我們的前額葉皮質負責傳送信號讓我們控制小便，但如前述，當受到驚嚇時，我們負責思考的腦部未必能順利傳出信號。

我在恐怖屋多次看到這種後果，人們出來時尿溼了褲子，當時我心想：「我永遠都不會發生這種事，太糗了吧。」現在，好像輪到我出糗了，我在邊緣漫步呆住不動時，很難判斷自己是否真的尿褲子了：我分不清乾溼、冷熱，還有上下。我全身像著火似的，血液急速流動，在強風下感覺更加強烈。我試圖伸手去摸溼掉的部位，卻死都不敢從安全帶鬆手。每次當我想檢視連身褲，目光卻掠過雙腿，直視地面。

這種情況帶來的羞恥與挫敗感，突然成為我唯一能夠想到的事。這其實是人類心理令人訝異的一部分，不同情緒狀態的心理與化學反應可能相互抵觸，但通常是可以調適的。情緒反應使用相同的腦部結構，有時方向正好相反。彼得・狄雍（Peter de Jong）和他的同事發現，情緒激發（arousal）可以消除或減弱噁心的感覺（是的，想一下性愛時的狀況）。[10]熱情的「暖流」（與多巴胺和血清素有關）被無助與無望的感受給削弱。當我被困在榮民醫院的電梯，救援人員出於苦惱和受挫感，最後催促我「振作起來」。

保羅．斯洛維奇（Paul Slovic）最近在一項研究發現到，[11]人們願意捐錢給一名貧困兒童，而不願意捐給數百名兒童。一個兒童讓我們感覺良好，好像我們做出了一些改變，但是當發現需要幫助的人太多了，就會感到無力。這種情緒鬥爭的贏家應該是可以幫助我們生存，而且最有效率的反應。今日，我們的生存更加依賴社會連結，而不是我們躲過大熊襲擊的能力，難怪公開羞辱與社會恐懼症成為最令人害怕的情況，而不是突然死亡。[f]以為自己尿褲子而感到難堪，這成為我最注意的事，因此讓我的思考大腦恢復作用。最後，我終於可以低頭，並且開心地看到自己的褲子是乾的。如我所說，人們在受驚嚇時會做出不理性的行為。

在瑪歌的催促下，我轉身背對著外面，把注意力放在身上的安全帶及眼前的大樓。我深呼吸兩次，告訴自己要勇敢，不要往下看。當我轉身時，看到令人屏息的絕景。我們出來的地方位在大樓的東南方，在我面前，我看到安大略湖的翠綠湖水，映照著清澈的藍天，朵朵的白雲，以及地球的弧線——我發誓我看到了。

進入威脅反應的高度覺醒狀態

回到正題。瑪歌告訴我們，該去繞一圈，做一些「特技」了。第一項是轉身背對著天空（對我來說，天空不像地面那麼嚇人，但我猜這只是個人意見），蹲下去讓繩索與安全帶完全支撐身體重量。基本上，我得要坐在大樓的邊緣。我雙腳張開與肩同寬，坐在安全帶上，人雖然還在步道上，但很快便覺得自己好像要滑出去，就不敢再坐下了（瑪歌說這是正常的，讓我感到些許安心，並繼續進行特技）。我用發抖的雙腳小步後退，停下來緊閉眼睛，努力不要昏倒。接著我強迫自己後退，直到腳跟踩在邊緣，足弓抵住金屬網格。身體的每個部位都告訴我，不該這麼做。「我的天吶，」我低語。

我往下看，吸口氣，繼續後傾，直到整個身體只靠一條繩索掛在一一六層樓的高空。我慢慢伸直雙腿，直到與軀體成九十度，並且暫時從繩索上放手，但是很快又抓住，我還沒準備好放開手。

這真是我經歷過最驚嚇的體驗（以生理恐懼來說，直到今日都還是），但是當瑪歌問我要不要繼續待在邊緣上，我聽到從嘴裡傳出「好的」，卻不記得自己有說過。後來看錄影帶時，我看到自己臉上掛著大大的笑容。

我冒險又再往下看，看見了汽笛（Steam Whistle）啤酒公司，就座落在一個大型的舊火車站裡。

f 國家心理衛生研究院指出，在美國最常見的是廣泛性焦慮症和社會恐懼症。

有一列古董火車陳設在橢圓形駐車場的老舊鐵軌上，從這個距離看去像是孩子們的玩具。我的眼睛再往下便看到羅傑斯中心（Rodgers Center），這座占地一一．五英畝的體育館擁有全球首創可以完全開啟的屋頂。屋頂本身高達二八二英尺（三十一層樓），但是從西恩塔樓頂看過去，就像一小顆圓形棉花糖。我把視線轉向右邊，看到加拿大雷普利水族館（Ripley's Aquarium of Canada），屋頂上畫著一隻大鯊魚。我一看到那隻鯊魚，便想像繩索斷裂，自己掉進鯊魚嘴裡，立刻全身又傳遍一陣熱浪。我這一輩子從來沒那麼害怕鯊魚。

我們已走了大樓的四分之一圈，現在要進行下一項特技：從大樓探身出去，臉部朝外。過了十五分鐘後，我對於邊緣步道已逐漸感到自在，可是一想到臉部要朝下探身出去，又退化到蜥蜴腦袋模式。我們小組的每個人對於這項任務的做法都有些不同。有人踩著碎步，不敢把目光由腳邊移開。其他人則是自信地走到邊緣，停下來之後再緩慢向前倒。我想要像旁邊那個女人一樣衝到邊緣，整個人倒下去，可是發現自己如同嬰兒般蹣跚前進，好像膝蓋無法彎曲一樣。我強迫自己踩到距離邊緣四英寸處，這是我的極限了。

我用力回想指導員的指示，死命拽著被我擺到胸前的繩索不放，一直提醒自己，安全帶可以支撐數百磅的重量，鋼纜則可以支撐一萬五千磅，我絕對不會摔下去的。最後終於完全探身出去，讓繩索拉住我兩秒以上。往前傾的時候，我慢慢把腳跟抬高，只有腳趾扣住網格。瑪歌看到我這麼做的時候，稱讚了一番，但這不是大膽的舉動；我只想順著方向，好讓自己不會摔死，根本不是要用腳趾來「加強冒險」。

我往下看，放鬆身體靠在安全帶裡，這真是要不得的想法。我馬上就站不穩，覺得整個人向前栽。就像在電梯想像斷頭的景象，我想像金屬邊緣會割斷我的繩索，讓我跌進多倫多市區。我覺得像是坐雲霄飛車時胃部下墜，急忙向後跳回來，全身一陣發熱。每當我想到墜落時，都會發生相同的情形。我告訴自己不要再想了。想像墜落，會讓我覺得自己在墜落，只要不去想，便會感到安全（大腦真是神奇）。我又走到邊緣，探身出去往下看，看到好多小胡椒粉四處走動，再抬頭看著眼前的高樓。我張開雙臂，做出最棒的女超人姿勢。我沒有掉下去，我在飛翔，並覺得充滿力量。

我們又走了四分之一圈，轉到塔樓的北方。整個多倫多都在腳下，我好像漂浮在這個城市的地圖上。我們可以看到唐人街的熱鬧街道，以及一些我忘記名稱的雄偉大樓，但景色很美就是了。這回我們要做相同的特技，只不過是要背對著天空，整個人往後仰，而不像剛才那樣彎腰向前。就像信任別人會接住你而往後倒一樣，只是你需要很多的信任，並祈求不要跌下去。我已經安心許多了，

---

g 另一項有趣的事實：我們的杏仁核對上下顛倒的三角形圖像會產生強烈反應，換句話說，就是鯊魚的牙齒。Christine Larson、Joel Aronoff、Issidoros Sarinopoulous和David C. Zhu在他們的報告〈辨識威脅：簡單的幾何形狀啟動威脅偵測的神經電路〉指出，即便是一個簡單、背景空白、反過來的V，都可以啟動我們腦部的威脅中樞。

可是要倒退著走到邊緣，把腳跟踩在外頭，仍是一項挑戰。這好像是我的思考大腦與體內的原始動物本能不斷在鬥爭一樣。但是等我往後倒，便很容易假裝自己距離地面五英尺。我完全張開雙手和雙腳，整個人後仰，抬頭看著天空。我們這個小組同時這麼做，並且大喊「耶！」我們真的很開心，直到今天，每當我感到壓力、脆弱時，便會回想那個時刻。

等到抵達大樓的南方時，距離我們踏出第一步已經四十分鐘了，我覺得輕鬆自在。我從邊緣探身出去，眺望遠方，聆聽風聲。我閉上雙眼。腎上腺素與去甲腎上腺素向來在這種活力與刺激的時刻發揮作用。但它們不是造成我當下感受的荷爾蒙（血液與體內的所有腎上腺素都不會影響我們的情緒，因為血液對腦部神經元是有毒的）。我處在平靜、催眠般的狀態，都要感謝我的副交感神經系統與其他戰鬥或逃跑的荷爾蒙，像是可以減輕壓力的皮質醇；腦內啡（endorphin）、多巴胺、血清素（serotonin），以及有「愛的荷爾蒙」之稱的催產素（oxytocin）。

它們只是研究人員發現造成我在冒險歷程中，一再體會到幸福感的荷爾蒙的其中一部分。人腦十分複雜：要是能說x荷爾蒙等於y情緒就好了，但沒有這麼單純。基本情況是這樣的：多巴胺造成我們要去做喜歡的事情時那種溫暖的感覺，比如吃美食或享受性愛。札德（David Zald）和同事發現，[12]多巴胺系統特別有效率的人比較喜歡追求刺激，他們會有格外強烈的愉悅感。催產素是母親與嬰兒出生後相互聯結的荷爾蒙，[13]但亦與戰鬥或逃走反應有關，因為它讓我們對自己認為安全的人感覺更加親近，遠離我們認為有威脅的人。

研究人員發現，血清素這種神經傳遞質與情緒、社會行為、食慾和睡眠有關。[14]類似鏡像神經元的亢奮，血清素在八〇年代有幸福之鑰的美稱，某些血清素回收抑制劑（如百憂解（Prozac），其作用是增加腦部的血清素濃度）據信是神奇快樂藥丸。但經過二十多年的研究，以及許多證據顯示血清素回收抑制劑事實上並不會讓大家快樂，科學家現在相較以往更加存疑（抱持懷疑在科學上一直是件好事）。匹茲堡大學精神病學系教授茱蒂・卡麥隆（Judy Cameron）開玩笑地和我說：「我們今日對於血清素的了解還沒有二十年前多。」

還有腦內啡。取名的由來是體內所產生的、像嗎啡的物質。這些內源性類鴉片在疼痛和歡愉時會分泌出來，作用近似類鴉片藥物，諸如可待因、氫可酮和鴉片，因為它們可以產生舒服的感覺。

腦內啡其實遠比大多數人所認知的還複雜，值得多談一些以釐清誤解。[15]比如，腦內啡大約有四十種，就像多巴胺、血清素也有很多種一樣。它們可以區分為三個不同種類：腦內啡、腦素（enkephalin，我們的眼淚裡就有！）和強啡肽（dynorphin）。這三種都會和大腦的鴉片類受體（opioid receptors）結合，藉由阻斷我們的細胞傳送疼痛信號來減輕疼痛（這就是為何你在膝蓋腫脹之後，仍央求教練讓你回到場上的原因之一）。可是，只有腦內啡與腦素會和產生大家渴求的欣快感（euphoria）的鴉片類受體結合（mu受體與delta受體）。另一個讓我們放鬆和舒適的系統是內源性大麻素（endocannabinoid）系統，[16]基本上就是人體版的四氫大麻酚（tetrahydrocannabinol），大麻主要的精神活化成分。科學界終於仔細研究，證明各地吸大麻的人多年來所知道的事，亦即大麻素經由結合疼痛處理受體來減少我們的疼痛經驗，可產生一種放鬆狀態。可是如同所有系統，每個人的身體分泌及運用這些化學物質的效率都不同。

探身出去，我張開雙眼，眺望湖水，感受到一股舒適的暖意（不是誤以為自己尿褲子時的那種暖意）。我腦海裡的「雜音」都停頓了，感受到無比的平靜和安詳。我是如此放鬆，甚至沒聽到瑪歌說該回去了。

這次搭電梯下樓沒那麼難受了。我的耳朵仍嗡嗡作響，可是我不在乎。我感到陶醉，看得出來同行的遊客也一樣，因為他們大叫且大笑。

邊緣漫步是無與倫比的體驗，想像歷時四十分鐘的一趟雲霄飛車，雖然很類似這種驚險，但那只是一部分的體驗而已。這次的漫步讓我的身體進入威脅反應的高度覺醒狀態，就像雲霄飛車一樣，卻不是只有兩分鐘，我經歷難忘的四十分鐘，將注意力轉移到內在，感受到生理感官。我能夠突破大腦邊緣系統傳送的強烈訊息，與我的身體進行對話，看到自己想到不同事情及嘗試不同特技時的身體反應。我能夠有這種所謂的「焦點內感受」（focused interoception），[17]也就是意識到我們的生理感受。主司這項意識的大腦部位是島葉皮質，它負責維持體內平衡；也讓我們感受到痛、癢、溫度、愛撫、肌肉和內臟感覺、餓、渴，甚至空氣等。它讓我們體會到自我的感覺，知道我們實際上是一個充滿內在生命的人。前島葉皮質亦和我們身體的狀況有著強烈連結，與杏仁核和視丘有著直接的相互連結，亦即我們情緒體驗的中樞。事實上，如巴德・柯瑞格（Bud Craig）指出，前島葉皮質和性高潮、決策與頓悟時刻都有關連。

試過冥想的人都熟悉這種「把意識導入身體」的做法，當你注意自己的心跳、呼吸和生理感受時。但大多數驚恐體驗在電光火石之間發生，沒什麼時間停下來思考你的身體在如此高度覺醒狀態時，有什麼感覺（反之，在合法、正當威脅的情況下，這並不是優先事項）。西恩塔提供一個這麼做的獨特機會。我知道自己的威脅反應，與我的身體聯繫，可以挑戰自我，讓信心的回報更加值得。我不是困在雲霄飛車裡一個人搭乘，雖然瑪歌鼓勵我，我必須自己把身體移動到邊緣，而且我做到了。

我真的是站在世界顛峰，覺得自己是神力女超人，因此後來當朋友問我：「好吧，接下來呢？」我說：「什麼都好。我什麼都敢做。」話一說出口，我就明白接下來要做什麼了。現在該讓我的身體突破生理刺激，開始由內心來驚嚇自己了。

Part II

心理上的驚恐

在那之後，我回想起平坦與潮溼；然後一切都變得瘋狂——
一種忙著衝破禁區的記憶的瘋狂。

—— 愛倫．坡（Edgar Allan Poe）——

第三章

伸手不見五指的監獄

——我們害怕的不是黑暗，而是與人隔絕

有些地點比其他地點更加可怕，大家很容易就會同意哪些地點比較嚇人。當我要求我的學生說出可怕的地點，他們爭相講出預期得到的名單：監獄、精神病院、古老的地方、廢棄的場所，以及有犯罪與謀殺歷史的地點。許多恐怖電影、電視節目和靈異調查地點有個共同的特點：監禁。讓人無法離開的地方成為《捉鬼隊》（*Ghost Hunters*）和《誰敢來挑戰》（*Fear Factor*）等電視節目眾多集數拍攝的場景，還有《未來總動員》（*Twelve Monkeys*）、《恐怖斷魂屋》（*Session 9*）、《養鬼吃人》(*Hellraiser*)和《隔離島》（*Shutter Island*）等許多電影。除了提供便利方法讓劇中主要角色無法逃脫，

這些地方也是社會學家所謂的「全控機構」（total institutions），意思是指隔絕人們的場所，通常未經當事人同意。

囚禁的背後：從監獄到精神病院

全控機構可分為數類，這是由知名社會學家厄文·高夫曼（Erving Goffman）加以分類：照顧那些無法照料自己，或可能傷害自己與他人的人之場所，像是養老院和精神病院；囚禁罪犯的地方，像是監獄和感化院；自願性的全控機構，像是學校、修道院和寺廟。[1] 雖然其本質並不「邪惡」，這些地點是許多歷史上人類最悲慘和恐怖犯罪的場所，這也使得它們成為世上最可怕的地方，以及最流行的「黑暗觀光」（dark tourism）[a]景點。這些地點不只是恐怖而已，它們時常引發哀傷或懷舊之情，在現場能讓我們覺得更加貼近牆上見證與記錄久遠年代的故事。它們亦引發敬畏感，提醒著我們有許多事情比我們還要巨大且古老。

全控機構，尤其是那些違背意願禁閉人們的地方，雖然嚇人卻也迷人，營造出一種吸引／排斥

a 黑暗觀光，指前往具有死亡與悲劇歷史的地方觀光，像是戰區、恐怖攻擊地點、千人塚和全控機構。更多資訊可參考黛伯拉·卡明（Debra Kamin）所撰〈黑暗觀光的興起〉（The Rise of Dark Tourism），《大西洋》月刊，二〇一四年七月十五日出刊。

的力量。我們的進化使得我們受到新鮮事物所吸引，包括怪誕的事；[2]事實上，大腦對於新奇、不尋常的事物感到興奮且更加注意（有些人的程度高於其他人）。畢竟，我們的祖先具備平衡的好奇心，以尋找新的食物來源和伴侶，卻又有著適度的謹慎以進行戰鬥。不過，這些地方同時吸引及推開我們，是有著其他更加深沉、更多心理層面的理由。

這些地方囚禁著可怕、令人厭惡的「怪物」，不被正直、有道德及守法的公民看見。然而，我們卻被他們所提醒的事情迷住：藉由監禁罪犯或其他「不正常」的人這個公開舉動，社會重申我們的共同價值，突顯「我們」和「他們」之間的差異，並且增強了分界線。連環殺人魔、強暴犯、恐怖分子、內線交易對沖基金經理人和虐童者，那些威脅社會者被拘禁在全控機構的高牆後，遠離我們。全控機構讓我們靠近邪惡，藉此讓人慶幸自己的正直。

當我參觀西維吉尼亞監獄時，這種感受最為明顯。在那裡，一名熱心的導覽人員在「罪有應得」的收容人殘酷而駭人聽聞的故事間穿插笑話和諷刺，她說，「假如你的行為像畜牲，你就會受到畜牲的對待。」（高夫曼和幾乎所有的行為研究都告訴我們，很多時候，情況正好相反。）最後的故事發生在「老火花」（Old Sparky）底下，這張電椅執行過九次死刑，包括艾默·布蘭納（Elmer Brunner），他是最後一個死在那裡的西維吉尼亞人。布蘭納在私闖民宅時持鐵槌凶殘地殺害了魯碧·米勒（Ruby Miller），因此被判一級謀殺罪。我們圍繞在電椅四周，入神地聽著這個悲慘故事。這時我看到，原本是一群陌生人的遊客團體變成了一個小型社群。故事以布蘭納坐上電椅作為結束，大家同聲歡呼，有人還互相擊掌。我想有人甚至高呼「美利堅！」感謝我們的司法制度，讓這個社會遠離傷害，我們可以安穩地休息，不必擔憂。至少，我們是這麼認為。

全控機構引起的恐懼不完全在於裡頭的人，至少不只是關在獄中的人。還有這個機構本身的結構、目的和影響。不僅這個機構的員工（甚或受刑人）可以殺死你，有時甚至不會違反法律，他們還能名副其實地剝奪你的自由和身分。不論你是病人、犯人或學生，都要經歷一個嚴苛的再社會化程序，這可能造成你意志消沉、病態化和喪失全部的自我意識〔不妨想像《發條橘子》（*A Clockwork Orange*）這部小說〕。即使是全控機構的員工也要卸下其身分認同，換上喪失自我感的新自我，以致他們與自己的情感脫節，也比較不能體諒他人。

全控機構裡的怪物未必都是服刑者。菲利普・金巴多（Philip Zimbardo）知名的監獄實驗說明這個問題的兩個層面[3]：他指派學生在一個模擬監獄擔任警衛和犯人的角色，但最後不得不取消這個實驗，因為學生警衛開始濫用權力，命令學生犯人去做殘暴、羞辱的工作。多年後，甚至連金巴多都承認，他在不是出自本意之下，扮演起典獄長的角色，而不是客觀的研究者。雖然金巴多的實驗未盡完善（也不太道德），研究證實，以任何形式長時間參與非自願性的全控機構，可能會令人覺得自己不像一個人，這對許多人來說簡直生不如死。引述米歇爾・傅柯（Michel Foucault）的話[4]：執刑者的權力只及於你的死亡，機構的權力卻及於其他任何事情。

美國史上，甚或是全世界最恐怖、最惡名昭彰的全控機構，是成立於一八二九年的賓州東部州立監獄（Eastern State Penitentiary）。[5]它是美國第一所監獄，也是全球三百所監獄的模型。賓州東部州立監獄何以成為全球最可怕的地方，原因有數個層面——它是一間大型、老舊的監獄，有人說它鬧鬼，它也是賓州重大罪犯和全美一些最聲名狼藉的罪犯服刑之處，包括艾爾・卡彭（Al Capone）和威利・薩頓（Willie Sutton）。不過，它率先開發出美國一種新型態的機構化酷刑，以及人類最大的恐懼之一：單獨囚禁。多年來我閱讀及研究「你最大的恐懼是什麼？」這個問題，「獨自一人被困住」這個答案總是擠上前五名（還有死亡、黑暗、溺水和失去所愛的人）。為什麼呢？為什麼我們如此害怕獨自一人？

全控機構有許多可以探索的地方，可是我不想犯法被捕，也不想把自己關進精神病院去調查那些恐懼，原因不只是我沒那麼愚蠢。我想要探討這些象徵黑暗面，或者至少是人類行為隱蔽面的古老建築所引起的吸引與排斥。我參觀了一些歷史性機構以研究這個現象，沿路上學到許多，但是當要研究監禁時，我想要去最完美的場所，在那裡待上一夜。獨自一人。

無法救贖、遠離悔改的地獄

我該如何在黑夜裡獨自身處美國最可怕的古老監獄？我不認為東部州立監獄（今日由非營利機構在現址經營博物館）的人員會同意一名社會學家半夜三更在裡頭隨便亂逛，單純想要體會被困在黑暗的監獄是什麼感覺。我曾考慮藏在一間牢房裡，等待監獄關門。可是非法闖入會讓我被關到另外的監獄。幸好，我進去了，而且就像許多我最喜歡的故事，這趟旅程是由鬼屋展開的。

東部州立監獄最大的資金來源是他們的季節性鬼屋——「石牆後驚魂」（Terror Behind the Walls）。這是美國除了遊樂園以外最受歡迎的鬼屋（不是蓋的，一季有十萬名以上的遊客），幸好經營者是恐怖屋的粉絲。二〇一三年恐怖屋季節的最後一晚，東部州立監獄的經營者布瑞特・柏托利諾（Brett Bertolino），和「石牆後驚魂」創意總監艾美・霍拉曼（Amy Hollaman）來恐怖屋觀摩。數月來我一直在研究而遲遲未與他們聯絡，但是當他們兩人開心又興奮地走出鬼屋，我看到機會來了（當人家高興的時候，向他們要求東西是再好不過了）。我隨口問布瑞特，我可不可以「你知道的，去東部州立監獄待一陣子」。布瑞特回應「當然可以」，我可以和艾美聯絡如何安排。他不知道我是想要待一整晚，我也不知道那會成為我在東部州立監獄待上許多日子的開頭，並且和新夥伴展開許多恐懼的冒險。

艾美和我一開始就很合得來，這真的很好，因為除了恐怖屋以外，我在恐怖遊樂業（haunted attraction industry）沒遇到太多談得來的女性。[b] 她是天生的領導人，有魅力又迷人，不過她也是鬼屋的創意總監，所以有一丁點黑暗面。她是那種可以成為出色教派領袖的人（我和她說過，她覺得這是讚美）。當艾美同意我在東部州立監獄過夜時，我確信那是因為她沒想到我會真的待上一整晚，可是她後來就會明白，我不打算半途而廢。

很難形容在那個暖和的五月天晚上，我在監獄關門前抵達時感到多麼渺小。由外頭看，監獄像是一座巨大堡壘，四十英尺的高牆環繞著十英畝的土地，每個角落各有一座守望塔。厚重的石頭建物讓人望而生畏，並感到壓迫，這也是它的目的。建築師約翰·哈維蘭（John Haviland）刻意選擇懾人的新哥德式風格來引發進監獄的人，以及經過費城菲爾蒙特區的人的恐懼。這個建物會讓你做惡夢，這是一個諷刺，因為東部州立監獄是基於人道理念而創立，相信所有罪犯都能重新做人。

東部州立監獄希望終結十七世紀監獄一些最惡劣的地方，比如酷刑、毆打、公開執行死刑及不衛生的居住條件。舊世界的監獄比較像是地窖和關犯人與瘋子的牢房，等候著他們真正的刑罰，通常是絞死、剝皮、刺刑，或是分屍、杖刑、宮刑等酷刑。其中特別可怕的刑具是十六世紀蘇格蘭使用的長舌婦面具（Scold's bridle），[6] 主要用於女性。這是一個鐵口罩，套在犯人頭上，不讓她動口說話。有些還有一塊鐵片，布滿凸刺，伸進犯人嘴裡，膽敢動一動舌頭的人就會被修理。除了這種刑具本身，以及這是社會上接受的刑罰，更叫人痛心的是，它引發東部州立監獄的靈感，設計出類似的刑罰，並修改得更加殘虐。

這所監獄的設計者，包括美國開國元老班哲明．魯希（Benjamin Rush），他們有不同的想法。他們堅信把人關在小牢房，隔絕一切人際互動，罪犯便可以改過自新，獲得精神上的救贖。這種新的「賓州制度」讓犯人有時間反省自己的行為和懺悔。雖然立意良善，這個本意是要救贖的地方卻變成許多人口中的「地獄」。

單獨囚禁

我站在主要入口內的鑄鐵大門前打了個冷顫，混身起雞皮疙瘩。笨重的鐵門高達二十英尺，彷彿是為了容納受刑人背負的罪惡與羞恥（實際上，它是為了讓大型馬車與日後的卡車進入，但在東

b 恐怖遊樂界仍是白人男性把持的產業，通常在政治上傾向右派。這個圈子沒什麼女性老闆或創意總監，遊樂場景與道具的設計往往是在消費女性，顯示出這個產業的性別歧視。恐怖屋是少數明確表示他們沒有女性被施暴場景的鬼屋，主管階層的男女性比例平衡。因此就一個開明派女性主義社會學家來說，我很高興遇到另一個志同道合的愛鬼人士。

部州立監獄很難不覺得它不吉祥）。艾美到大門來接我，帶我進去；看著她打開鎖頭，卸下鏈條（員工每天都要這樣做），我想到以前有多少人希望站在我現在所處的位置，而我卻希望可以進去。

進入大門後是一整圈石頭囚室，排列成馬車輪形狀，圍繞著中央的圓形大廳。[c]雖然外觀十分恫嚇，這個建築的內部卻意外令人振奮。原本的囚室和圓形大廳是仿照宏偉的教堂：拱起的屋頂、天窗和開闊的通道。我很不好意思地承認，這建築很美。哈維蘭將外觀設計得很可怕，警告自由的人民遠離犯罪生活。但他希望內部空間像是修道院，儘管是非自願性的。原本的囚室面積是八乘十二英尺，即使用今日標準來看都很寬敞，十英尺高的拱形屋頂有一道天窗，象徵性地稱為「上帝之眼」。哈維蘭還設計了沖水式馬桶、中央暖氣和一個私人的戶外庭院，長十八英尺。如果你在前面放個「尚有空房」的牌子，再裝上有線電視，一個晚上可以收費一百美元。

其實沒那麼好。這種監獄設計很快地便顯露出它的缺點：中央暖氣不管用，讓犯人在水泥地上凍得發抖（後來又鋪上木板），沖水馬桶也不如預期般有用，臭氣沖天，令人作嘔。或許最糟的是，沒有窗戶的牢房和四十英尺圍牆內的車輪狀設計，幾乎堵塞了所有空氣流動。密不通風致使囚室在冬季潮溼又冰冷，夏季悶熱腐臭。根據醫師的報告，這種環境條件是死亡與生病的主因之一，或許僅次於單獨囚禁的嚴重後果。

囚犯打從步入大門那刻起，一律用他們的號碼來稱呼，一天二十三小時待在囚室內，一小時可在他們的私人庭院放風運動。禁止與其他囚犯、朋友和家人往來；當他們在通道上行進時，甚至必須戴著頭套。然而，要隔開囚犯比預期中來得困難。囚犯想要與人交流互動的欲望和需求，實在強烈到無法抑制。囚犯會用「說唱字母」透過水管傳送訊息，放風時把紙條綁在石頭上扔過圍牆，挖地洞通到其他囚室，對著天窗大喊等。每當犯人想出新的溝通方式，獄警便進一步監禁他們；天窗被封死，權利被限縮，並且實施體罰。體罰原非賓州制度的內容，甚至連鞭笞都在禁止之列。

可是，州議會在一八三五年的一項調查發現，獄警山繆爾・伍德（Samuel Wood）動用各種酷刑，包括「平靜椅」，這種裝置把受刑人綁得很緊，阻斷血液循環，有的人還必須截肢；強迫犯人在冬天沖冷水，任由他們長時間曝露於低溫，身上都結成了冰柱；還有鐵面罩，類似長舌婦面具，只是面罩上有一條鐵鏈栓在犯人手腕上。該監獄成立後的七十五年內受到三度調查（分別是一八三四年、一八九七年和一九〇三年），結果發現獄警和犯人從事「放肆及不道德行為」，盜用公款，「典獄長下令對不聽話的受刑人施行殘暴奇特的懲罰」，以及「典獄長無視法律決定，胡作非為」。費城減輕公立監獄苦難協會（Philadelphia Society for Alleviating the Miseries of Public Prisons）的理想很

c 這種輻射式設計係仿照十八世紀後葉英國哲學家邊沁（Jeremy Bentham）所設計的圓形監獄（Panopticon）（哲學家傅柯曾用它作為暗喻，來形容我們守紀律、被控制的社會），但只是為了監視的功能。圓形監獄同時將警衛安置在牢房環繞起來的中心，房門面向中央。這表示警衛可以隨時由他所處的核心位置看進牢房。但這種輻射式設計侷限了中央的監視功能，只看得到牢房的通道。

快便幻滅了。

我在監獄博物館關門前一小時抵達，把握日落前的時間盡量到處看看，心想假如我知道這個地方在白天是什麼樣子，等到天黑後就不會那麼嚇人。看著第一區的一間原始牢房，我想像那會是什麼感覺，睡在小小的鐵床上，被困在一棟建築怪物內。我對那些被監禁的人深感同情，但也明白他們被關是有理由的，至少在當時的政治與宗教當局看來是如此。那些罪行輕微的人，比如竊盜或公然酗酒，或者因為「結黨」或「道德薄弱」的人，他們應該被關在這裡嗎？有人是應該被關在這裡的嗎？

人際互動是人類幸福的基礎。[7]無庸置疑。我們彼此需要；各項研究證實人生各階段遭到漠視與孤立的損傷性後果。各物種的嬰兒若缺乏肌膚（或毛皮）接觸便會死亡，針對受到嚴重忽視而被收容在福利機構的兒童所做的研究顯示，他們有行為、認知與生理上的障礙。我們知道，若有他人支持，人們會更快從病中痊癒，更能面對悲傷的消息，甚至不會對挑戰感到那麼具威脅性。單獨囚禁剝奪了人際互動的生命線，而這正是重新做人所必需的。即使在東部州立監獄仍營運時，人們便明白這種隔離不是個好主意，一些維權人士開始加以抨擊，包括狄更斯（Charles Dickens）：

我堅信其意圖良善、人道與追求革新；[8]但是我後來認為，那些設計這套監獄紀律制度的人，

> 以及那些落實執行的仁人君子們，並不知道他們自己在做些什麼……我認為這種緩慢與每日玩弄大腦的神祕，遠比任何身體的折磨來得嚴重；由於其可怕的徵兆並沒有公諸於眾，……而且它所引發的哭聲是人們鮮少聽聞；因此我指責它是一種祕密懲罰，無法激起沉睡的人性。

最後，單獨囚禁終於被廢除，不是因為狄更斯的反對，完全是因為監獄人滿為患。一八六七年時，五百四十間牢房關了五百六十九人，僅僅三十年後變成七百六十五間牢房關了一千二百人。可是，官員們始終堅持他們的分開囚禁制度更加理想，直到一九一三年才正式承認它無法持續下去，也沒有比集體囚禁制度更有效。

監獄不斷擴建，直到一九五九年，但每次擴增牢房便進一步削減哈維蘭的寬廣設計，以及所有人都能悔改的創立理念。新牢房天花板低矮，面積更小，沒有天窗和運動庭院，並在第十四區實施體罰，那是蓋在地下的無窗牢房，巧妙地取名為「克朗代克」（Klondike），原因我馬上就會明白了。改革者理念被完全摧毀的一擊是一九五六年興建了第十五區：死囚排。再也沒有任何舉動比這還要遠離悔改的創辦理念。

重現恐怖歷史的嘗試

這間監獄直到一九七一年都還在使用，直到賓州預算無法負荷所需的維修費用。犯人們被重新遷移，廢棄的建物很快便頹圮，因為政客、開發商和社區團體為其未來用途爭論不休。經過多年爭議後，賓州監獄協會接管該不動產，於一九九一年首度對民眾開放大門。為了支付維修費用，至少要阻止它繼續頹圮，獄方必須籌措經費，而且是一大筆經費。受到慈善鬼屋大受歡迎的啟發，獄方在一九九一年成立了「石牆後驚魂」。利用這個鬼屋募集的資金，東部州立監獄得以阻止一些最嚴重的毀壞，並進行重大維修。現在，它被視為一座穩定的遺跡。但是他們更進一步，現在還提供教育課程、演講系列、說明性質的藝術裝置，並且設立一間資訊圖書館，由全職研究員與檔案保管員策劃。它不只是一個可怕的古老歷史遺跡，想從好奇的遊客身上賺錢。

在冒險旅途中，我明白了在一所前全控機構內營造體驗，或是任何強烈的情感體驗時，遠見與尊重極為重要。如同雲霄飛車，策劃或營造強烈的情感體驗，像是鬼屋、可怕的歷史古蹟，甚至像是蒸汗小屋（sweat lodge）和肉體考驗，一定要從安全的地方著手，帶你展開一趟失控旅程，迫使你超越自己的界限，然後讓你平安回來，感覺更好、更明智。我最受不了的一點是有的地方並沒有做到這些，只帶你抵達頂點，超越自己的界限，之後就把你丟在那裡或扔下去，害你覺得沒有信心及沮喪。

東部州立監獄就是正面的典範。裡頭的員工知道你面對的是恐怖的內容，所以用希望的訊息與堅忍故事來平衡黑暗和恐怖。最重要的是，負責經營的非營利機構並沒有渲染、誇大或利用這個建築與其相關人物的故事來賺錢。你參觀監獄，了解其歷史，受到驚嚇，但透過其訊息和雕塑[d]，以及他們決心協助人們由歷史學會不要重蹈覆轍，東部州立監獄確定你帶著深度理解離去，而不是駭人聽聞的暴行。甚至連鬼屋都有周全的設計，不去渲染它的悲慘歷史或者輕描淡寫地帶過犯罪與今日監獄的嚴肅議題。我已經看過太多遍了，許多歷史性全控機構改造為旅遊景點後，完全不是這麼一回事。

借用巴納姆（P.T. Barnum）（譯注：美國馬戲團老闆兼演出者）的手法——誇大「畸形」與「不正常」——一些前全控機構將不幸或弱勢族群的歷史加以渲染，吸引我們對怪異與新奇的注意力。其中一個較為人知的案例（但不是最糟糕的）是潘赫斯特鬼屋（Pennhurst Haunted House），[9]其前身為潘赫斯特精神病院，亦位於賓州東部，一九〇八年營運至一九八七年。多年來，家屬、工作人員和病患一再舉報遭到虐待及忽視的個案，致使該精神病院終於關門。院內營養不良的情況嚴重，病

d　在整個園區，東部州立監獄將過去的不公不義連結今日的刑事司法。有些是在歷史看板結尾時，用一項簡單的統計數據或事實強調監禁的比率或理由。其他的則極為明確。二〇一三年，東部州立監獄豎立起「大圖表」，這座長十六英尺、重達三千五百磅的鋼板柱狀圖以強力的視覺效果呈現出監獄人口爆增。

人被綁在床上或關在籠子裡，通常便溺汙物都無人處理。比爾・巴帝尼（Bill Baldini）在一九六八年揭發這些問題，即使在他的嚴厲報告與紀錄片《受苦的小孩》（*Suffer the Little Children*）發表後，精神病院仍照常經營。控告該機構的官司一樁又一樁，後來法院裁定，身心障礙人士被迫住院是違憲。最後的判決迫使潘赫斯特精神病院關門。潘赫斯特精神病院是全控機構剝奪個人自由造成毀滅性情況的另一悲劇案例。可是，不同於東部州立監獄，潘赫斯特淪為商業化，強調及煽動其歷史的黑暗面。它把參觀者帶到漆黑的地方，然後棄他們於不顧。

二〇一〇年潘赫斯特鬼屋開幕時，承諾不會把精神病院的歷史加入遊樂項目之中，也不會消費以前的病患，但心理衛生倡議團體仍加以批評與譴責，他們認為在精神病院舊址開設鬼屋實在太沒有同情心。然而，鬼屋不僅宣傳他們採用在遺址找到的物品，還複製或模擬精神病院可怕歷史上的景象，「發狂」的病患被描繪成衰弱、殘障、像孩童似的，或者被說成是謀殺犯、邪惡及「精神錯亂」——基本上就是心理衛生倡議團體努力對抗的刻板形象。宗旨是要「促進大眾了解身心障礙人士，爭取尊嚴與完整公民權利」的潘赫斯特紀念與保存協會，強力反對鬼屋，要求該物產仿照其他良心遺址（SoC），設法讓大眾接觸其悲劇歷史以教育且告知下一代（東部州立監獄也是良心遺址）。二〇一〇年潘赫斯特紀念與保存協會發表一份聲明，至今仍張貼在其官網：

> 本協會徹底反對在潘赫斯特遺址經營鬼屋，將身心障礙人士描繪成精神錯亂和不體面。將身心障礙人士妖魔化，作為牟利的「娛樂」，是對每個人的冒瀆。我們呼籲每位認同我們立場的人士大聲反對「鬧鬼的精神病院」，以及杯葛這種荒謬模仿。

在潘赫斯特仍為私人經營的商業企業期間，該協會舉辦巡迴展覽，不斷設法讓大眾知道「真實」的歷史。他們希望將這所機構加以保存並改建成教育與紀念性的場所。

重建場景以反映出一個遺址的恐怖歷史未必會構成問題，只要能夠保持尊重和堅持目標，也就是說明暴力與虐待歷史的真實恐怖，而不是強調刻板印象。你需要思考歷史環境、權力動態（power dynamics）和尊重。舉例來說，不要讓導覽人員和遊客扯些猥褻故事，誇大扭曲到近似虛構小說，而是讓他們分享事實。畢竟，事實往往更加嚇人。

阿勒格尼精神病院（Trans Allegheny Lunatic Asylum）是另一家美國內戰前便成立的「鬧鬼」精神病院；經營機構亦設立一間鬼屋。工作人員在日間參觀行程並沒有強調刻板印象（我沒有去逛那間鬼屋）。參觀行程很有趣也很嚇人（裝扮成醫護人員的導覽人員有點誇張），但他們讓大家在離開時更加了解歷史和精神疾病患者。在參觀精神病患被囚禁及用鏈條綁在牆上的建築之後，行程的終點是一個美術館，展出曾患有精神疾病的人之作品。展覽品包括四十個內外兩面都有圖案的面具，分別象徵著藝術家覺得外界對他們的看法，以及他們對自己的看法。這些面具為精神疾病掛上人類面孔，雖然有悲傷，但也有愛、信心和希望。殘暴歷史的故事雖然具煽動性且恐怖，但那只是面具的一面。參觀或重建悲劇場景，是讓那些曾經不被看見、被放逐或被視為怪物的人，掛上人類面孔的機會。那是揭露與翻轉權力動態的機會，如果做得好，可讓遊客留下深刻印象。如果做不好，就是全然的汙辱。

美麗與醜陋的衝突

我已獨自在東部州立監獄逛了至少一個小時，我注意到即使是和一大群人或者家人一起來的遊客，也都是自己單獨參觀牢房區。雖然沒有惱人的博物館人員叫遊客不要大聲喧嘩，卻沒有人在說話。這個機構原本就有一股限制人、讓人噤聲的力量，不需要任何人來實施管制。當導覽人員宣布博物館要關門時，我看著每個人離去。遊客們腳步緩慢沉重，唯恐走錯小小一步便會打擾靈魂或驚醒一些沉睡的惡靈。至少我是這麼覺得。太陽已經西沉，當我走過最後一個牢房區，我感覺每個囚犯和獄警好像都尾隨在身後。因此，當艾美走上來拍我肩頭時，我嚇得整個人跳起來。她狠狠嘲笑了我一番（之後又多次取笑我），用極為戲劇化和恐怖的聲音問我說：「妳準備好在黑暗中冒險了嗎？」我以笑聲掩飾自己實際上已經開始有點焦慮。

艾美是來帶我去參觀這個監獄不對一般民眾開放的地方。我開玩笑地問是否需要鋼盔和防毒面具，卻意外聽見她回答：「不，我們去的地方不用。」意思是有些地方會需要全套防護衣，也就是位於地下的部分。顯然，牢房區的地底下挖了通道，在整個監獄輸送空氣、水、暖氣和瓦斯。有人懷疑「克朗代克區」設有地下懲罰牢房，可是大部分的地下通道太過危險，無法徹底調查。畢竟，東部州立監獄處在毀壞的狀態，裡頭很危險，很多東西可能讓你喪命，而且不只是那些原本就是要致人於死的東西。剝落的天花板和崩壞的階梯與扶手，讓缺乏維護的地方變成名副其實的死亡陷阱。

艾美打開第十二區牢房的大門時，我腦海裡閃過「社會學家死於探索荒廢的監獄」和其他新聞標題，她用手電筒照著牆邊一道很陡的樓梯並問我：「準備好了嗎？」這一區的牢房是在監獄啟用後八十二年建造的，有三層樓，之間有狹窄的走道可以互通。一九〇〇年之後的新建築大多品質不同，牆壁較薄，石塊較小，石匠和混凝土工藝較差，因為都是囚犯自己建造的。我猜想受到虐待的囚犯勞工根本不在乎工藝和品質之類的事。站在地面上，我可以由毀損的地方往上看到夜空，至少三分之二的屋頂已經崩塌。這個牢房區看起來好像被巨大食人怪拆毀了似的。我沒辦法去到上面的樓層；狹小的金屬階梯根本不夠讓我整隻腳踩上去，生鏽的扶手看似一握就要粉碎。我抬頭看著崩塌的屋頂，也就是如果我冒險上去，必須承受我的體重的樓板。構成通道底部的電線、木頭和混凝土外露，油漆斑駁。我搖搖頭拒絕了。我大力贊成前往受到限制的地方，可是這整棟牢房看起來只要輕微的震動，就會化為土粉。

艾美也不肯幫忙，非但不安慰我說沒事的，或是乾脆扮演教唆者的角色，而是一直和我說怎麼樣才會安全，要踩哪裡、扶著哪裡，怎麼樣才不會死掉。這可不是西恩塔，沒有安全吊帶。這不能鬧著玩。我躊躇不前——用手電筒仔細照過樓梯的各個角落和裂縫。最後，艾美叫我在原地等候，因為她要上去檢查些什麼東西。當她開始走上樓梯，好奇心征服了我，便跟著她上去。我的好勝天性發動，對我說假如艾美做得到，我也可以。但是我必須強迫自己踩上最後一階樓梯，跨進橫貫整棟牢房的兩英尺寬通道。走道上滿布剝落的油漆、灰塵、石塊和瓦礫，在我腳底下被踩碎，每一聲都讓人覺得走道就要崩坍，我會墜落到下面的水泥地。

我無法相信我所看見的：高高拱起的屋頂，兩側各有一條狹窄的走道，中間鋪著簡陋的金屬柵欄，防止人由三層樓墜落。牆面混雜著龜裂且脫落的綠色、灰色和藍色油漆，看起來像被砍過和燒過。這景象怵目驚心，我猜想著摧毀這個地方的怪物隨時都可能回來並對我下手，或者更糟的是，把我永遠關在牢房裡。或許從我的視野所能看到最怪誕的景觀是，每隔八英尺牆上便有一個長方形黑洞。總共有一百二十個黑洞都在瞪著我，每個黑洞見證著無數的故事。即使是在最佳狀態，沒有毀損與瓦礫，這種完全機械式監禁人類的景象也叫人心驚膽跳。

第十二區牢房旁邊的醫護室是監獄裡最可怕的地方，並不對外開放，因為毀損極為嚴重。天花、肺結核及其傳染病在本世紀初奪走數百人的性命。生病的犯人在單人房治療，直到第三區的老舊蒸汽和電氣室蓋了一間現代醫院。在荒廢年間，清掃工和破壞者把這棟建物的銅與廢五金偷得一乾二淨，只留下他們搬不走的。他們掠奪的證據在這一整區歷歷可見，散布在走廊上的X光機、推送病人的輪床、手術器具和認不出的機器被拆成碎片，像是被開膛破肚的動物，腸子被扯了出來般，這也算是機器大屠殺吧。這些廢棄的器具更像是刑具，而不像是醫療器材。

站在巨大的手術燈下，我感受到囚犯們恐懼的沉重，他們被迫躺上手術臺、被固定住，醫師準備灌滿不明藥物的注射器。我不知道何者比較可怕，是失去意識或醒著等候即將發生的事。而且任何事都可能發生。不論一個人是否犯罪，在完全權威面前喪失控制十分令人害怕，若非親身體驗，很難感受其真正威力。我們無法進入使用中的監獄，可是參觀東部州立監獄讓人比較能夠感受無法控制自我的感覺。

醫護室尤其潮溼，牆上和地上長著苔蘚。我聽得到水滴下來，轉身看到一個房間布滿細白石筍，乍看像是冰柱，只不過它們被生鏽的器具和一塊塊鮮綠色黴菌包圍。我用手電筒照到一條大蜈蚣爬過地板，不禁失聲尖叫，還把自己嚇一跳。我通常不會怕蟲子，但以此時敏感的狀態，我已瀕臨邊緣。我在其他牢房區並沒有看到蟲子，這裡卻到處都是。我的四周都是大甲蟲、蜈蚣、蜘蛛和蛛網。

我無法擺脫這些蟲子爬滿身上的感覺。

我慢慢走過走廊，窺探牢房。艾美警告我不要去拉動任何房門或是碰觸任何東西，公共區域設有防護網以防止頹壞的屋頂掉落，這裡可沒有，如果我聽到東西崩落的聲音，必須立刻跑到中央的圓形區。我想要集中精神，卻無法專心；這裡有一股衰敗的美感，尤其是監獄關門後就一直沒有被動過的房間。它們被冰凍在時光裡，像是大撤退時的快照。這是我所能想像最近似時光旅行的東西：地上的一張紙、一堆衣物，以及一隻鞋子。

躡手躡腳地走進醫護室，我從眼角看到我以為一定是幻象的東西。我轉身，驚呼了一聲，此時一隻手抓住我的手臂把我拉過去，我本能地想躲進一間牢房。「瑪姬，妳不可以進去那裡！」我停下來聽著艾美訓斥，要我注意安全（又來了）。我很快便明白莽撞與勇敢的差別，並且不打算在長期毀損的建物裡考驗自己的運氣。

我轉身看著這間牢房，一個鐵床側立起來，很不牢靠地倚在白漆剝落的牆上，四周是破磚塊和碎石塊。在成堆的磚紅與灰色瓦礫中長出一棵樹，綠葉、青苔和枝幹茂盛，拒絕接受監獄設定的邊界。這個景象令人著迷：牢房的陳舊腐敗與想要開墾這個空間的自然象徵形成強烈對比。事實上，這整個地方充滿類似這樣的小衝突：美麗與醜陋，自由與拘禁，憐憫與折磨，死亡與生命。

內心深處的極致折磨

第三區也關了一些精神病囚犯，其中很多人不是罪犯，只是生病了。有人懷疑獄方低報精神病或是被囚禁環境給逼瘋了的囚犯人數。一八三一年一名東部州立監獄典獄長的報告寫著：「將可疑的瘋狂囚犯，背號十號，穿上拘束衣關進黑暗牢房三天，不給食物及飲水。」這類報告促成一八九七年的調查，結果發現「牢房汙穢，伙食低劣，對待某些犯人的態度冷漠、甚至殘酷，尤其是那些瘋狂的人。」這份調查結果讓葛登法官在他對東部州立監獄的指控中理直氣壯：

> 本人現在將指控東部州立監獄的督察在他們的官方報告造假；[10]在發誓之下，仍對本委員會做出刻意的不實陳述。本人將指控他們殘暴及不人道，罔顧他們的職責、怠忽職守及不適任。本人將指控他們隱匿證據，捏造證據。本人將指控他們恫嚇證人。本人將逐一對他們提出證據；本人很高興看到他們都到場了。

將精神病患與罪犯關在一起並非不尋常（事實上至今仍是如此）。[e]在現代醫學之前，凡是生理或心理不同的人都被視為令人憎惡。他們是上帝發出的厄兆，罪惡的證明，或者被魔鬼附身，因此被囚禁起來。那些和別人不一樣的人往往受到殘酷的對待，甚至死亡。一八九六年懷特（Archibald White）的案子激發要求改革的聲浪，這名東部州立監獄的精神病囚犯與他的便溺穢物關在一起，全身赤裸，鼻子被打斷，無法說話。葛登法官回憶去探視懷特時的情景：

> 我走下去，發現在空無一物的牢房地板上，[11]躺著一個瘦弱的男人，全身汙穢不堪，四周髒亂，無法站立；當我和他講話時，他抬起頭來，卻無法站起來。卡西迪先生強硬地命令他起身，但是無效。他站不起來。

如同十字軍要求監獄改革，桃樂絲．狄克斯（Dorothea Dix）和湯瑪士．寇克布萊德（Thomas Kirkbride）譴責美國將精神病患關進監獄與地下室的做法，他們呼籲採取「道德治療」（moral therapy）。根據十七世紀末葉法國醫師菲利普．皮內爾（Philippe Pinel）[12]及英國心理衛生改革者山繆爾．圖克（Samuel Tuke）提出的想法，道德療法包括依據某些基督教價值的治療，以及工作、休息、祈禱、睡覺的嚴格作息表。可是，新的精神病院仍是非自願性全控機構，在設計時加入監視、控制和非人性化。非自願性全控機構的力量侵蝕了最人道的意圖；正如同監獄改革的最良善嘗試淪為虐待和懲罰，精神病院也一樣淪為酷刑、忽視和監禁的地方，就像潘赫斯特。為了取得控制，他們仍然以威脅要實施懲罰及實際加以懲罰作為手段。監獄實際上採用了精神病院一些最暴力的懲罰，像是拘束衣和「冷水澡」——水刑的委婉說法。

我想到懷特被典獄長斥為「裝病」而被關在冰冷地板的牢房裡，或許有段時間還被鏈在牆上，只能在四英尺半徑內活動。我試著去想像那會是什麼感覺，卻做不到：我所能想到最接近的事是母親在海灘把我套上嬰兒安全帶。我記得當我想要往前走進水中時，被安全帶扯回來的挫折感。被鏈在牆上一定令人無法忍受。

十八世紀末葉時，被關進精神病院的理由反映當時的價值觀與無知：家庭問題、迷信、年輕女郎（太過分了）、近親結婚、女人花癡、貪婪、誘惑、「月經時」發狂、婦人病、歇斯底里、恐懼、

---

e 今日的監獄大致取代了精神病院：被關在牢裡的精神病患比住在醫院裡的多出十倍。治療倡議中心（Treatment Advocacy Center）近年呼籲大眾注意這種完全無效，實際上源於十八世紀的精神疾病評估方法。該中心報告指出，二〇一二年有三萬五千名嚴重精神病的患者住在州立精神病院，相較之下，多達三十五萬六千二百六十八名類似嚴重精神病的人住在牢裡。治療倡議中心亦指出，嚴重精神病的囚犯更可能在監獄裡遭到攻擊、性侵和虐待。他們更可能自殺及被單獨監禁。我們很難理解為何發生這種事；這當然不會更具成本效益。把精神病患安置在監獄而不是州立醫院，反而要花更多納稅人的錢。在各界要求社區型照護與更新的有效醫療，促成體制改革之後，許多州立醫院關閉了。因此精神病患被捕，有時是暴力犯罪，但通常是輕微的罪名，而被抓去坐牢，得不到治療或醫療。他們獲釋後，又重複這個循環。監獄變成了新的精神病院，再度把我們的「怪物」關進籠子裡。

不道德的生活、熱中政治、自淫、因事業而神經緊張、幻想的女性問題，以及交友不慎。看到其中許多理由都只是因為身為女性，實在叫人害怕。那是在《精神疾病診斷與統計手冊》（*DSM*）出版之前，法官不需要診斷書就能把人關進去。如果他，你的家人、牧師或丈夫認為你需要住院，你就會被關進去。假如我早一百年出生，可能也會被關進去，甚至被鏈在牆上，不但被剝奪自由，還有尊嚴與發言的能力。我覺得牢房區把空氣都吸光了，感覺到自己的身體將我往外推。這裡令人窒息。

第三區的轉角處就是懲罰牢房，也就是「克朗代克」（譯注：加拿大育空省淘金區），或者簡稱為「黑洞」。我覺得這實在太故意了——醫護室旁邊就是造成數百人營養不良及身體或心理生病的地方。一九二四年一名典獄長的報告形容克朗代克是地下一長排的不衛生無窗牢房，牆壁和天花板都漆成黑色。裡頭沒有家具，只有一個鐵製馬桶和水龍頭。囚犯赤身裸體被扔進潮溼的地板，只有一條毯子（有時連毯子都會被拿走），以及一小份麵包和水。該份報告表示，這種做法被指為野蠻，但是黑洞一直使用到監獄關閉為止，儘管一九五三年州長簽署一份法案建議廢除地下懲罰牢房。

艾美帶我走到克朗代克樓梯間的上層，然後站住。「要下去那裡？」我問說。她點點頭，接著走下去打開大門。我有點焦慮，不停用手電筒來來回回照著樓梯間。十九世紀末葉，改革者爭論著哪一樣才是犯人的悲慘命運：身體暴力和集體制度的痛苦，抑或是賓州制度的心理煎熬與折磨。在黑洞裡，犯人身處黑暗中感受到這兩種痛苦，而且是最嚴重的。我不停地想到一名十六歲犯人被關在黑洞裡四十二天，而且沒有食物吃的故事。

雖然遊客可以窺探黑洞，但不能入內。艾美把我一個人留下時，我便明白了原因。我不情願地走下樓梯，彎腰進入短短的走道，右手邊有四個牢房的入口。接下來兩小時我都無法站直。裡頭溫度感覺低了至少十度，冰冷的水泥地板上有一些小水窪，聚集兩英寸深的積水。取名叫「克朗代克」真是太貼切了。

牢房有很多舊鋼筋與覆蓋著至少一英寸鐵鏽的牢門。我小心翼翼地走過牢門，盡量不去想像跌倒在生鏽與斷裂門框的尖角上。我爬進一間牢房去看一看，逐漸感到低身彎腰的不適，可是又沒有乾的地方可以坐下來。我們意想不到低矮的天花板會造成不適，但這卻是格外有效的懲罰方式。沉悶潮溼的空氣讓人不想呼吸。我只在牢房裡待了二十分鐘，便開始懷疑自己究竟還能撐多久。我眼前閃過被困在匹茲堡榮民醫院電梯裡的景象。我多麼想要睜開眼睛，重新回到搭往西恩塔頂樓的電梯。

我強迫自己待下來，正確來說是告訴自己不可以離開。還不到時間。「黑洞」吞噬了我。我關掉手電筒，試著靜止不動。裡頭不只是漆黑罷了，而是伸手不見五指。我們大放光明的世界很少有地方是黑暗的；街燈、電子鐘、筆記型電腦充電時的微弱亮光，都能在最黑暗的地方識別出東西，讓我們的本體感覺有參考的依據。這裡卻沒有。我一直想要集中精神去看我知道就在眼前的鐵門，可是做不到。我覺得快要發瘋了。

閉上眼睛或者戴上眼罩是一回事，因為你不是真正處在黑暗中。等到睜開眼睛或是拿下眼罩，你就可以看得見，明白這點也叫人感到安心。但是當你張開雙眼，身邊一片漆黑，你會有深沉的無力感，不知所措和失去平衡。黑洞裡這些毫不費力的視覺與空間操弄，讓人毛骨悚然。看不見、赤身裸體並被關在一所全控機構，不被當成人看待，而是一組號碼，你無處可去，只能往自己的內心深處去。對很多人來說，自己的內心躲藏著更多的恐怖。

外部刺激：逃離痛苦的回想

我們一生中會做出些留下痛苦後果的壞事，可是多數人不會每天思考我們做過最惡劣的事。我們有時會反省一下，然後繼續過日子；我們有機會去改進；我們創造新的記憶。可是犯人的世界被凍結在可能是他們一生中最糟的那一天，之後的每一天只是在提醒他們是如何失敗的——或許不是因為他們犯了罪感到悔恨，而是因為被逮到或是不公平審判。不論從哪個角度，只要他們坐牢，就是失敗了。他們沒事可做，只能一再回想讓自己落到如此下場的事件，無止境地回想。回想這個行為是在腦海裡一遍又一遍地想著負面的事，[13] 通常會增加一遍又一遍的自責。這很痛苦。它會造成嚴重的負面健康後果，像是壓力增加、憂鬱（而回想會讓憂鬱變得更加嚴重，時間拖得更久，更難治癒）、焦慮、負面或障礙性的應對機制，以及動彈不得的強烈感覺。

翌日在東部州立監獄的聚會週末所舉辦的座談會上，我聽到受刑人親自表達出這些心情。一名在監獄於一九七一年關門前獲釋的受刑人表示，他會在腦海中把一生所有的事情一遍又一遍回想，卻無法得到安慰，因為知道這一切都結束在相同地方——他的牢房。另一名曾住在黑洞的受刑人表示，他會回想上次搶劫的每個細節，想著他做了哪些事情好避免自己被捉到。如果監獄的目的是懲罰，那麼痛苦的回想必然達成了目的。但若其目的是改過自新，單獨監禁便適得其反。

我終於不再折磨自己的眼睛，專心調整呼吸。我不自禁地想到自己做過最糟糕的事，主要是想到自己的姊姊，她在我們年幼時受到霸凌，我卻沒有設法幫助她。我感到無比內疚與羞愧。我通常會刻意迴避這些想法，採取不同的應對機制來分散自己的注意力，像是電視、書本、去商店、用雷射光逗我的貓玩、去鬼屋或是看恐怖電影（很諷刺吧），但在黑洞裡都沒辦法。我因為愧疚感而感到不安、焦慮、沉重與無力。我的身體想要逃跑，彷彿這樣就可以把那些想法留下來。我想要有什麼東西可以看，隨便什麼都可以，好轉移思緒和感覺，但置身黑暗中什麼都沒有，我強迫自己待在原地，不只是肉體，還有想法。

大多數美國人想盡辦法要躲避自己的想法與想像造成的怪物。[f]維吉尼亞大學一項研究發現，[14]大多數人寧可幹些不好的事，像是引起休克來傷害自己，也不願呆坐著亂想。這項叫人不安的研究結果引起各項對於美國文化的質疑，以及我們是否過度依賴外部刺激。我們是否沒有能力或者沒有足夠裝備去創造可以實現自己的想像和自我對話？還是說當外部刺激停止後，我們的想法不斷湧上，卻不知道該如何處理？這兩種情況可能都有一丁點（有些人則可能兩種情況都很嚴重）。

這兩種情況都會構成問題。壓抑想法和感情不是情緒管理的好方法，也不是處理壓力的好方法。我們必須面對自己的負擔。如同詹姆士．葛洛斯（James Gross）在二〇〇二年研究發現，[15]壓抑（意指積極地不去感受某件事）反而增強了對於壓力來源的生理反應，無益於減輕情感體驗，甚至會損壞記憶。反過來說，耶魯大學受人敬重的教授諾倫—霍克賽瑪（Susan Nolen-Hoeksema）對於情緒管理有效策略的研究發現，對那些會回想的人而言，分心（企圖將注意力轉移到其他事情）反而有益，甚至是健康的。利用自我管理痛苦、恐懼或任何激發我們警醒系統（arousal system）的東西，來讓我們的大腦分散注意力，並不是什麼新的做法。

利用生理感官（體感刺激）[16]來訓練或占據想法，包括自虐的宗教行為，或是捏自己不讓自己哭出來，是由來已久的做法。如同我在西恩塔體驗到的，以及先前多次感受過的，負責思考的大腦在我們處於高度警醒狀態時會暫時斷線。那些擺脫不了毀滅性回想的人，高度警醒（刺激的恐懼和痛苦）或許可以讓他們逃離這種惡性循環。舉例來說，證據顯示輕微的休克（不是電痙攣療法，那會引發小型痙攣）或者把頭浸在冷水裡，可以有效中斷痛苦的回想循環，因為這會激發警醒系統，把你的注意力轉移到感官，而不是想法。[g] 二〇〇五年，俄羅斯新西伯利亞市（Novosibirsk）一群科學家發表一份報告，[17] 宣揚「鞭打療法」（whipping therapy）對憂鬱及毒癮患者的功效。他們的理論強調在戰鬥或逃走時釋放的內啡肽的作用，而不是干擾前額葉皮質區的通訊。無論如何，舊世界酷刑方法的溫和版本可以作為治療，這讓我無法理解。你必須將這些新方法剝除以往的負面內涵及造成的傷害。

非自願隔離加上剝奪感官，像是缺乏影音刺激、沒有人可以講話或觸摸，而且完全沒有控制權，會使人類心理急速崩潰。[h] 我們的大腦構造是不斷處理資訊與刺激。像是轉輪上的老鼠，我們需要一

---

f 我想要探討的事項：這世界上是否有其他人也無法容受呆坐著沉浸在自己的想法裡？美國的生活是否有什麼地方讓我們去迴避面對自己？

g 美國國家衛生研究院資助一項補助計畫，進行一項臨床實驗來加以測試。匹茲堡大學的西格爾將測試，在一段特定時間範圍內逐步減弱強度的休克是否可以幫助回想者學會如何將注意力轉移到生理感官，從而打破回想循環。

h 相關環境是很重要的，對那些花了幾百美元去漂浮在感官剝奪艙的人來說，這種隔離是休閒及放鬆的「唯我時光」。對那些選擇一星期到森林安靜休假的人來說，這種體驗可能讓人脫胎換骨，耳目一新。其差別在於控制與選擇。也有案例是有些人可以應對非自願性隔離；可是，通常是在做好應對準備及訓練之後，或把大自然當成「他人」來溝通，或者像是許多水手把物體和動物當成人（人格化）來溝通。

直跑動。隔離就像把轉輪拿走，老鼠沒有東西可以跑動，我們只剩下自己的想法，必須自己創造刺激，這可能造成鮮明的影音幻覺。

自從一九五七年心理學家唐納德．赫布（Donald Hebb）對於隔離與剝奪刺激的研究之後，各項調查證實隔離的後果，包括焦慮、偏執、不安和幻覺（幻象和幻聽），只要兩小時就會開始出現。他的研究原本要持續數週，但大多數受試者兩天後便喊停，甚至沒有人撐過一星期。類似的近年研究（附加恐慌按鈕等重重保護機制）亦得出相似的結果，可是我們現在知道即使結束隔離，傷害仍持續下去。即使一個人獲釋後，處在一個支持性環境，隔離的後果仍然存在，形式包括認知延後與困難（數學、科學、理性思考）和情感處理。能否恢復取決於數項因素，包括這是否出於自己的選擇（這是自動退隱到荒野還是被關進牢裡），隔離的時間長短，以及很重要的，被隔離時的年紀。打從我們出生，便透過自己與他人的關係和溝通來了解自我；沒有了這些，我們便成為失控的自由落體，搞不清楚哪個方向才是往上。[i]

面具的內外兩面

我不確定自己在黑洞裡到底待了多久，時間感完全消失。覺得時間過得更慢了，這也是隔離造成的另一個結果。舉例來說，社會學家矛里齊歐・蒙塔比尼（Maurizio Montalbini）表示他只在地底（義大利的一個地洞裡）待了二百十九天，但實際上是待了一整年。時間的流逝是一個主觀的體驗。[18]我們聽無聊的報告時都覺得好像永遠不會結束；然而在海邊度過幾天卻覺得時間飛快。這個現象本身非常有趣：像「時間」這麼穩定不變的東西怎麼會是主觀的？一分鐘不就是一分鐘嗎？再說，為什麼我們無法正確地感受到時間？這樣的主觀性可以帶來什麼樣的好處？這些問題持續讓不同領域的科學家困惑並感到好奇，時間的感受是個包含許多層面的研究領域，是大腦網絡的一部分。

我們都知道時間的感受和我們如何將記憶編碼很有關聯，特別是新奇的、具有威脅性的，或是恐怖的事件。時間的感受也受到我們對一個物體付出多少注意力、它的重要性或特別程度的影響。我們對自己的身體或內感受覺（interoception）的注意程度也會大大影響我們對時間的感受。在西恩塔的經驗讓我對這個概念感到很熟悉，我身體裡所有的系統全都使用過度：因為掛在一千英尺高空中被狂風吹打，我的本體感覺被打飛了，而且我嚇呆了——有很多東西要注意。現在我處在一個完全相反的環境——一個黑暗、狹窄、寒冷的地底洞穴——這些相同的大腦網絡繁忙地工作，因為我

i 想要知道單獨監禁的悲慘故事，請閱讀莎拉・蘇爾德（Sarah Shourd）講述她在伊朗監獄的故事，〈孤獨的折磨〉（Tortured by Solitude），《紐約時報》，二〇一一年十一月五日。

意識到所有的想法或感覺。

奧加．波拉托斯（Olga Pollatos）和同事進行一項觀察內感受覺影響的研究，受試者被告知要在觀看恐怖、有趣或中性的影片時，專注於外部資訊或是把注意力集中於自己內在的狀態。他們發現專注於內感受覺明顯影響了他們對時間流逝的感覺：引起恐懼的影片會感覺時間較長，有趣的影片則較快。這是因為我們對具有威脅的物體會更加注意與重視，這造成時間流逝較慢的感覺。舉例來說，相較於一個出現時間同樣久的靜止物體，朝向我們移動的物體（一個「潛在的威脅」[19]）會感覺出現得比較久（第五章有更多說明，當我被一隻鬼迎面攻擊時）。但是，為什麼呢？

馬克．魏特曼（Marc Wittmann）[20]和馬汀．保羅斯（Martin Paulus）的研究提供了一些解答。他們表示腦島前區（負責內感受覺的區域）蒐集並處理身體中的所有訊號和感覺。在高度警醒的時候，我們的腦島前區會有更多感覺需要處理及編碼，特別是如果現在的情況具有威脅性或被認為是攸關演化的。我們編碼愈多的感覺，或是「負載」愈重，就愈有可能感覺時間過得比較慢。

在黑洞裡面，雖然不是坐上刺激的遊樂設施在空中飛來飛去，或是掛在高樓上，但我感到非常大的壓力。我無法直立站好，身體因為不斷地改變動作而疲憊不堪——我蹲下不到三十秒，大腿就開始發抖。我什麼也看不見，同時覺得冷又熱，強烈地刻意去思考我的感覺，並面對痛苦的情緒。時間彷彿停止了。

成功地克服無數次想要離開的衝動，以及幾乎決定要坐在一吋深的積水裡之後，我終於屈服於發燙的肌肉，並再度打開手電筒，停下來去感受擁有單純自由的力量。小房間亮了起來，我的眼睛和大腦也是（感覺上確實像是大腦中有燈光點亮了）。我小心地走出去，直到走到樓梯間為止。然後我一次跳過兩個階梯走上去，把手臂向上舉到最高的地方，踮起腳尖，發出一聲「啊啊啊啊」。我往四周看，尋找艾美，焦急地想聽見除了自己的想法以外的任何聲音，但是當我環顧四周，讓我很迷惘的是，我沒看見她。我感到一陣恐慌：我們沒有先說好，而一想到自己可能要繼續孤單下去就讓我覺得很可怕。

我搜索無盡的牆壁，直到看見筆電微弱的光芒，立刻鬆了一口氣。我跑過去，感謝她待在這麼近的地方，她沒有必要這麼做，但我很開心。她說她很擔心會發生什麼事，想待在那裡以防萬一，但很快地就轉換話題並告訴我一個《變形金剛 2》（*Transformers 2*）在東部州立監獄拍攝時的故事。我不知不覺地笑了。回想起來，我發現艾美是刻意要讓我忘記在黑洞裡面的沉重感。我想當你在監獄裡工作，很快就會知道那對人們會造成什麼影響。

非自願性的隔離可能造成自我完全被削去。[21]那是一種虐待，即使是美國也這麼認為。但是在美國，單獨監禁仍然常態性地作為一種處罰的形式。現在有二萬五千至八萬名囚犯被單獨囚禁（確切數字很難確定，因為並不是所有的州都會回報，定義和計算方法也不同）。事實上，直到二〇一四年，賓州才同意不單獨囚禁嚴重身心障礙者或是精神疾病患者，這也證明了我們距離建立一個發揮功能但又尊重人權的制度還有多遠。《罪與罰》（*Crime and Punishment*）的作者，哲學家杜斯妥也夫斯基（Fyodor Dostoyevsky）曾說[22]：「走進監獄就可以判斷一個社會的文明程度。」

有些地點比別的地點要來得恐怖，而有時候我們就是想要去那些地方，好好地被嚇一跳，或是去感受與恐懼、禁忌、「邪惡」接近的興奮感，而不必身陷於真正的危險。但是去接觸恐怖的地點能得到的收穫其實更多，那些地方讓我們知道被囚禁的危險，藉此提醒我們擁有自由，並強化對自我和認同的感覺。藉由體驗被隔離的感覺，可以知道我們多麼需要彼此；藉由參觀一個具有虐待（被牢外及牢內的人）的悲慘歷史之場所，讓人看到面具的內外兩面，才能記起自己擁有憐憫和成長的能力。

我只不過是一個孤獨的觀光客。有時候我希望自己當時努力待得更久，但無論待了多久，我可以把燈打開、站起來並走出去的這個事實是不會改變的。我不是一個囚犯，沒有被囚禁。我可以自由控制我的生活和行動。我可以成為自己想成為的人，這是一個神奇又強大的事實，值得慶祝。

我離開東部州立監獄的數日後是我姊姊的生日。七年來，我第一次和她聯絡。

第四章 怪聲、白影、不明物體

——鬼怪真的存在嗎？

當我們都還小的時候，某天晚上我姊姊與她的朋友們決定要來玩通靈板。就像典型的妹妹那般，我認為年紀較大的女孩們非常酷，當時她們八年級，可以穿流行的服裝或是化妝，大聊性愛和毒品。而我才六年級，她們不讓我參加，我只好從客廳的樓梯上觀看。她們點起一些蠟燭，將所有的燈關掉，圍著我們家的玻璃茶几成一個圓圈坐下；並把食指和中指放在專用的乩板上，開始問問題。她們詢問有關男生、朋友和未來的問題，我看著她們手指底下那塊小木板在通靈板上快速移動。她們的做法完全錯誤了。

那時我十分沉迷於怪物與靈異方面的事情，甚至因為帶了一本畫有裸體女人的巫術書去學校，而被我的六年級老師大吼道：「這實在很不好，瑪姬。」可是她卻指定我看一本以圖片描繪屠殺動物的書。

我在樓梯上看著，感到愈來愈沮喪，最後壓低聲音但清楚地對她們說：「喂，我很確定你們應該要去請問諸如靈魂或鬼魂之類的。那又不是神奇八號球（譯注：一種美國玩具，常用來占卜）。」結果有三雙眼睛瞪著我看，並叫我「閉嘴」，但不久後她們的問題就進入和鬼魂有關的範圍了。氣氛從明亮又有趣，轉變為嚴肅又黑暗。乩板移動的速度開始變慢，答案變得愈來愈模糊不清。我看見她們開始靜靜地向彼此分享有鬼魂出現在這個房間裡的感覺。「你有感覺到嗎？」、「哇，老兄，這真是太詭異了。」她們繼續進行下去，向已故的親戚詢問家族祕密，因為覺得已故的親戚在背後徘徊，並讓她們背脊發寒（據她們所述）。我覺得滿意又興奮，便回到房間開始計劃自己的通靈板實驗。

鬼魂在哪裡？

我很快就脫離了沉迷於靈異事物的哥德女孩（譯注：作黑暗的穿著打扮，喜歡神祕事物和哥德文化）青少年時期，但從來沒有停止想像神祕的生物、超自然的存在和異世界的冒險。唯獨有個問題：

我從來沒有看過鬼。我從來沒有感受到神祕的雞皮疙瘩或聽見風聲中傳來的名字；從來沒有任何超自然的體驗，而且天知道為什麼，我試過了。每次爬山時我都在尋找大腳，去所有的湖都會尋找尼斯湖水怪，在每個教堂尋找鬼魂。我暗地裡嫉妒那些分享遭遇到超自然驚悚經驗的人們。他們希望能夠忘記那些經驗，但是我一心希望有自己的故事，真實的故事。

寫這本書時，我到世界上最著名的鬧鬼地點尋找鬼魂。我到波哥大（Bogota）南部的特肯達馬瀑布（Tequendama Falls）[1]的飯店和宅邸廢墟冒險。傳說中，當地的穆伊斯卡人相信跳下瀑布會變成一隻老鷹，就能飛走以逃離西班牙殖民者的殘暴奴役——所以他們真的這樣嘗試了。數百人因此喪生，但他們的靈魂還留在那裡，怨恨地想要伺機報復。一九二三年，塔比亞（Carlos Arturo Tapias）無視警告，在瀑布旁蓋了德爾薩爾托飯店（Hotel de Salto），作為有錢的哥倫比亞人來喝酒、跳舞和炫耀財富的度假地。這些客人們一個接一個掉下瀑布死亡。但是派對持續進行，直到一位年輕美麗的社交名媛在樓上客房被殘酷殺害。據說凶手是因為瀑布強大的能量而發狂。牆上噴濺的血跡都已洗淨，但被害者的靈魂仍留在那裡，決心對每個經過的人復仇。據說如果你在對的時間去尋找她，可以看見她淡淡的身影在窗戶後面移動，等待並監視著。宅邸讓人毛骨悚然，瀑布很美，但我在德爾薩爾托飯店沒看見鬼魂。

我去了西維吉尼亞州的阿勒格尼精神病院，那裡應該要有個三歲小女孩莉莉的鬼魂一直跟蹤你，握住你的手並偷你的糖果。莉莉的母親是阿勒格尼精神病院裡的病患，被內戰的軍人強暴和虐待後送進來這裡。我沒看見莉莉，但是這所精神病院的真實虐待歷史卻非常可怕。我去了賓州紐卡斯的山景苑（Hill View Manor），那裡有「傑佛瑞」，也是一名小孩的鬼魂，會在二十四小時內殺死看見他的任何人。我沒看見傑佛瑞——只有一間老舊廢棄的養老院。我規劃到俄亥俄州的波士頓村冒險，那裡又稱作地獄鎮（Helltown），一個充滿撒旦崇拜、變種怪物和鬼魂的地方。這個小鎮被撒旦教徒占領了，他們在夜晚的黑暗之處穿著大黑斗篷和罩袍，利用他們的黑巫術，包括用人類或動物獻祭，召喚靈魂來替他們做事。人們都逃出小鎮，不只害怕撒旦教徒，還有住在樹林裡、尋找著下一個獵物的變種怪物和瘋子。在橋上你可以聽見被獻祭的嬰兒的鬼魂大聲哭喊，但就在我即將上橋時，發現這一切都是編造出來的，不過是愈來愈多的「偽民俗」的另一個例子，也就是刻意打造可信度很高的網站和網路故事。這個小鎮只是被籠罩在屬於該州的一個著名地名——就是這樣而已。

我感到灰心。鬼在哪裡啊？我不僅去了這些有名的鬧鬼地點，也去了墓地、教堂和民宅。所到之處都有人堅稱他們看見了某種東西，就是我沒看到。很顯然，我沒辦法自己一個人找到鬼。

古代怪物的意義：了解文明、激勵團結

還記得大概六、七歲時，我問主日學校的老師：「怪物從哪裡來的？你知道的，就是那些沼澤怪物和狼人——《聖經》（*Bible*）哪些地方有怪物？」她告訴我《聖經》裡沒有那些怪物，那只是我們想像出來的，就像牙仙一樣。我不相信她！我知道牙仙是真的！她會給我錢。還有，老師錯了：《聖經》裡充滿了怪物，[2]我所聽過最了不起的怪物有些就在《聖經》裡，從《舊約聖經》中惡名昭彰的海怪利維坦（Leviathan）和貝西摩斯（Behemoth），到〈啟示錄〉（Revelation）中的第一頭獸，有七個頭、熊的腳、獅子的嘴、十根角。事實上，宗教文本，包含那些我們現在歸類為神話者（但曾經被熱烈崇拜過），造就了許多現代怪物的基礎，每個文化都因為時間或地點的不同而做出些微調整。事實上，你可以藉由怪物來了解一個文明。

幾年後，我讀到克勞德．李維史陀（Claude Lévi-Strauss）的研究，[3]他是一名重要的人類學家，李維史陀說明神話敘事、鬼魂和怪物的故事是如何被創造好讓世界有意義，解釋我們對於大自然、這個社會與自身所不了解的事情，並讓無法控制的東西能夠被控制。古代文化創造出十分生動的人物與野獸，有著不同的名字和外觀特徵，來解釋暴風雨、火山、颶風，以及那些會獵捕人類祖先的野獸。思考一下當他們看到西元前五百年的恐龍化石，或試著理解閃電或冰雹時的那種神奇感受。[a]

a 其他關於化石的有趣誤解：獨角鯨被當作獨角獸，乳齒象的頭骨被認為是獨眼巨人的證據，甚至湯瑪斯．傑佛遜在一七九〇年代提出巨爪地懶，因為發現了大爪子，所以他認為那是一種長得像貓的大型動物。但那其實是樹懶。

我們遠古的祖先面對大自然各種現象都非常脆弱：獵捕者、疾病、極端的氣候等。在《嗜血儀式》（*Blood Rites*）一書中，芭芭拉．艾倫瑞克（Barbara Ehrenreich）記錄了遠古祖先有多脆弱[4]：我們不在食物鏈的頂端，而是能輕易被獵捕的目標。在十九世紀光是在印度次大陸就有超過三十萬人被大型貓科動物殺死——而且他們手上還有槍！史蒂芬．艾斯馬（Stephen Asma），一位哥倫比亞芝加哥學院的哲學教授，同時也是有名的怪獸專家曾說[5]：「雖然我們現在認為這種機率非常渺茫，但是在人類大腦形成的時期，被尖銳爪子抓住、被拖進黑暗洞穴裡、被活生生吃掉，這些恐懼並非抽象的東西。」能替這些自然中無法預測的威脅提出解釋，並把掠奪者變成他們可以擊敗的怪物，讓被大自然主宰的社會得到無比的信心和啟發。

我最喜歡的古代怪物應該是蠍獅（manticore），最早出現在亞里斯多德（Aristotle）筆下，西元二十三年老普林尼（Pliny the Elder）寫入《博物誌》（*Natural History*），該書直到十七世紀都被視為怪物的權威書籍[6]：「有三排像梳子般的牙齒，有人類的臉和耳朵，灰色的眼睛，血紅色的獅子身體，尾巴上有尖刺像是蠍子一樣。」狼變成了狼人，猛犬變成了吸血妖怪（chupacabras），吃人的蛇變成了龍，魷魚和章魚變成了海怪——最終都會被人類打敗。確實，我們還是很習慣將怪物作為一種靈感的暗喻。在一九三〇年代，好萊塢電影協會規定每部電影裡的所有怪物都一定要在結局被打敗。

有關元素與大自然的主要疑問獲得解答之後，未知事物的威脅卻更加迫近，不同種族、宗教和文化的部落首度彼此接觸。現在，圍在火堆旁講的恐怖故事變成了從遠方土地來的人們有十英尺高，有尾巴、長角、尖牙，還有惡魔的眼睛。艾斯馬寫道[7]：「遠東是古代西方人投射浪漫與恐懼的土地。外國人，像是波斯人、印度人，還有中國人，常常被聯想到偽自然史與神話中的奇怪異國生物。」雖然具分化作用，但是將外來者變成可怕的怪物，很能促進族群團結、保護資源和激勵部隊去打仗。

怪物形式的轉變

文明社會每前進一步，一些大疑問就會得到解答，而每次進步都會讓一群超自然的存在從現實走向虛構。怪物逐漸代表著禁忌或是當我們踏出文明社會的界線時所面對的毀滅。他們變成想像力的源頭：我們可以想像出一頭十分夢幻的怪獸，擁有所有我們無法擁有的，或是我們想成為的。但他們並非真實存在，既沒有海怪也沒有巨人。沒有獲得解答的大疑問鑽進我們心裡，變成罪與救贖的問題。

在發展中的世界，真正的怪物已經不再「存在」於戰場或森林裡，而是以靈魂、鬼魂或惡魔的形式，在我們所有人的內心與周遭。這些怪物真實存在：殺人犯、黑道、殘暴者、盜賊，他們足以證明邪惡可以影響我們每個人。那些惡魔的手下，包括女巫、惡靈和鬼魂，不會被力量或武器消滅，而是要用禱告和信仰。相信真的有附身、鬧鬼和巫術，便可提醒人們要待在主（或神明、聖靈，或特定文化認定的至高無上者）的正當道路上，對抗內心裡誘惑他們誤入歧途的野獸。這種基於恐懼的道德觀至今仍是控制社會的一種極有效方式。

現代怪物持續反映我們這個時代的恐懼，[8]但大多是暗喻的形式：哥斯拉是核廢料造成的危險後果，喪屍啟示錄是社會瓦解的後果，生物突變機器人是科學與科技不受約束的後果。大多數人不相信這些怪物是真實的，但可以幫助社會面對改變的世界。不過，有一種怪物是（全球各地）人們仍相信其確實存在，那就是死亡的表徵，我們最大的恐懼之一：鬼魂。[b]

在美國（之後我便會發現日本的程度更嚴重），害怕超自然是很普遍的現象。[9]鬼魂總是擠上恐怖屋遊客意見調查表最可怕怪物的前五名，總會有新電視節目在談論靈異現象：《捉鬼隊》（*Ghost Hunters*）、《捉鬼隊國際版》（*Ghost Hunters International*）、《恐懼》（*Fear*）、《鬼影幢幢》（*A Haunting*）、《死人檔案》（*The Dead Files*）、《我的鬼故事》（*My Ghost Story*）、《事實或謊言》（*Fact or Faked*），甚至是《名人鬼故事》（*Celebrity Ghost Stories*）。這些還只是人們對鬼著迷的非小說類故事而已，更別說恐怖電影。捉鬼甚至成為一項商業活動：荒廢的機構、教堂、醫院和飯店都被飢渴的資本家買下，想藉由提供超自然調查來輕鬆賺錢，民眾則是排隊等著付錢給他們。[c]

我參觀過許多提供超自然調查的歷史遺址和荒廢機構，其中不少都宣傳其建築的「鬧鬼」歷史。

例如，模擬與分享誇張的鬼故事，在某些地方陳設道具或「人造物品」，或者改變溫度以假造超自然數據。這對日常想尋找有趣體驗的好奇遊客而言很具娛樂性，可是我想要真實的體驗。我聯絡了康乃狄克州一個超自然調查小組，其成員包括一名專業超自然攝影師、一名靈媒、一名音響技術人員和一名老練的捉鬼者。他們挑選了一個捉鬼界公認美國鬧鬼鬧最凶的場址。那裡沒有演員或招徠遊客的花招，該處的管理人員遵守非常嚴格實施的規定，不得談論超自然、不能講鬼故事或暗示該地鬧鬼。喔，還有一件事——我已經在那裡待過一晚了。我要回去東部州立監獄，這回可不是獨自一人。

再訪東部州立監獄

我希望能這麼說：對於第二度在暗夜中探訪東部州立監獄已感到比較安心。可是，我沒有。四十英尺的高牆和巨大鐵門一直是如此壓迫與令人不安，現在我的內心被一個新問題困擾：萬一這個地方真的鬧鬼怎麼辦？我既希望它真的鬧鬼，又希望不是。艾美來迎接我們時故意嚇我一下，然後我

b 二〇一二年《赫芬頓郵報》與民調機構YouGov一項調查顯示，四五%的美國人相信有鬼，六四%相信死後有來生。

c 前身為養老院的鬧鬼山景苑，在那裡你可以花費六十五美元，一整天去找鬼，如果要使用設備再外加二十五美元。該建物沒有暖氣，形同廢墟，只有幾名警衛；幾乎沒有管理維護成本。人家都說，愈少便利設施愈好！

向遊覽團體裡的這八名調查員自我介紹，如同社會學家常做的那樣，接著我退到後面，準備悄悄觀察。或許我能多了解些人們對鬼的著迷與恐懼，說不定還能擁有自己的鬼故事。

東部州立監獄對超自然調查員和其他遊客一視同仁。這表示，工作人員與導覽人員在現場只負責解說和監督；他們說明調查員可以去什麼地方，可以做什麼事情，可以待多少時間，只此而已。規定看似簡單明瞭：絕對不可以走出導覽人員的視線，禁止進入任何被封閉的牢房，也不能自行走出建築、踏入庭院。我的捉鬼小組似乎接受這些規定，默默聽著，一邊開始拿出他們的裝備。

我看著他們從背袋裡拿出一部又一部相機，總共約有十或十二部，莫名其妙地相繼出現，就像是尼康相機版本的小丑車遊行。那些相機全是不同大小和形狀，有些是數位、有些是膠捲相機，甚至我認為其中有一臺是最早的拍立得。讓人印象最深刻的是，一臺固定在腳架上、巨大黑色的動作感測錄影機。這種相機是大型獵物獵人用來捕捉遠處快速移動的動物，例如鹿或熊。接著是收音器材：兩臺數位錄音機、一臺卡匣式錄音機、一些麥克風、耳機，以及一臺擴大機。這看起來開始像一趟真的打獵旅行了，我有點期待會出現一把來福槍。但是沒有，反而出現了我沒有預期到的工具：溫度計、電磁波測定器（會偵測到電磁波改變），再加上一顆網球、一顆較大的塑膠球，以及一顆較小的彈力球。我馬上聯想到電影《鬼店》（*The Shining*）裡那兩個可怕的雙胞胎姊妹說著：「丹尼，來和我們玩。」（後來我發現這其實非常貼切）。

隊伍分成三個小組，往不同方向出發。我和湯姆一起走，他是一位老練的獵人，也是小組召集人，還有攝影師茱莉．葛里芬（Julie Griffin）〔可參考她的著作《鬼相片》（*Ghostly Photographs*）〕、靈媒蕾絲莉，以及音效專家泰瑞莎。我們緩慢地走下漆黑的牢房區，只有來自兩把小小的筆型手電筒的光線，還有從中央圓形區流瀉出來的光，導覽人員坐在中央一把高腳椅上。他從那裡可以看見三個小組，我笑了——監獄蓋成這樣是為了方便看守，即使現在還是被如此使用著。

小組在我前面分散開來。我退回去給他們一些空間，看著他們觸摸牆壁、觀察四周並蒐集所有資訊。這棟建築物使人迷惑，如果是第一次來，我也會做相同的事。我很高興自己把注意力完全放在那些調查員身上。如果我期望看見鬼的話，必須要跟隨他們。

蕾絲莉在牢房四分之一處停下來，悄聲說：「你有看到他嗎？」她指向大廳，「那邊有一個很高、肚子很大的男人，站在底端的入口附近。」湯姆大概有一九五公分高、一百六十公斤重，他偷偷摸摸地接近她並低聲說：「你看到他了？他在做什麼？」蕾絲莉回答說那男人沒有做任何事，只是盯著她看。

蕾絲莉在一間鬼屋裡長大，小時候便知道自己有靈異體質。從那時起，她就一直可以看到鬼神，並且能作為靈媒。這聽起來像是奇怪的職業，但是像蕾絲莉這種人很多。靈媒和通靈者自遠古以來便有，全球各地皆有人相信他們的能力。有無數研究想要證明通靈者的能力，結果都不理想。大多數的「頂尖」通靈者，靈媒和占卜者只是擅長察言觀色。他們假裝收到神靈的訊息，其實訊息都是來自活著的人：一個人的穿著、髮型、化妝、年齡、性別、種族和文化。這種冷讀術（cold reading）並不是新現象，你可以讀一整本書或者更多來了解它。[d]可是我不認為蕾絲莉是個狡猾或操控的冷讀者；她由衷相信自己是個通靈者。

當然，研究尚未證實是否真的有人能與神靈對話，或是鬼真的存在（這不表示它不會有被證實的一日——誰知道將來科學會有什麼發現）。可以確定的是，一些人，比如和尚、尼姑和巫師，[10]都表示他們有過高度靈性、靈魂出竅（出體）的體驗，與神、大自然或某些高等存在交流，甚至看得見鬼影。他們會陷入一種恍惚狀態，振筆疾書或說出難懂的語言。雖然某些巫師服用死藤水、烏羽玉等致幻藥物，大多數則會練習集中心念和祈禱，以進入與高等存在交流的狀態。研究人員對修練中的巫師和修女進行腦電圖（EEG）檢查與功能性磁振造影（fMRI）掃描，很顯然他們進入不同的大腦狀態。甚至連他們的視覺皮質都在活動，意思是他們可能看到幻覺或幻象。其中一些人似乎更容易具有感受到超強溝通的能力。這些人是天賦異稟嗎？他們看到的是真的嗎？

我看著蕾絲莉時，眼睛瞪得大大的，下巴也快掉下來。我啞口無言。我從未看過正在經歷超自然體驗的人，沒預料到這麼快就降臨。我以為會看著這群人在東部州立監獄逛一逛、拍拍照並感受能量，或許指出哪裡有靈異存在的跡象。可是蕾絲莉在走廊底的門口站定，湯姆與茱莉站在她的兩側，我不自覺地靠近，瞇起眼睛，跟著她指向牢房區的手指看過去。我飛快地動著腦筋：她看到什麼了？它長什麼樣子？我也想看到！我努力仔細看並往前倚，雖然我們之間沒有阻隔，都乖乖站在動也不動的蕾絲莉後面。我看不出黑漆漆的門口有什麼東西，但我們安靜地站著，屏住呼吸，直到蕾絲莉不再凝視，放下手來說那個人消失了。大家才吐出一口氣。

我們開始走過牢房區，其他人不時停下來用不同的相機拍照。組員們十分謹慎，確定自己有用各種快門速度、角度和曝光時間捕捉影像，而且仔細調整奧妙的電磁波測定器和溫度計。這裡一片寂靜，只有相機拍照和閃光燈的聲音迴盪在空曠的牢房區。所有人都像慢動作般，捉鬼者小心翼翼地行走，我突然強烈意識到自己笨拙而吵雜的存在。我不停地查看手機，確定已經關機，擔心打破他們微妙的沉默。走過一半的牢房區時，蕾絲莉又停下腳步。

---

d 想了解冷讀術的話，可閱讀《冷讀術完全事實書》（*The Full Facts Book Of Cold Reading*），作者伊安・洛藍（Ian Rowland）；《冷讀術手冊》（*Guide to Cold Reading*），作者雷・海曼（Ray Hyman）；《冷讀術：精神病的自白》（*Cold Reading: Confessions of a "Psychic"*），作者柯林・杭特（Colin Hunter）。還有我最喜歡的《撒謊大師》（*Honest Liar*），詹姆斯・蘭迪（James Randi）的紀錄片，他一生都致力於揭穿造假和吹牛者。

她凝視前方，盯著走道。我看不見她前面有任何東西。「嗨，我叫蕾絲莉，」她對著空中講話，「你叫什麼名字？」

超自然體驗的科學測試

真的有鬼嗎？目前科學無法完全回答這個問題，但可以檢查表示曾有過超自然體驗的人。鬼通常存在機器裡。有時候，這單純是超自然活動的機械或電子解釋：暖氣通風空調系統（HVAC）、散熱器和有問題的電子系統發出的聲音或微弱感測器訊號。可是有很多其他機器能充分說明為何我們看得見鬼。

第一種機器很簡單，就是麥克風。聽覺科學家理查・洛德（Richard Lord）[11]和英格蘭南部賀特福郡大學的心理學家理查・魏斯曼（Richard Wiseman），在二〇〇三年對參加某場音樂會的不知情聽眾進行了一項實驗。整場音樂會，聽眾都暴露在次聲（infrasound，譯注：風暴產生的低頻音波）之下，也就是二十赫茲以下、人耳聽不見的音波，基本上是空氣裡的微小震動。聽眾表示在次聲發送時，更加感到不安、傷心、反感、恐懼和脊椎發涼。仔細看過這項研究後，麥克・波辛傑（Michael A. Persinger）[12]發現聽眾回報的症狀經調查後屬實，甚至是處於實驗室環境下。

這些結果讓維克・坦迪（Vic Tandy）[13]等研究者獲得重視，他們主張超自然體驗者只是暴露在次聲下而不自知。人體經由耳朵、皮膚，甚至眼睛來接收這些聽不到的音波，並把微弱的震動視為不對勁的徵兆。事實上，超低頻率聲通常被歸咎為「嗡嗡聲」（the Hum）[14]這種現象的原因，[e]少部分人在某些地區可以聽見。原因有很多，諸如工廠噪音和魚類交配，可是「嗡嗡聲」會帶來實際後果：它會造成夜晚失眠與嘔心，在英國還造成三起自殺。因為我們聽不見它，也看不出震動的來源，感覺不安而觸發防禦系統，讓我們的身體因應威脅。這項程序也會警告動物即將來臨的災難。例如，二〇〇四年印度洋大地震和海嘯發生前數小時，動物便成群結隊撤退到內陸；這兩種現象都會產生次聲，其他大自然現象也會，像是雪崩、火山爆發和地磁活動。

次聲亦可能由人造機器震動而出現，包括風力渦輪和輸送管系統。具有許多結構缺陷的空曠大型建物，像是荒廢的監獄或破舊老房子，都是自然產生次聲的主要場所。它們的樓板、老舊輸送管和水管鬆動，如果剛好有陣強風吹過，便會晃動而發出聽不見的聲音。此時，即使你自己聽不見，你的身體卻可能「聽見」。我自己做了次聲實驗後，可以證明不安與不適的感覺。事實上，我現在考慮要把它用於恐怖屋。

e 記錄到「嗡嗡聲」的地點是英國布里斯托、伯明翰、賀特福郡和史崔克萊（Strathclyde）；美國新墨西哥州陶斯（Taos）、印地安那州科科莫（Kokomo）；以及加拿大、德國、瑞典和丹麥。

第二種讓我們覺得在世上並不孤單的機器，取了很合適的名稱：「上帝的頭盔」（God Helmet）[15]，是由史丹利・柯倫（Stanley Koren）和波辛傑於一九八〇年代後期發明。波辛傑假設靈異體驗根本不是超自然，而是我們腦中的騷動，他相信如果能干擾大腦的功能，便可刺激出所謂「感知的存在」（sense a presence）。因此，他和柯倫設計了上帝的頭盔，他們在雪車安全帽內部裝上螺線管這種小型電磁體，位置對準顳葉（temporal lobe）。通電後，上帝的頭盔會讓大腦曝露於微弱磁場，大約一微特斯拉，若加以比較，就是比電冰箱的磁性還弱。經過多次實驗後，波辛傑報告說他可以引發感知存在的感受；他在大腦中找到了上帝（和鬼魂）。[16]

科學家發現上帝的來源，這種說法引起激烈的爭論，如同數十年後的鏡像神經元爭論，眾多挑戰者試戴過這種頭盔，但結果不盡理想，例如理查・道金斯（Richard Dawkins）在一支美國公共電視網（PBS）《地平線》（*Horizon*）的紀錄片嘗試過（他沒有感知到任何超自然存在）。波辛傑的研究進一步受到瑞典心理學家格蘭奇維斯特（Pehr Granqvist）一篇報告的挑戰，[17]他企圖複製波辛傑的研究結果，卻發現個人接受暗示的程度與人格特質可猜出其是否會有超自然體驗，這和微弱磁場一點關係也沒有。事實上，找不到任何科學解釋來回答為什麼微弱磁場能夠產生這種結果。然而，強力磁場則是截然不同的結果。

獲得實驗證實及可以複製的是穿顱磁刺激（TMS）[18]——一特斯拉的定向脈衝（這比波辛傑的

受試者所曝露的高出百萬倍）——在對準特定腦部區域時，可以讓我們有「靈魂出竅」或「感知的存在」之感覺。[f]舉例來說，沙哈．雅茲（Shahar Arzy）二〇〇六年一篇文章指出，[19]重複刺激左顳頂交會區會讓受試者看到黑影。事實上，「感覺到某種存在」的受試者有時會出現顳葉過度活動，該區掌管體覺和我們對自己與他人的看法。當修女宣稱進入虔誠祈禱，以及與上帝同在時，這個大腦區域進行功能性磁振造影掃描時會亮起來。況且，顳葉癲癇患者（顳葉過度活動）有時會出現「狂喜發作」（ecstatic seizures），而產生類似超自然體驗，包括「感知的存在」[20]和強烈的靈異與欣喜感。這種狀況統稱為賈許溫德症候群（Geschwind syndrome）[21]，亦包括說話喋喋不休與強迫性寫作。

雖然磁場可能干擾電子產品，讓燈光閃爍，但是在自然界不可能感受強大到足以引發一種「存在感」的磁場。經由練習或體質，僧侶、修女、熟練的禪修者和顳葉癲癇患者都有能力打斷大腦的通訊，體驗到這些超自然感。因此，我勸告那些看得見鬼魂或感覺到身邊有鬼的人，當你尋找答案時，務必也去看看神經學家。

---

f 其實，它還有許多其他功能：TMS現在已是重度憂鬱症、精神分裂症和神經病變疼痛的公認療法，也有可能治療阿茲海默氏症和帕金森氏症。

超自然能量的初體驗

期待感正在升高之中。我抬頭望見茱莉瘋狂地拍照，湯姆則調整和把玩手中的一部裝置，大家因為緊張與興奮而動來動去。我看到蕾絲莉點點頭，雙手輕微顫抖，可是沒有聽到任何聲音。我們大家靠得更近，她開始問更多問題。我敬畏地看著她用發抖的聲音，向黑暗中低聲問說：「我們可以拍攝你的照片嗎？」、「我們可以和你講話嗎？」以及「你在這裡做什麼？」

蕾絲莉在和一名年輕男孩講話，她猜大概十四歲左右，他要我們和他一起去院子裡玩。我因為不可置信而呆住。我真的在目睹這一切嗎？我望向蕾絲莉所看之處，企圖想像她看到了什麼，這時我記起來第一次參觀東部州立監獄時，聽到一九六〇年代一位年輕受刑人的故事，他是個青少年，受到其他受刑人的保護與疼愛。這會不會是他的鬼魂？我們不發一語地跟在蕾絲莉身後。她開始快步通過牢房區，朝著通往庭院的出口走去。我的心蹦蹦跳。

正當我們要走到出口時，導覽人員出現在身後，大聲但溫柔地提醒我們不能在無人陪同下離開這棟建築。就好像親熱的半途，爸媽突然把燈打開一樣，導覽人員立刻讓所有人洩了氣。蕾絲莉轉過身來說，男孩走了。他再也沒有回來。

在我們這個團體各自探索牢房區五分鐘之後，我們又開始興奮起來；到了放球的時間。我無比好奇地看著茱莉拿出一顆半邊綠色、半邊黑色的球，體積像是一顆大的葡萄柚。她拿這顆球要做什麼？如果它滾過通道，會有鬼魂把它擋下來嗎？球的彈跳會引發奇怪的回聲嗎？或許鬼魂會把它滾回來，或者他們會拿去玩鬼槌球的遊戲。唯恐又再破壞氣氛，我決定什麼都不問。我被那股能量所震懾，徘徊在他們身後一個手臂的距離，專注地觀察，好像我就是一隻鬼。我明白，我正在相信這一切。

茱莉跨進一間牢房，無比輕柔地將球放在門框內。她調整球的位置，讓綠色與黑色之間的直線和地板成直角，然後退回來。這種懸疑感真叫人受不了。一部分的我想要看到球從縫線爆開，跑出一道灼熱的靈異光線或這個地方所有死者的鬼魂，或者跑出什麼東西來。其他人從不同角度拍攝了幾張球的照片，然後輕輕退回中央圓形區，把球留在門框邊。我還是不懂，可是必須耐心等待答案。

我們走向另一棟牢房區，蕾絲莉說她感受到一股強大的能量，並在右邊大約三分之一處的一間牢房停下腳步。以我來看，那間牢房毫不起眼。看起來和其他數百間一樣：剝落的牆壁、成堆的灰塵土石，窄小的水泥地板散布木頭碎片、鋼鐵和石塊。裡頭很黑，只有較遠的那堵牆的一個小洞露進來一束月光。蕾絲莉和泰瑞莎走向牢房門口，踩上門框，彎腰想從擋住牢房的鐵條下進去時，我緊張地咬住嘴唇。那天晚上發生許多始料未及的事，可是現在我很清楚接下來會發生什麼事。第一次參觀時艾美就告訴過我，不管怎樣，絕對不可以進去被封住的牢房。如同心電感應般，導覽人員出現了，再度提醒我們這群遊客哪些地方可以去，哪裡不可以去。大家很吃驚，但我嘴角上揚。這些人就像我一樣，被她們的好奇心牽著鼻子走。我回想起六年級的老師說：「瑪姬，那實在很不好。」

在牢房外頭找好一個位置後，泰瑞莎坐下來，開始整理她的裝備。首先，她拿出一臺數位錄音機，附帶一支看起來像擴音喇叭的擴大器。接著，她拿出一臺舊式卡匣錄音機，那個款式起碼有二十年以上歷史了。據泰瑞莎表示，這種機器更能接收到短暫的聲音。我站在離她一英尺外的地方，專注地看著。她在卡帶上註明地點、日期和時間，然後放進機器，按下「錄音」鍵。這連串的聲音勾起我強烈的懷舊感；原子筆在卡帶上寫字的聲音，卡帶放進去的「咔啦咔啦」聲，錄音機蓋子蓋好後「喀答」一聲，還有同時用力按下「播放」與「錄音」鍵的聲音。我又回到了十三歲，在臥室裡把音樂錄到錄音帶上。

泰瑞莎把擴音器伸進牢房，把耳機放到耳朵上，然後閉上眼睛。我看得出神了，瞪著空盪盪、殘破的牢房，費力想要看清楚黑暗的角落。

起初，其他人試圖和牢房內溝通，詢問裡面有沒有人，又問鬼魂可不可以發出聲響好讓我們聽見，或是它有沒有什麼訊息要傳達。他們輕輕地低聲說，然後大家保持安靜，在黑暗中等候，注意聽著。我的期待感升高，肌肉緊繃，整個身體和心靈都準備迎接可能發生的事。我動也不動，甚至不敢眨眼，唯恐錯過任何東西。我準備好了。可是，我只看到月光下灰塵在漂浮，只聽見柔和的風聲與錄音機內的卡匣發出輕微的嗡嗡聲。此時，全身湧上一股奇妙的暈眩感，好像周遭的世界都在移動，而我是完全靜止的。

我感到一股強烈的刺痛從頭頂一路往下到脊椎，再傳到大腿。我的肩膀不自主地抖動，可是身體覺得很溫暖、放鬆，同時又充滿能量。我閉上眼睛，有了一個念頭：我正感受到鬼魂穿越我的身體。這種生理感官很顯著，而且沒有什麼明確的原因。我實在想不出任何其他解釋。我閱讀過大量有關超自然現象和靈異體驗的研究，但在任何教科書與實驗都找不到這種時刻。我深呼一口氣，忍不住微笑：我終於有了第一次的超自然體驗。

鬼魂附身，或是大腦癲癇？

我向來都懷疑超自然，但一直希望可以證明自己是錯的。你看我們花了多久時間才明白地球不是平的；即便是今日，我們還是不知道為何飛機和船隻會消失在百慕達三角洲。所以當我調查時，在牢房門外經歷了那種顫抖、欣喜的感受，便有一種深刻的領悟。我不僅明白鬼魂是存在的，還感覺到一隻鬼在我體內。如果世界是平的，我剛才的體驗就會像是因為墜落邊緣，才明白原來世界是平的。我這輩子都要和他人分享這個故事。

興奮感消退後，我的理智企圖找出非超自然的解釋。我考慮過次聲、癲癇和穿顱磁刺激的效果，但這些解釋都不成立。那不像發燒時會出現的「打顫」，[g] 也不像我們在聆聽動人音樂時會有的顫抖。那種顫抖稱為「frisson」，發自下背再往上走，伴隨著雞皮疙瘩（或汗毛豎立），當我們的交感神經系統被激發時就會發生，例如戰鬥或逃跑反應。

那個鬼魂似乎激發了我的交感神經系統，但我沒有起雞皮疙瘩，而且監獄裡一片死寂，我也沒有在聽什麼音樂。因此，這一定有別的原因：一個鬼魂短暫地附在我身上了。

不過，我是個科學家。我抱持懷疑的大腦不肯讓自己接受這件事，這讓我很不高興。我知道有什麼東西通過身上，不過，或許是太過迫切地想要去體驗某件事，所以我的大腦就讓它實現了。安慰劑效應和身心症狀的感覺有可能十分強烈，一般都被用來解釋人們宣稱的超自然體驗。你想要看到鬼，那麼就會看到。你想要感到顫慄，那麼就會感受到。我們的大腦討厭認知失調，所以會拚命讓我們的想法符合我們的體驗，甚至會影響我們的身體。不過，在某種程度上，我一直認為身心症狀像是科學家在找藉口：我無法解釋發生在你身上的事，你這個靈媒，所以乾脆說那都是你幻想出來的。離開監獄後，我繼續研究文獻想要找出合理的原因。此時，我看到一個以前沒聽說過的解釋：ASMR。[22]

ＡＳＭＲ即自發性知覺高潮反應（autonomous sensory meridian response），基本上是傳到脊椎的刺痛感。這不是臨床診斷，也還未被認定是一項確實、客觀性可評量的反應。有關這種感覺的形容相當一致：感到一陣發抖顫動，直到脊椎，再傳遍四肢。完全符合我在東部州立監獄的感受之說法，應該是我的皮膚底下像是潑翻了碳酸飲料。而且不像是聽音樂顫抖的短暫感受，ＡＳＭＲ所產生的欣喜、放鬆和鎮靜感可能長達十五分鐘。其誘發原因大致可分為下列幾類：個人喜愛的聲音，像敲指頭、滴答聲、搓揉袋子等；溫柔的說話聲音，像耳邊低語或悄聲指示；[h] 梳理與個人護理動作，像是梳頭髮、按摩，甚至就診時檢查；專心投入的工作，像是反覆的摺紙。

有許多理論解釋為什麼這類活動會誘發反應：耶魯大學神經學家史蒂芬・諾維拉（Steven Novella）認為，可能是因為大腦輕微癲癇發作。大衛・胡倫（David Huron）教授則主張，[23] 個人梳理活動類似靈長類梳整毛皮的習慣——那是拉近關係與相聚的時間。其他人則認為，悄悄說話與呢喃低語令人感到放鬆，本來就令人愉快，但他們懷疑ＡＳＭＲ是正常迷走神經激發之外的一種明確

---

g 發燒時打顫是因為我們的肌肉快速收縮與鬆弛，產生熱度來對抗感染。等到熱度消退時，就會感到寒冷。

h 多年來在美國公共電視網主持電視節目的鮑布・羅斯（Bob Ross），是ＡＳＭＲ界公認偶像。我從成長階段到大學都對他十分著迷；甚至有一本羅斯的月曆，而且開車經過賓州山區時都不禁會想到快樂的小樹。羅斯的嗓音、快速移動的畫筆，以及他在調色盤上調和顏料的輕柔聲音，都會引發ＡＳＭＲ。

反應。關於ASMR有各種臆測，卻沒有科學測驗可以得到確定的結論。i

可是，這對我已經足夠。我已經歷過一次ASMR，或許是因為低語的聲音加上卡匣式錄音機的聲音。在黑暗的監獄中，我們豎起捉鬼的天線，既興奮又激動，充滿懸疑感和期待感。每當我們警覺時，就會產生這種戒備狀態；我們的系統進入高度警戒，讓我們感受到環境裡的任何事物。換句話說，我的警醒系統拔掉了保險栓，我已準備好體驗強烈的生理反應。

雖然我為自己的反應找到一個非超自然的解釋，但不打算放棄自己的鬼故事。這種神奇的反應和非常奧妙的感覺之所以發生，是因為我開放心胸去接受這種體驗，拋開我的懷疑，「決定加入」。我和一群捉鬼者進入一棟頹圮的建築探險，將自己調整到他們的頻率。我在黑暗中張大了眼睛，並讓房間淹沒了我。哇，真的很值得。

「享受」恐懼

我們靜靜地在牢門外站了至少十分鐘，像集體入迷似的，努力想要看見或感受任何東西。雖然我才剛認識這些人，這種專心的共同注意營造出一股親密感與熱情；讓我回想起某次在傳統蒸汗小屋參加集體禪修的情景（這種現象稱為內關（vipassana）的愛，意思是一起禪修的陌生人表達出愛的感受，即使他們不發一語」。

在牢房外，我感覺時間再度停止，假如不是其他組的一名成員走進圓形大廳的話，我們原本可以在那裡待得更久。泰瑞莎按下錄音機的暫停鍵，我抖了一下，雙臂晃動。大家都醒了過來，紛紛表示很興奮能夠收錄到這麼棒的錄音以供分析。我沒有說出自己感覺到一隻鬼經過身邊，仍試圖保持在不受打擾的狀態。但這不容易做到。我體內每個部分都想和別人分享剛才體驗到的事，就如同在富士急高原樂園時一樣。

後來我詢問茱莉，為什麼選擇這項職業。她是一名專業攝影師，原本可以為報紙或《國家地理》（*National Geographic*）雜誌工作。為什麼要花數百美元去獵捕鬼魂？她的回答十分簡單：「很好玩，很有趣，每次都是一項冒險。」我原本以為是什麼偉大、黑暗的理由，比如想驅逐世上的惡靈。相反地，茱莉說她沒有那麼害怕。她喜愛獵捕的那種期待感，沉浸在空間裡，還有和超自然溝通時的愉悅。其他捉鬼者也有同感：是的，他們迫切地想要證明自己堅決相信的事，並且找到證據，同時

i 本書即將出版前，艾瑪．巴拉特（Emma L. Barratt）和尼克．戴維斯（Nick J. Davis）發表第一份針對ASMR體驗案例調查研究的同儕評論〈自發性知覺高潮反應（ASMR）：流動式心理狀態〉，PeerJ 3（2015）。雖然其中沒有心理生理評量，他們的研究發現證實我所經歷，以及我自己研究時所報告的。他們亦發現，誘發ASMR可暫時改善慢性疼痛與憂鬱等症狀。最後一點是，這些人產生聯覺（Synesthesia，又稱共同感覺）的機率較高，意思是刺激一種感官會激發另一種感官（樣本的機率達五．九％，一般人則是四．四％），顯示這兩種體驗可能互相連結。

也在找尋具有相同熱情、能加入冒險的同好。他們可以和這些朋友分享自己全身起雞皮疙瘩的故事，而不會遭到批評。我完全理解。

我展開這項冒險的目標是想了解我們對鬼魂的恐懼，希望自己能親身體驗超自然。原先以為那是出於我們對死亡的恐懼，以及與上帝和宗教的關係。後來了解到，至少在美國，我們對超自然的著迷多半出於期待感、興奮感和懸疑感，最驚人的是，與朋友一起「享受」恐懼。就外在來說，那晚在監獄裡什麼事也沒發生。我們四處閒逛、拍照、在寂靜中傾聽。我離去時並沒有更加了解我們對於死亡的恐懼（但在完成本書前，已更加了解），卻了解到真心相信的樂趣和刺激。那真的很興奮。放縱自己享受自己的想像，拋開一切懷疑、完全投入那種時刻真的很開心。我仍把它視為我的第一次超自然體驗，即使那並不是完全超自然。

互道珍重之前，還有最後一件事要做：把球拿回來。我們熱烈地快步走回第一區，我終於開口問道：「那顆球有什麼玄機嗎？」茱莉笑了笑。裡頭沒有藏著鬼魂，也沒有特別的通靈特質。只是一顆球而已，但很適合用來測試看不見的存在。只要把球放好、拍張照片，之後再回來看看球是否被移動過。如果有的話，那麼你就找到鬼了。這很科學。

我們走回茱莉小心放好球的牢房，緊張地期待將會看到什麼景象。

第五章

從凶宅到日本鬼屋的挑戰

——大起雞皮疙瘩的場景與角色連結

我去過許多鬼屋，真的很多，光是二〇一四年或許就有三十間以上。我去過名列金氏世界紀錄歷時最長的鬼屋〔俄亥俄州坎頓市的「恐怖工廠」（Factory of Terror）〕；被會噴火或發射機關槍的電動怪物驚嚇〔俄亥俄州桑達斯基市的「鬼魅山莊」（Ghostly Manor）〕；被數百名具有好萊塢化妝水準的演員驚嚇，他們從對街突襲，有人踩著十英尺高的高蹺或綁著彈跳繩索冷不防地冒出來（費城的「石牆後驚魂」）。我去過號稱最緊張、刺激和極端的鬼屋〔紐約市的「昏厥」（Black Out）〕，以及對親子與家庭最友善，或程度介於其中的各種鬼屋。不過，這些都在美國。

雖然美國的鬼屋早已遠離女巫、黑貓和木乃伊，它們的歷史與營業季節顯然和萬聖節（Halloween）有關，這個節日始於十九世紀末葉，是慶祝與玩樂的時刻。早年的清教徒殖民者堅決反對萬聖節，他們覺得這種節慶既黑暗又隱含惡魔意味。可是，愛爾蘭與蘇格蘭移民把這種古老的居爾特薩溫節（Samhain）慶典引進美國，[1]藉由穿著奇裝異服和點火來趕跑惡靈。長年下來，美國萬聖節轉變成融合薩溫節和基督教諸聖節（All Saints' Day，尊崇聖人與悼念亡者的日子）的傳統，最後再擴展至包括各種幻想的怪物，形成今日非常世俗化、商業化的節日（消費者支出僅次於聖誕節）。

萬聖節混合了奇裝異服、點蠟燭、穿黑袍和發送禮物（點心）等儀式，一再被重新想像，創造出美國人熟知與喜愛的傳統，像是不招待就搗蛋、水盆咬蘋果，以及穿著奇特服裝，扮演傳統的可怕女巫或妖豔護士。[a]當我們還是小孩時，喜歡打扮成最愛的英雄或惡棍；長大後，則喜歡能夠變成別人、利用穿著特製服裝這種「漏洞」去做我們永遠不會做的事，不論是好還是壞，這實在太吸引人了。鬼屋便是從這些面對死亡、有時嘲弄死亡的傳統所衍生出來，並持續快速演變。打造一個可怕的空間，或者故意創作嚇人的內容，當然不是西方或美國特有現象。事實上，用來嚇人的建築物可以回溯至古代埃及，那裡的寺廟與金字塔裡都有迷宮，以及不僅外觀可怕、觸發時還會移動的雕像，目的是為了趕跑入侵者。

大多數美國人都能理解擁有傲人傳統的鬼屋——走進去會有東西跳出來嚇人的地方。美國人早已學會這種規矩：你不去碰任何東西，就沒有任何東西會碰你（也是有例外，我晚點會再說明）。但美國以外的地方，就沒有什麼規矩，我最初是在波哥大明白這件事，那裡才剛開始流行鬼屋。為了觀察不同文化的人們如何參與和創作恐怖的題材，當我去加拿大、日本和哥倫比亞旅行時，盡量都玩些恐怖的娛樂，像是鬼屋、主題式餐廳和找鬼行程。我第一次去鬼屋是孩童時期在簡陋裝飾的學校體育館裡，我暗自希望可以找到讓人重溫童年興奮與愉快感受的鬼屋。

很幸運地，我找到了，而且是在最意想不到的地方。

尋訪日式鬼屋

商業化的美國萬聖節輸出到全球各地，不過許多國家的鬼屋和萬聖節沒什麼關係。日本的鬼屋在天氣變暖和之後便開張營業，[2]因為夏天去鬼屋玩會讓你「全身發冷」。如果你覺得這聽起來很傻，其實一點也不——恐怖體驗讓人「全身發冷」並不是一種暗喻而已。當血液由皮膚流到肌肉，準備

a 為何驅走惡靈的儀式會變成一種「道德節日」，把常規和後果拋諸腦後（道德節日的另一個例子是紐奧良的狂歡節），這可以寫成另一本書。想進一步了解，可參考伊麗莎白．格拉特（Elizabeth A. Grater）所寫〈豔聖節的興起：萬聖節服裝女人味的文化產物〉（The Rise of "Slut-o-ween": Cultural Productions of Femininity in Halloween Costumes），喬治華盛頓大學碩士論文，二〇一二年。

好戰鬥或逃跑，就會致使皮膚溫度下降。

前往日本遊樂園時，我決定體驗獨特的日式恐怖。首先去探索創立於一八五三年、日本最古老遊樂園「花屋敷」的「神祕與驚恐」遊樂設施。這個小型遊樂園四周圍繞著繁華都市；看到雲霄飛車和摩天輪從擾攘的馬路中央經過，感覺相當超現實；通常遊樂設施在地面上會有一片很大的空地，以防有人墜落。在這裡，萬一有人墜落，就會跌在攤販的推車上。遊樂園的每樣東西都很老舊，布滿歲月的痕跡——生鏽而吱吱作響的軌道與車輪、掉漆的精靈寶可夢（Pokemon）塑像、鋪著一層灰的塑膠人造花。這讓我想起現在流行的荒廢遊樂園照片，只不過這間遊樂園仍在營運。

前兩項遊樂設施讓我懷疑能否找到真正嚇人的日本鬼屋。第一項「驚險車：西洋風鬼屋」是十九世紀初遊樂園剛開始風行時，老式黑暗遊樂設施的典範。黑暗遊樂設施結合一節節的車廂、恐怖的圖像與死亡主題場景，還有很多自動化的道具，搭配閃爍的燈光和驚嚇遊客的聲響。這類設施是今日直線通過型鬼屋的前身。看起來好像是二十世紀中葉時的驚險車，以時速大約三英里行駛於生鏽軌道上，停頓與啟動時都會讓人搖晃，五分鐘的車程中會出現各種美國怪物：吸血鬼、狼人，以及披著破長袍、又髒又舊的骷髏。這是小孩子玩意，是擬像（simulacrum）恐怖，因文化期待不同而降低了刺激。

接著我玩了「鬼公館」，本以為那是迪士尼著名鬼大樓的日本版。結果並非如此，它屬於沉浸式聽覺型鬼屋，我第一次玩這種類型的鬼屋，也還沒在美國看過（但確定美國也有）。[b]故事是以日語講述，沒有翻譯。我不清楚自己究竟錯過了什麼，但體驗過程中一直很吸引人。聲音的暗示可能和生理的驚嚇同等強烈，而且這些暗示與環境反應配合得天衣無縫：地板晃動時，我聽到腳步聲；一道閃電造成室內燈光閃爍，然後便熄滅了。我的耳機充滿雜音——粗重的喘息、女人尖叫、嬰兒哭聲——都讓我背脊發冷。[c]最後是遠離的腳步聲和門關上發出砰的一聲。

玩過老式遊樂設施後，我準備被好好驚嚇一番，見識看看比較符合二十一世紀日式設計的設施。當我找到「鬼屋：純東洋風鬼屋」時，以為自己中了頭彩，而我的文化笨拙之旅也從那裡熱烈展開。

在日本尋訪鬼屋的旅程中，因為不了解其文化，我至少犯下二十次錯誤。舉例來說，我玩的第一間日式鬼屋，走道走到底的地方，我遇到一道牆，牆上有好幾扇門，但沒有一扇門特別亮或者像是出口。在美國的遊樂園，你不該去碰觸任何東西，包括日常生活會觸摸的，比如門把、電燈開關或窗戶，我因此感到疑惑：要如何出去？我耐心等待，看會不會發生什麼事，結果一名工作人員走來向我指引其中一扇門。在富士急高原樂園的暗黑病棟，我太早繳回手電筒，工作人員只好跑來找我，

b　虛擬實境和4D科技的驚人進展——同步聲音、影像和環境暗示，以及3D動畫，現今一些最好的遊樂設施都有使用（例如環球影城的變形金剛），但這是另外的主題了。

c　根據國際情感數位聲音指數（用於聲音的特性評比：愉悅的、吵鬧的和控制性的），這些聲音對人耳來說，都是最討厭的。

再拿一支手電筒給我。[d]在另外兩間鬼屋，我則不小心通過緊急出口。等我玩到最後一間鬼屋時，幾乎是躡手躡腳地走。

在日式鬼屋，我逐漸注意到展示驚嚇物品的方式也有文化差異，而且不只是和我的美式失誤有關。日式鬼屋不只是特定主題與特效遊樂設施，裡頭還有一些普通的走道，沒有演員、音效或道具，而是通往展示傳統日本妖怪的嚇人玻璃箱，比較像是恐怖博物館而不像鬼屋。第一個展示箱裡是個鬼魅的模型，身穿和服，有著蒼白臉孔與血盆大口，同時伸出手臂，當然還有大部分女鬼都有的黑色長髮，尤其是在日本。我走過去時，她的眼睛亮了起來，並向前衝過來，在玻璃前幾吋的地方停住。我想這是雪女，她是一名高挑美女，有著黑色長髮和發紫的嘴唇，會跟蹤及殺害人類，若不是用她冰冷的氣息凍死他們，就是以懾人目光殺死他們。日本文學裡有不同版本的雪女；就像西方的吸血鬼，她是日本恐怖故事中廣為流傳的妖怪。

對我來說，雪女沒什麼好怕的，除了走過去時她突然動起來，讓我稍微有點吃驚而已。不過，如果我是在日本聽著邪惡雪女的可怕故事長大，就會有另一番感受。我們的威脅反應是自動的，可是害怕的東西大多是後天所學到，眾所周知，我們學習到恐懼背後的科學乃是始於流口水的狗、受驚嚇的嬰兒和被電擊的老鼠之研究（其實一些研究恐懼的實驗本身就很嚇人，再不久我便會親身體驗）。

故事要從伊凡．巴夫洛夫（Ivan Pavlov）說起，[3]他奠定古典制約的基礎，利用重複給食與鈴聲，訓練他的狗一聽到鈴聲就流口水。[e]約翰・華生（John B. Watson）更進一步利用此方法，在可憐的嬰兒亞伯特（Baby Albert）身上進行具道德爭議性的制約。他利用白老鼠加上大聲而嚇人的聲音，訓練嬰兒亞伯特懼怕老鼠，不僅如此，還用重複的配對呈現，讓這個嬰兒害怕所有白色、毛茸茸的東西——從而證明了「刺激類化」（stimulus generalization）現象，就是把類似刺激聯想到初始威脅，進而感到害怕的過程。

這個故事還沒結束：史金納（B. F. Skinner）接著設計史金納箱，讓動物接受不同的報償與懲罰。創造出操作制約（operant conditioning）之理論，讓我們學到訓練寵物（以及寵物訓練主人）的最佳方法，以確保牠們不會忘記。在釋放強力的荷爾蒙之下，制約式學習可以很迅速，就像我們的威脅反應。經由恐懼制約，可以訓練人們去害怕幾乎所有東西，甚至是毛茸茸的白兔。

---

d 遊客應該要全程使用手電筒，可是我看到第一個回收箱便把手電筒繳回，以為不再需要。其實箱子是給那些害怕到不敢再玩下去的人，從「膽小門」離開時用的。

e 古典制約是把非制約刺激所引出的非制約反應，搭配制約刺激，便會讓動物在制約刺激下，出現非制約反應（此時的反應被稱為制約反應）。

恐怖谷理論

鬼屋的下一個場景同樣充滿傳統日本裝飾，全都破爛老舊。中央有另一個穿著傳統正式服裝的女人，當我觸發動作感測器時，她就變成狼—熊—人的變種人。我想這或許是轆轤首的代表，這種妖怪在白天化為人形，夜晚便會現出真正的天性，伸長了頸子去吃人。變種生物出現在各種文化中，令人害怕的理由很多。首先，它們往往具有嚇人的外貌特徵，像是尖爪和利齒。其次，它們通常體型巨大，或許會飛行，輕易便能抓住我們。第三，它們是外觀奇特的生物，營造出一種美學上的失調感。

除了變種人，鬼屋裡也有如同鬼魅般、超逼真的人像——這並不令人意外：日本以超像真人的機器人聞名，讓人又敬畏又害怕；看似真人的機器人通常不是故意嚇人，實際上它們被利用來安慰人們。但是，像真人卻又非人的人物與圖像，之所以會引起反感和迴避的反應，主要是我們的大腦感到困惑因而舉起紅旗。我們的身體與大腦根據預測系統來運作；就如同我在富士急高原樂園坐Dodonpa雲霄飛車時，本以為車子要啟動了，卻沒有真正開出去時，身體做好準備便往前衝了一下，大腦會根據預期來判斷威脅。外觀像人，但我們知道在某種程度上非人的人物、圖像和呈現，違背了我們的預期，所以造成判斷上的一種「錯誤」。

機器人學家森政弘（Masahiro Mori）於一九七〇年提出「恐怖谷」（Uncanny Valley）這個名詞，[4]用來說明此種現象。[f]由於加州大學聖地牙哥分校教授艾謝・瑟金（Ayse Saygin）之研究，現今有了功能性磁振造影與腦電圖數據來說明，當陷入恐怖谷又掙脫出來時我們大腦的活動。或許並不令人意外，瑟金的研究證明這是我們的預測系統出錯之結果，基本上是大腦電路之間溝通不良。一個抵達的訊息說：「這是一個人！」另一個訊息卻說：「不！它是一個威脅！中止計畫！」我們的大腦便被搞糊塗了。

我們的恐怖谷反應或是預測系統的紊亂，並非先天設定好特定的恐懼。一般來說，任何經由感官而驚嚇到我們的東西（迅速或意外出現）都會引發我們的威脅反應：巨大的聲響、噴氣、一道閃光或強烈氣味（包括一些動物害怕時釋放的費洛蒙），當然還有會造成疼痛的東西。可是研究仍無法證明，我們天生會害怕特定動物或刺激，例如蜘蛛和蛇。不過其實差不多，功能性磁振造影的研究證明，當人們看到倒三角形和眼白部位的照片時，杏仁核便被激發。

阿威羅大學（University of Aveiro）的珊卓・索瑞斯（Sandra Soares）等研究人員發現，[5]一些圖

---

f 森政弘畫了一張恐怖谷的圖表：y軸代表我們對某件事物的熟悉與喜好程度，x軸則是仿真程度，就是事或物與人類的相似程度。森政弘指出，當某件事物愈像人類，我們的喜愛會隨之增加，直到某個程度。當不是人類的事物太過逼真了，我們的喜愛程度便會掉進谷底，對於這種景象感到驚嚇，甚至作嘔。

像（比如蛇）會觸發我們的威脅反應，即便它們一閃而過，我們的意識或思考的大腦甚至來不及辨別。加州大學的琳恩・伊斯貝爾（Lynne Isbell）稱之為「蛇類偵測理論」（Snake Detection Theory），[6]她認為人類演化讓我們得以更快速地辨識出蛇類，因為其威脅自遠古以來便有；看到蛇類就趕快逃命而存活下來的人們，將這項寶貴特質遺傳下來了。同樣地，羅格斯大學的凡妮莎・羅布（Vanessa LoBue）一項研究發現，[7]嬰兒指出相片裡的蛇、青蛙和蜘蛛等生物，比指出花朵還快。

可是，目前仍沒有確鑿的證據來證明天生的恐懼，意思是神經系統只對特定刺激產生反應。如同羅布與曼徹斯特大學的伊莎貝爾・布蘭查特（Isabelle Blanchette）等研究人員指出，[8]人類今日同樣可以更加快速地辨別出現代的威脅，像是刀、槍和注射器。有可能是，人類的演化乃是去辨識威脅之特點，並非特定的威脅，而那些特點會隨時間和地點改變。舉例來說，你覺得下列何者比較可怕——槍枝或蛇類？這取決於你是誰與你所在的地方，艾薩克斯大學（University of Essex）的伊蓮・福克斯（Elaine Fox）讓實驗者觀看槍和蛇的照片後發現到這點，[9]結論指出人類首先依據相關性來辨別威脅，而不是演化的威脅，也就是說你比較可能被蛇咬或者被槍擊？你的答案將決定會優先辨別出哪樣（也會更常出現在恐怖電影與鬼屋裡）。在日本，鬼怪有可能才是最快被辨別出來的，勝過槍和蛇。

文化差異與恐懼

大多數的日式恐怖都與鬼怪有關，不只在這間傳統日本鬼屋可以看到，我去過的其他鬼屋也是如此。[g] 日本的宗教分布和美國不同。例如，大多數的人口識別不是用宗教，這表示在日本，人們不屬於一個特定組織或教派，而被視為「民間神道」（五一．八％），也就是日本傳統宗教。僅次於民間神道的宗教為佛教，實際上許多佛教信仰和修行已與神道密不可分。如同大多數宗教，神道與佛教傳統（這也常常雷同）都相信靈魂永生，但是鬼、怪和神（神道崇拜的神靈）在日本傳統占據更重要的角色。

鬼怪的重要性反映出日本神話之特色，充滿了鬼魂的故事，「慘死」的人徘徊世間去折磨活人。日本臨床心理學家、前文化廳長官河合隼雄（Hayao Kawai）表示[10]「日本神話沒有人們從此快樂生活的故事」。日本仍然很相信鬼神。一九九三年一項針對大學生進行的調查顯示，[11] 其中有六十％相信「神」的存在。而且在日本還是很常請能與死者溝通的通靈者、巫師和其他新宗教權威人士，為凶宅進行淨化法事。事實上，有人被殺或自殺的房子（稱為凶宅），在日本幾乎賣不掉，因為大家

---

g 日本有許多的暢銷恐怖小說、電視節目和電影，皆是以鬼為主題。例如，二〇〇一年的《鬼卜怪談》和一九九一年的《毛骨悚然撞鬼經驗》裡都是鬼魂糾纏活人。

相信亡者會以鬼魂形式再回來。[h]這些源起於近代宗教的信仰至今依然盛行，如同瑪莉．皮康（Mary Picone）所說[12]：

> 自日本遠古時期起，人們便認為慘死或「非自然」死亡，即死於暴力或死於流行病的人，或客死異鄉、屍骨不全和早逝的人，死後會受苦，而且可能不利於活人。簡言之，害怕鬼魂是近代宗教最強力的元素之一，至今存在於民間信仰。

我去的每一間日本鬼屋都圍繞著一樁不幸命案，或是糾結、虐待的關係汙染了這個空間，屋裡的幽靈會傷害進來的任何人。我沒有看到美國很普遍和常見的女巫、斧頭殺手或滿布血汙、揮舞鏈鋸的瘋子。日本的鬼屋也比較黑暗、陰沉和破舊，或許比血汙更令人害怕（不過鬼屋裡還是有很多血汙）。美式恐怖片和鬼屋感覺會有較多內臟、怪物較像屍體，以及人類在某方面有殘缺，不是生理就是心理。

這反映出美國文化中英雄故事的發展——動作英雄和怪獸打鬥並打死牠。[i]傳統的日本恐怖片則專注於死後的世界及我們留下的鬼魂；日本恐怖片較為毛骨悚然，傾向使用靜默和懸疑來暗示暴力，而不是明白地表現出來。主角們不會像對抗敵人般和惡魔對打；他們試圖逃離他們的過去所伸出的魔爪。有一個很好的例子，是以美國版的賣座恐怖電影《不死咒怨》和日本原版《咒怨》來比較，兩者皆由日本導演清水崇執導，但是日本原版較為安靜、鬼怪較像人類，故事圍繞在被詛咒的房子而不是主角們身上。

即使我已玩過九項恐怖遊樂設施，還是沒有真正感到害怕，因為我在家鄉匹茲堡早已進出「恐怖屋」上千次了。我甚至冒險嘗試鬧鬼監獄的主題餐廳，名叫「上鎖」（Lock Up），穿著迷你裙的執法人員會把你銬上手銬、關進一間牢房，菜色包括佛萊迪雞翅[j]和墓碑馬鈴薯泥。我也去了「鬼酒吧」（Ghost Bar），看起來像是餐廳裡開了一間萬聖節酒類商店。飲料容器是頭骨，肢體散布地板，如果你大聲拍手，還會有塑膠黑蝙蝠從天花板掉下來（客人就是用這種方式呼喚服務人員，她們一

---

h 房地產經紀商依法必須告知新住戶過去七年的死亡紀錄。[13]然而，低價住宅極為搶手，許多凶宅因為價格便宜，通常是市價的一半，現在很多人搶著要。

i 艾斯馬的著作《怪物》（*On Monsters*）提到怪獸的特色，以及英雄是如何隨著時間與地點而改變。他以貝武夫的發展為例：在北歐神話中，他是一個強壯、強悍和驕傲的戰士，殺死了只會殺人與破壞的邪惡怪物。在二十一世紀這個故事重新被講述的版本（二〇〇七年由派拉蒙電影發行，羅伯・辛密克斯（Robert Zemeckis）執導）中，格蘭德爾的母親並不是愚蠢的怪物，而是殘忍、虐待與誤解之下的受害者，貝武夫才是自私的霸凌者。

j 這盤雞翅排列成手的形狀，再用紅辣椒做成指甲。我覺得噁心極了。另外，用餐到一半，監獄發生暴動，警鈴大作，一群打扮凶惡的角色橫衝直撞，被扮成探員的服務人員追趕。這實在太莫名其妙了，但是不會比Hooters的神祕謀殺案晚餐劇場來得可怕。

律打扮成雪女）。這兩家餐廳是很好的例子，說明日式恐怖很容易便流於鬧劇，好笑勝過驚嚇。

不過，日本也創造出一些全世界最驚恐、最毛骨悚然的恐怖片，我決定親身體驗一下。半夜時我在網路上搜尋更多日本鬼屋的資訊，結果在YouTube看到一支「台場怪奇學校」的宣傳短片。等到天色一亮，我立刻衝去東京台場。

台場怪奇學校的戰慄體驗

那是個寒冷的雨天，正適合享受恐怖的樂趣（而且排隊的人不多，因為這間鬼屋就在碼頭邊）。東京台場是港灣遊樂區的一部分，這裡還有Sega的室內遊樂場Joypolis，如我所料，裡頭空無一人，就像寒冬中的大西洋城大道。我在有好幾層樓的娛樂綜合大樓和購物中心，眼花撩亂地逛來逛去。作為身處異國的陌生人，我已經一星期沒和人好好說過話（除了和自己），每天晚上平均只睡四小時。當我走過「快樂笑容遊樂地」（Happy Smile Playland）和「英雄聯盟影片行」（LOL Picture Shop）時，真的以為自己在夢遊，我遇到一具搖來晃去、被釘死在十字架上的屍體，它披著黑色長髮、戴上外科口罩，四周都是紅色燈光、蜘蛛網、警告帶、藤蔓，以及被任意撕裂的人體部位。

我直視「台場怪奇學校」這個遊樂設施的正面，設計得像是舊學校的大門，有著木瓦和沾上血跡的生鏽水管（另一面則放置一棵螢光粉紅色的電子松樹，實在無從解釋起）。我的困惑必然流露在臉上。售票員開始以非常親切、熱情的聲音和我說話。我走過去，微笑著用手指一下鬼屋正面，擺出「我只會說英語」的表情，這趟旅程中我已經很會做這種表情了。她笑了笑，消失了一會兒，然後拿出計算機將門票費用顯示給我看——八百日圓，接著用手比出歡迎的動作。

儘管售票員熱情又親切，不知何故，我已經比前幾次玩恐怖遊樂設施時更加害怕。在這之前，我所去的鬼屋都是大型製作，或者至少是在遊樂園裡，我認為是受到檢查、安全並遵守嚴格的規範。這間鬼屋卻很奇異，擠在其他螢光色店面之間顯得突兀。誰知道它們有什麼規定？我覺得自己像是一個迷路的女孩，迷失於荒郊野外，或像是電影《坐立不安》（*Suspiria*）裡，來到德國芭蕾學校的蘇西・班尼恩（Suzy Bannion）。我希望裡頭不會有邪惡女巫團在等著。

買好門票後，售票員開始比手畫腳地和我說明，她的臉上帶著嚴肅表情。於是我擔心起來，自己是不是漏掉什麼重要資訊？萬一她是在說，我會被血濺滿全身，或者會有一桶水倒在頭上？我搞不清楚自己做了什麼好事，我先前犯下的文化失誤已多不可數。看到我眉毛糾結、表情沮喪，售票員走出來指著我的相機，要我收進背包裡。然後帶領我繞過學校至入口處，指著一處黑色布幕前的位置，她便離去。我站在她指示的位置，乖乖等候。

我們的各種社交互動都是藉由對周遭人們非語言訊息的判讀、詮釋和回應能力來處理；[14]這種能力乃是與生俱來。打從一出生（技術上來說，是出生後九分鐘；再更早的時間還沒被測量出來），人類便顯示對於面孔的喜愛：我們喜歡看著臉，而且很快就學會如何辨別表情。這種技能攸關生死：能夠辨別情感表情及適當回應，不但可以在危急時保住性命，還能幫助我們建立起堅固的社會關係。不妨想像一下相反的情況：不僅沒有逃離憤怒的暴徒，還張開手臂跑向他們，或是不去安慰難過的人，反而轉身離去。

雖然所有人都具備這種能力（除了視障或某些疾病的人士），但實體環境和遺傳學左右我們對於情緒表情的感知、詮釋和回應。[15]舉例來說，從被可怕怪物驚嚇到遊客嚇得跳起來的這幾秒鐘，是一整串的互動。首先，文化會塑造怪物的個性，由牙齒到尾巴。其次，每個人的基因組成會影響受驚嚇的程度，影響我們啟動威脅反應（高度或低度）。然後文化再度塑造我們回應的性質——我們會跳到半空中並大聲尖叫，抑或只是略微後退，輕聲驚喘。我們的情感表情是基因、環境和文化複雜互動的產物，這表示我們如何詮釋恐懼表情與如何表達恐懼，可能隨著時間與空間改變。

我在日本時（還有後來在波哥大），親身進行了一些簡單的實驗。我請在鬼屋外排隊的陌生人假裝是憤怒的熊或怪物。他們有各式各樣的表情，從露出來幾顆牙齒、眉毛糾結的程度、鼻孔張開的大小、咆哮聲音的強弱，到他們舉手做出利爪狀向我撲來的用力程度。大致上，日本的陌生人比較保守、溫和細緻，哥倫比亞人則比較外向，美國人基本上是在攻擊我。

我一個人站在台場怪奇學校，被骷髏頭、可怕的面具和爬滿藤蔓的人造石牆包圍著，完全不清楚現在要走進去的地方到底有什麼。我看過網站，但上面只有日文，而YouTube上的廣告片也未提供任何線索讓人知道裡面到底有什麼。萬一這是某種實驗性質的極限鬼屋，他們會把我綁架，然後關在某個房間裡怎麼辦？我很緊張也很興奮，感覺就像小時候第一次要進去鬼屋那樣。

突然間一名年輕人冒出來，大約近三十歲或三十歲出頭，黑色的直髮正好超過耳朵，穿著素色的黑T恤和長褲，從後面嚇了我一跳。我嚇得跳了起來，而他開始對我說日文，但馬上就停了下來，因為看見我困惑的表情和手勢，更不用說連我自己都感覺到的一陣臉紅。我很確定自己應該做錯了什麼事。他微笑並溫和有禮地鞠躬，以動作示意我站在原地。從我買門票到現在大約過了十分鐘，沒有其他客人，也完全看不見任何人。

最後那位年輕人（之後我才知道他的名字叫做幽靈[k]）回來了，帶著一張紙板卡，上面寫著英文的「指示」。我感到放鬆並開始閱讀：不得使用相機或手機，不得觸碰任何東西，不要推擠。再來是

k 平野幽靈是這座鬼屋的設計者與建造者，並在臺灣和全日本各地建立鬼屋。

我先前從沒看過的：「注意，不要因驚嚇過度就站在原地」（我很快就會知道為什麼有這則規定了）。接著他交給我另一張紙卡，有三段很長的英文文章，他重複指著文章，大聲且激動地說話。我緩慢地理解他的手勢是表示：「你必須要看這個，這很重要。」

大起雞皮疙瘩的故事文本

我在日本去過的所有鬼屋，除了花屋敷寥寥無幾的懷舊照片之外，都要求我閱讀或看一些長篇說明以了解背景故事。在暗黑病棟，我必須坐下來看一段影片（非常血腥又寫實）描述那裡曾發生的慘案與留在此處的邪靈。也許台場怪奇學校也是其中一種。

我搞不太清楚。平野幽靈完全沒有說英文，我也完全不懂日文，只能憑藉其表情與音調的線索。根據詹川（Maria Gendron）、羅伯森（Debi Roberson）、范德維爾（Jacoba Marieta van der Vyver）和費德蒙（Lisa Barrett Feldmon）所言，[16]表情與音調在不同文化間可能也會有很大的差異。當詹川和同事們請納米比亞西北部與世隔絕的辛巴族人們，依據西方人的聲音來判斷其中的情緒，他們能精準地判斷基本的情感（是正面或負面），但無法分辨特定情緒（生氣、害怕、驚訝、高興、難過、厭惡）。我們透過社會化學習如何分辨某人正在說諷刺的話（在日本是比較不普遍的習慣）、某人是喜極而泣，或是某人「故做害怕」（fun afraid），而非真的受到心靈創傷。

關於肢體動作，[17]崔西（Jessica Tracy）和同事發現有些證據顯示存在「全球通用」的動作——舉例來說，慶祝時將你的雙手伸向天空（就連盲人運動員都會這麼做）或是伸出雙手抓住某人——但是用力程度、距離，以及有時候一個動作的意圖都有其社會腳本。在日本，和人視線接觸太久會被視為一種侵犯；當你要把物品交給別人時應該使用雙手；還有，對一些旅客來說這很令人驚訝，在美國代表OK的手勢（食指與大拇指接觸，另外三隻手指伸直），在日本則代表「錢」的意思。

平野幽靈要我閱讀的故事內容與學生有關，包括一個年輕女孩（雪人形）被邪惡的老女人囚禁並虐待，以及一個小男孩在學校上吊自殺等。學校因為慘死的人而被詛咒，現在有邪惡並心懷恨意的鬼出現，我的任務就是進去打敗惡靈並解救被囚禁虐待的女學生。我的工作並不簡單，必須面對惡靈，必須要勇敢。我得到一些工具來輔助：一個手電筒替我照路，以及一張符咒，這是用紙做成的護身符，上面有神道教的文字可以消除惡靈。[1]我必須找到校舍中的火堆，唸出符咒上的經文，將它丟入火中，消滅惡靈並解放女學生。

---

1 有許多日本人會在家裡貼符咒，防止惡靈進入。

光是看完故事我就起了雞皮疙瘩。平野幽靈將手電筒與一小張薄薄的符紙交給我，帶我到入口，指著符咒上的文字並大聲唸出來，接著指指我，我便複述一遍。他搖搖頭，更大聲地唸了一遍，我又重複一次，接著我們再重複兩次，每一次都更加大聲。我的心跳愈來愈快，抓緊手電筒（這次我不會再把它弄丟了），同時將符咒拿在胸前。我要勇敢地面對裡面的惡靈，找到火堆，複誦經文，並看著符咒收妖驅魔，拯救女孩。我感受到一波腎上腺素。他微笑並拉開了布幕。英雄上場的時間到了。

真實的恐懼

我走過布幕，馬上就被一連串設計精細的效果嚇到：氣笛喇叭、閃光燈和一陣噴氣。我慢慢走過狹窄的走廊，手電筒提供細微的光線替我對抗黑暗。我不停地從左到右檢查會不會隨時有東西彈出來。我像顆灌飽了氣的球，緊張地看看牆角：警報解除。我走了一下，將手電筒照向長長的走廊。

當我看見小小的手電筒照到一個很高的女人，她穿著破爛的白色長洋裝，眼睛被長及腰部的髒亂黑長髮遮住，我倒抽了一口氣。那個女人正好站在手電筒照出的圓形光圈裡面。我站著不動，驚訝地張著嘴。要繼續走嗎？我向前走了一步，瞬間她開始全速衝刺，手臂向前伸著，筆直地向我跑來，我開始驚聲尖叫，本能地後退直到撞上身後的牆，後面沒有地方可以走了。我緊縮在角落，手臂和肩膀都縮到胸前，希望可以躲開攻擊。「我的天啊！」我尖叫著，「我的天啊！我的天啊！我的天啊！」

從第一次排隊，我就注意到日本鬼屋的不同之處。不像我在恐怖屋牆壁後面看了七年的美國人，他們會直覺地排成一直線向前走，就如同回到小學般；日本遊客會圍成半圓形，慢慢地移動——非常慢——並一起通過設施。當鬼怪襲來時，美國人會嘗試自救。我們會尖叫、奔跑，會把雙臂舉到空中或抱在胸前——就像我被鬼攻擊時一樣。日本的遊客團體則不同：他們會擠得更近、小聲地尖叫，以及往地上蹲得更低。在暗黑病棟，有一組年輕男子走到最後的場景時，完全是彎著腰並幾乎要跪下來了。

這種反應代表集體主義（collectivism）傾向，[18]是日本很有名的文化價值觀，舉例來說，生病的人都會戴口罩，保護其他民眾不被他們的病菌傳染。在波哥大，我發現大家習慣靠得緊緊的，不管是和朋友或陌生人一起被驚嚇，而且大家的表情都很誇張。例如，在薩利特雷魔幻遊樂園（Salitre Mágico）的「恐怖城堡」（Castillo Del Terro，我在波哥大唯一能找到的鬼屋），快要逛完時，我後面的女士兩隻手環抱住我的腰，頭藏在我背後，而前面的女士則是往後倚著我，我的頭幾乎靠在她肩上。每受一次驚嚇，大家就高分貝尖叫並靠得更近。我們一起跳起來、向前推，甚至跌倒，這是恐懼的人海衝撞（mosh pit）。

但在這奇異的小型日本鬼屋，只有我一個人。前面沒有人可以讓我躲藏，沒有人可以讓我抱住，沒有人可以抵擋後方或前方出現的驚嚇。就只有我，和一隻暴怒的鬼。

在我追求刺激的多年間，從沒在鬼屋裡遇過任何怪物迎面向我衝來。這不是純屬巧合；鬼屋演員通常不會由前方全速衝向遊客，因為遊客會後退（造成人群騷動），偶爾還會演出全武行（有人會出拳揍人）。基於這些理由，在美國最好是「嚇得人們往前跑」，但台場沒在管這類規矩。一隻鬼衝著我來，我被嚇到快昏了。

惡靈突然剎住腳步，距離我鼻尖不到兩英寸。她少說比我高了七或八英寸，從披散的長髮後，我聽見她用低沉、咆哮的方式呼吸。我發出嗚咽，嚇到全身顫抖。此時，就如同她快速衝向我，轉眼她就消失了，白色長袍在她身後飄揚，融入鬼魅的黑暗之中。這場人鬼相遇應該不超過二十秒鐘，感覺卻像永恆。[19]

我待在東部州立監獄的黑洞時，對時間的認知也變慢了，可能是因為刻意專注於自己的感受上——更別提我的肌肉疼痛得要命。換句話說，我的島葉皮質極其忙碌。此時此刻，有兩個理由讓我覺得時間過得很慢：首先，這是全新體驗，其次，我整個人嚇呆了。我們對於驚嚇和新奇事物更加注意；我們必須創造全新的空間來儲存它們，或者試圖理解它們是否符合既有架構。以我來說，我必須在自己的恐怖鬼屋角色檔案夾裡，找出一個地方來儲存「橫衝直撞的怒鬼」。

牢記受到驚嚇的局面是有好處的，這樣將來我們才可以避開；當害怕時，我們對於那個體驗會有更多層次、更豐富的記憶。大衛・伊格曼（David Eagleman）進行過一項十分有趣的研究來檢驗這項理論，[20]包括請自願者往後倒，跌入安全網，而且身上沒有繫安全索。一如預料，人們覺得自己下墜的時間比別人長。巴海姆（Yair Bar-Haim）和同事們亦發現，面對溫和威脅（像是蜘蛛的照片）而感到焦急的人，會感覺時間過得比較慢。

我們需要編碼的體驗有著愈多細節與層次的話，愈會覺得時間花費較久。這正是為何童年的夏天感覺好像沒完沒了，然後隨著年紀增長，就感到時光飛逝。當我們年輕時，什麼事情都很新鮮，我們有許多影像、氣味、景象和聲音要記錄。但年紀大了以後，往往愈來愈少看到與體驗到新鮮或新穎的事物（但未必非得如此——去旅行吧！）最後，我們的大腦將迎面而來的物體視為威脅，所以感覺上時間變慢了，因為要設法處理和編碼每一個小細節，以作為將來之用。這些發現純粹根據人們在電腦螢幕上觀看圖片所得；我不禁猜想如果潛伏的威脅是這隻生氣暴衝的鬼，研究結果會是如何。

社會氛圍如何影響恐怖經驗

我站得直挺挺的，再次掃視面前的走廊。我必須強迫自己前進，但是走到走廊盡頭，需要轉進一個角落。我屏息等待著會遇上某個惡靈，但是沒人在那裡。當我放鬆下來，邪惡的鬼再度出現了，這次是從旁邊。她對著我的臉咆哮，但很快又離開了，可能是從一扇祕密門走掉。我又尖叫了，我的恐懼感比之前更加真實。在獨自一人的鬼屋裡，我被一隻鬼跟蹤了。

可是，我的任務還沒完成。我必須尋找火堆，解救小女孩。我用手電筒在長長的黑暗走廊到處照著，牆壁很破爛，像是被大鐵鎚敲打過。腰部以上的高度是結凍的窗戶，有些上面還有血手印。房間裡散落著各種校舍中的家具，椅子、桌子，還有鉛筆盒散布地板。有黑影經過窗戶，投射出陰影，然後從旁邊那道門竄出來。最後我終於彎過一個轉角，看見發亮並閃爍的光源，這一定就是火堆。

當我走近火堆時，高聲而低沉的雷聲響遍整個走廊，並在接近火堆時愈來愈大聲，將我包圍。突然間出現一道衝擊性的爆炸聲——我跳了起來並轉身。那隻鬼回來了，她的臉被我身後的火堆照亮，從後方朝著我衝過來，她尖叫又怒吼，雙手在空中揮舞。我馬上彈開，像動物般逃跑。她一路沿著走廊追著我跑向火堆，我大聲喊出咒語並把符咒丟到火中，一瞬間惡鬼便消失，而雷聲也停了。

走出鬼屋的最後幾步，我氣喘吁吁地經過一個寫著日文的標示，推測應該是拯救了被虐待的女孩與打敗惡鬼等文字。平野幽靈和售票員都在出口等我，臉上帶著微笑，而且還不只有他們。一定是我尖叫太大聲了，有一群人來到大門口看看到底發生什麼事。我一邊走出去一邊自己拍手，說著「這真是太棒了」，並點頭表示感謝。

我發覺並非要兩百個演員各自飾演不同的怪物，才能營造出將人嚇得屁滾尿流的鬼屋。只需要一隻鬼，無論走到哪裡都會追著你。這個小小的、只花上五分鐘的鬼屋，只有一名演員就讓我忍不住尖叫，並且覺得自己像回到了六歲。比起在美國去過的一些最有名的鬼屋，運用高成本的電動技術和二十英尺高的怪物，我在這個小小的鬼屋裡尖叫更多次。也許部分原因是我自己的狀態沒有調適過來和疲累，更不用說我感到困惑。

但我相信最關鍵的差別在於我非常沉浸於故事之中，感受到自己與那個女孩和鬼魂之間的個人連結。日本文化向來較重視未來，重視將時間和精力投注於說故事上，並知道這將會在未來有所回報。讓遊客加入劇情中去拯救別人，也更加反映出集體主義的觀點——不是自己撐下去並存活下來，而是要成為一名英雄。閱讀故事和踏進鬼屋前的準備時間，很有效率地讓我進入了警醒狀態：我既興奮又緊張，但同時也覺得準備好了。當第一次的嚇人效果啟動時，我非常投入於這個故事和場景，沒什麼能把我拉走。我是這份體驗中的一部分，而不只是一個被動的觀看者。我覺得勇敢、自信，而且是真正的無懼。

這天剩下的時間我在港灣探索，接下來就踏上長長的旅途向北返回飯店。因為不想再繼續坐著，我提早下火車並走完最後一哩路。那時大約是晚上十一點半，但我並不特別擔心安全問題。我走遍了東京，從新宿的街道到淺草的寺廟，沒有經歷到任何負面的社會互動。完全沒有在街上被騷擾、沒有遇到扒手，也沒有遇到粗魯或凶狠的人。人們甚至沒將腳踏車上鎖，直接停在街上，有時候籃子裡還放著個人物品。這真是讓人驚訝：在我的國家，當我挑選水果時，甚至不會讓購物推車離開身邊。如果是美國，晚上獨自走在路上，通常會預想許多假設的情景，並把防身噴霧拿在右手、手指放在噴頭上，準備隨時跑走。但是那天晚上走回去時，我覺得很安全。我走過大約四群看似日本上班族的人，其中有些人很明顯喝醉了、走路踉蹌，但沒有人對我說任何話。他們看來都會避開眼神接觸，不會吹口哨或是說：「嗨，寶貝，妳要去哪裡？」

在這趟多采多姿的旅行尾聲，回想起來，不禁覺得我所遇到的人們是那麼體貼、有禮貌。還有，日本人喜歡許多不同形式的恐怖遊樂設施，創造了如此毛骨悚然、令人不安的恐懼。我在想這兩件事情是否有關，以及一個社會客觀上的安全與恐怖事物之間如何產生連結。當我去哥倫比亞的波哥大後將會得到答案，但離開日本前我還需要再面對一種恐懼。

Part III

真正的恐懼來自何處？

我走入森林，因為我希望活得從容不迫，
只面對人生的基本事實，
看看我能不能領悟人生的教誨，
以免在我臨終時，才發現自己不曾活過。

——亨利．大衛．梭羅（Henry David Thoreau）——

第六章 當死亡如此靠近

——在自殺森林裡的沉思

我最早的記憶和骨頭有關。成長期間，我的每個週末都在母親娘家度過，就在外祖父位於巴爾的摩郡北方、面積一二三英畝的遼闊牧羊農場。我不知道那時自己多大，只記得還沒有長在田野間的野草高；兩個表哥問我想不想看看很酷的東西。我當然想！農場已經沒有羊，穀倉傾頹成廢墟。我跟著表哥們繞過轉角來到坍塌的石牆後面，他們蹲下來開始挖土。表哥們挖出來推到我面前的，並非我期望中的可愛森林生物。那是大約七英寸長、形狀狹長的灰褐色物體，上面有很多小孔，邊角圓潤。他們激動地脫口而出：「這是羊骨！」「你拿的是死羊的骨頭。血都流光了！看——這地方到處都是！」我丟開那根骨頭跑上斜坡，然後嚎啕大哭一整天（而且之後茹素十年）。就在那一天，我明白了所有東西都會死亡。

幾年後，我對這個教訓有了深刻理解，我摯愛的外祖母，總是準備好新鮮出爐的蛋糕、面帶微笑的外祖母，與阿茲海默症纏鬥多年後過世了。當我在敞開的棺木邊和她道別時，覺得憤怒又困惑。躺在柔軟白緞中的遺體一點也不像我的外祖母。葬儀社的人在她天生美好的臉孔塗抹厚重的遮瑕膏、腮紅和眼影。她看起來像另外一個人。我緊閉雙眼，試圖將這個影像從腦海抹去。但這些影像會緊跟著你。

兩年之後，她的丈夫，我那養羊的外祖父，與肺氣腫艱苦奮戰之後過世。又再過了兩年，整整兩年，他的兒子——我的舅舅猝逝。我母親的娘家悲痛欲絕。我站在廚房看著媽媽和舅媽們哭泣，打定主意再也不要理會死亡這檔事。我決定把它鎖在腦中偏僻的一角，在它企圖冒出頭時置之不理。到了十七歲，要殺死我名叫餅乾的愛馬時，我和媽媽說由她處理，不要告訴我。我沒有道別，獸醫來時，我沒有陪在牠身邊，也沒有在牠生命的最後時刻抱著牠。我拒絕想這件事。人會死；動物會死；我們繼續向前。或者說，我這樣告訴自己。

面對死亡的焦慮

如果難以預料是恐懼的根源，那麼死亡肯定是人類生存最恐怖的部分。臨終的話題和生存一樣重大，而且實際狀況基本上不可知。因此，幾世紀以來，臨終始終是研究、哲學、心理學，以及民間傳說的主題。人類大概從存在以來一直都在思考。對死亡與垂死的恐懼有層次之分。[1]

首先是死亡——不復存在的實際狀態——與垂死過程的差異。其次，害怕自己的死亡或垂死，與害怕摯愛之人的死亡或垂死，這兩者有差異。再其次，是害怕我們死後的靈魂會怎樣，以及我們愛的人死後靈魂又會如何。這些全都是無法確定的事，但還只是觸及皮毛：例如，你會怎麼死？死於火災還是溺死？被蛇咬死或在醫院安詳死去？遺體會怎樣？放在哪裡安息？誰來見證？碰觸？如何分解？會上天堂還是下地獄？會看到摯愛的人嗎？會在人間作祟，還是在煉獄徘徊？如果失去某個親近的人，你會有什麼改變？腦死、細胞死亡、生物性死亡，以及植物人狀態的差別是什麼？什麼時候道別？有很多要思考——太多了。這就是為何多數人竭盡所能不去想。

確實，如果不必想，垂死就不會那麼可怕。這是只有人類才做得到的獨特酷刑。[a] 正如厄尼斯．貝克（Ernest Becker）在一九七三年所著《拒斥死亡》（*Denial of Death*）中的名言：「就是這樣的恐懼[2]：從虛空中湧現，有了名字、自我意識、深層的內在感覺，以及內心對生命與自我表達的痛苦渴望——擁有這一切卻還是得死。」所以該怎麼辦？我們創造文化、宗教，以及論述，賦予生命和死亡意義，解釋世界的創造、人類的存在，以及過著美好、有意義的人生意味著什麼。我們牢牢抓住這些故事，緊抓著天堂與地獄、來生、靈魂永存、鬼魅與幽靈的領域，讓我們面對完全未知的將來時感到安心。文化與人際關係給我們一種自我意識與意義，並保護我們不受明知終將一死的焦慮困擾，這樣的概念是創造豐富理論觀點的基礎，歷經超過四百份研究的試驗與支持，統稱為恐懼管理理論（Terror Management Theory, TMT）。[3]

每一種文化都會創造自己的儀式，塑造個人對死亡與臨終的觀點，而觀點會隨著時間改變：從維京人將死者（連同活人獻祭）送出海的葬禮，到西藏人將死者放在山頂任由食肉動物啃蝕的天葬。峇里島有火葬，在壯闊的火化儀式中送出靈魂，吉里巴斯則有頭骨葬，將死者從墳墓中挖出並將頭骨取出，加以打磨，再獻上豐盛祭品，放置於家中的架上。死亡儀式是社區功能最重要的部分；儀式將所有居民聚集在一起，處理面對臨終的恐懼和不確定性。但文化一直在演變，當死亡儀式改變，我們和死亡與臨終的關係也隨之改變。

a 雖然觀察到動物會哀悼自己的死亡，甚至可能有死亡儀式（例如，躲起來孤獨死去），但只有人類——至少就我們所知——有能力針對自己的死亡做批判性思考並建立理論。

在美國，臨終已經有顯著變化。[4]幾百年來，病人與臨終者都是留在家中，身邊圍繞著家人朋友。一個人死後，整個社區聚在一起，進行反映其價值和信仰的儀式與習俗，讓人可以共同處理並加強彼此共有的生命意義。現在的病人則留在醫院或安養院，僅接觸到有限的家人朋友。社會學家梅勒（Philip Mellor）與謝林（Chris Shilling）[5]曾指出，醫生是以專業、科學，以及生物醫學的名詞談論臨終，而不是淺顯明白的語言；有些時候，家人朋友也一樣。我們以再做一次化驗、再多用一種藥物，或是再多一道程序，期望翻轉一切，擊退無可逃避的死亡。即使這些努力都徒勞無功，我們還是會用些如「失去最後一場戰役」的委婉說法，彷彿在結局之前，永生不死依然有可能。這些思維模式帶給生者一點安慰，但也從我們的社會意識中，去除了臨終的現實與身體的脆弱。

諾伯特·愛里亞斯（Norbert Elias）在《臨終者的孤寂》（*Loneliness of the Dying*）書中曾寫到，「從不曾有人如現今的社會般，死得那樣安靜無聲又乾淨衛生，也從不曾有這樣培養孤獨的社會條件。」[6]事實上，愛里亞斯發現，即使外人、朋友或遠親可以探訪臨終者，如今探訪意願也沒有那麼高了。死亡不再是鞏固團結與理解一種安靜隱密現象的社區事件，卻留給我們更多對死亡的不確定與恐懼。潔亞·拉奧（Jaya Rao）刊登在《美國預防醫學期刊》（*American Journal of Preventive Medicine*）的最新研究顯示，[7]全國健康調查中僅有二六%的受訪者有預立醫療指示，而認為即使希望渺茫，也要竭盡一切可能挽救病人生命的人口比例，則從一九九〇年起增加一倍。這擺明了就是不願意思考死亡。

諷刺的是，讓這種焦慮雪上加霜的，是已開發世界的人民壽命更長。我們的職場、家庭、用水與食物都更安全；[8]美國的暴力犯罪是四十年來最低水準；被謀殺或搶劫的機率還不到一九九〇年代初期的一半。美國人的預期壽命大約一百年來增加了一倍，而且光是過去四十年，嬰兒死亡率已經從每千名活產嬰兒二十六個死亡，降至不到七個。疫苗讓重大疾病得到控制，如小兒痲痺和天花，而現今外科醫學和藥物治療的進步，讓以前可能死亡的人，現在都能活得長久又健康。新科技為我們的身體謎題提供解答：我們可以更換骨骼和器官，甚至在實驗室培養新的骨骼和器官。

奇怪的是，所有成就卻讓已開發世界的人對臨終更加焦慮，而且不限於美國人。舉例來說，針對加拿大人的一項研究發現，[9]人活得愈長，對早逝就愈恐懼。研究也顯示，一般人對自己死亡時間的預估比可能情況早，女性低估自己死亡的年齡達十一年之多。調查對象也誤以為，自己的死因會比該國統計的結果更加痛苦與不正常。因為我們將死亡的經驗封鎖於日常生活之外，只在死亡驟然痛苦發生時才會看到——我們因而認為那些悲劇比真實情況更普遍。

大體來說，我們的期望已經改變，所以現在不但希望看起來年輕貌美，感覺精力充沛，保持聰明機敏，還希望永生不死。我們移除的威脅愈多，剩餘的威脅就愈顯得恐怖。[10]我們愈重視和執著於年輕與貌美，面對必然的死亡就愈困難。

去一個存在死亡的地方，以便更瞭解死亡

我逃避死亡的策略似乎奏效。有更多家族成員去世，更多寵物安樂死。我甚至有個朋友企圖自殺，儘管感到同情，但天地間有個巨大空虛的黑洞，讓多數人填入有關死亡的焦慮、恐懼和哀傷。在我十四歲那年，即使姊姊的車子翻滾掉進了水溝，看著車門彈開，我們跌下斜坡，我卻在日記裡寫著：「我們轉過一道彎，結果翻車，翻滾之後反彈掉進水溝。我以為如果能把車子拉出來，就不必讓任何人知道，但後來看到車頂凹下、車門爆開……我覺得很好笑，說實話……這不是很奇怪嗎？」

在某種程度上，我一直知道自己對待死亡的態度並不健康。遇到死亡，我完全理智，毫無情感。我在西恩塔上漫步期間，努力不被情緒腦控制，但現在我要做的正好相反。我必須由情緒理解死亡，並非只是為了我的人性——雖然那肯定也是重要目的。但如果拒絕真正參與死亡，我要如何成為恐懼專家，又如何在一個存在連環殺手、殭屍與鬼魂的鬼屋工作？但我逃避的本能很強烈。我無法在殯儀館、墓園或戰爭紀念碑面對死亡——那些都是為了慰藉生者的地方。我得去個不會讓我逃走的地方，將死亡放在正前方，強迫自己面對浮現的任何感覺。我想去個死亡存活的地方，一個不但會面對死亡、更要尋找死亡的地方。

我只知道一個地方能完全做到，而那個地方與我居住和工作之處距離幾千英里：青木原樹海

（Aokigahara Jukai Forest）。[11]座落於日本富士山山腳下的青木原是一大片濃密蓊鬱的森林，以寧靜優美著稱。占地十四平方英里的廣大面積很容易迷路——事實上，當地商家和居民大多會睜大眼睛，留意在那裡過夜的車輛。青木原是僅次於金門大橋，全世界排名第二的熱門自殺地點，在當地和國際間都被稱為自殺森林。[b]

青木原是那種介於生與死的空間——人會消失在其中的寂靜、靜止之地。我到過一些你可能會如此形容的地方，例如墓園或鬼屋，以及不少危險的地方。但青木原有些不同：在這裡，死亡並非你會害怕的事，而是你可能選擇的事。為了理解死亡，以死亡明顯需要的專注和尊重真正去思考，瓦解我為了抗拒思考死亡而建立的障礙，這是我必須體驗的地方。

我的朋友基於各種不同理由而驚恐，深信我會死在那裡。靈修的朋友擔心我會被充斥於森林之中的負面能量擊倒而自盡。超自然狂熱分子朋友相信，會有鬼魂、幽靈或某種森林生物殺了我。學術界的同行擔心我會迷路，不是因為暴露在荒郊野外而死亡，就是企圖向其他旅客求救，結果被謀殺或綁架勒索。當然，也有人認為我去那裡是為了自殺。我是唯一完全不擔心的人，而這才是問題，因為我知道那是謊言，也正是我必須去那裡的原因。

---

b 每年會在森林裡發現大約一百具屍體，但自殺成功的數字很難確定。自從二〇一〇年有二百四十七人企圖在森林自殺，當局擔心公布只會增加這個地點的人氣和吸引力，因此不再發布官方數字。

前往森林本身就是一場冒險。造訪青木原的想法，讓小小的運輸決策似乎變得超現實，甚至有些黑色幽默。什麼日子探訪自殺森林最好？早餐後去嗎？前一天我是在富士急高原樂園裡，搭雲霄飛車高聲尖叫了一番。我考慮搭乘森林和樂園之間的公車路線：那可能是「刺激治療」（thrill therapy）路線。我立刻對這種漠視他人感受的想法感到愧疚，但有部分還處在那個又叫又笑一整天的身心亢奮狀態。我這樣會很可笑嗎？這樣不道德嗎？我不知道，這讓我更堅定要繼續。

我搭了一連串的火車和公車，忍不住好奇身邊所有人的目的。有沒有可能車上哪個人是要去自殺的？但是每轉一次車，乘客就少一些。事實上，在我搭最後一段公車的車站，我是唯一的乘客。我感覺踏上公車時，背後有一群年輕女子盯著我，因而恍然發現我才是那個引人注目的人。我呈現所有警示訊號——外地人、獨自旅行，以及沒有穿著登山裝備，全程安靜無聲。

我找到座位，努力讓自己在車上幾名乘客的眼裡，看起來像個快樂的觀光客。我不希望有人以為我要去自殺，或是去掠奪別人東西的討厭鬼。這是青木原另一個讓人不安的現實：知道那是熱門的自殺地點，有人進森林是去劫掠死者的貴重物品。更糟糕的是，有些是去尋找駭人的紀念品，如骨骸、絞索，以及非常搶手且有利可圖、發現「真正」自殺死者的影片。

這聽起來或許有些怪異，也頗駭人聽聞，但確實有人愛好真正的影像和死者的物品。這一點有幾種似乎可信的解釋：一個是第三章討論過的吸引／排斥力。但研究人員梅勒與謝林認為，由於真正的死亡如此遠離我們的生活經驗，所以我們會尋找讓未知更可知的地點和影像，使我們更有安全及掌控的感覺。正如蘇珊．桑塔格（Susan Sontag）在《旁觀他人之痛苦》（*Regarding the Pain of Others*）一書的名言[12]：「倖免於重大不幸的感覺，激發對觀看痛苦照片的興趣……而觀看那些照片暗示並強化倖免於難的感覺。」這似乎違反直覺：我們每天淹沒在悲慘可怕的死亡故事，以及電影、電玩、電視的虛構呈現，因而變得習以為常或麻木不仁。但隔著距離被動或象徵性地參與死亡，不同於正面遭遇現實。

我在農場長大，死亡隨處可見，因此很快就明白，死亡和大多數東西一樣，與電影裡的情況並不相同。從固定在馬廄留下老鼠和鳥類殘骸的家貓，到宰殺後掛在乾草棚裡的鹿，身體被劃開而流下一整桶的鮮血（這是一種驚喜），那是不一樣的。但多數人並不知道屍體是什麼氣味，經過一天或一星期後又是什麼樣子。大部分美國人看到的遺體是化妝並防腐過的，通常無法辨認，就像我的外祖母。因此，現在的年輕人在銀幕上看到的屍體或殘肢，或許比一百年前的年輕人更多，但他們從來不曾殺過一隻動物，或感受到動物的鮮血流在手上，也不曾看過動物死亡時的眼神。這些也不是我們必須做、應該做，或應該讓其他人接觸到的事。然而，這解釋了我們現今遇到真正死亡時會有的大問號。根據針對黑暗觀光[13]的研究，一般人去恐怖場所是想對死亡有更深刻的理解。但就我所知，我們不需要靠著感受真正的鮮血流過雙手，或是與屍體共處一室來理解死亡；只需有足夠的勇氣面對死亡。

我體認到這就是我在做的——去一個死亡存在的地方，以便更瞭解死亡。不過，去一個類似青木原的地方專注處理情感——失去某人的悲傷，或者說恐懼或愛——和剝削悲劇謀取利益，無論是從屍體搜刮東西，還是企圖記錄某人生命最卑微、最私密的片刻，這之間是有差別的。我無意遇上死人，但決定要是遇到了，不會拍照、蒐集或分享任何訊息。我去那裡是要面對自己的恐懼，加深對死亡的理解。不需要打擾別人的生命。

終於，我獨自在公車上，看著太陽燦爛照耀在宏偉的富士山頂，這時一個可怕的念頭進入腦海。如果遇到一個沒死、但考慮死亡的人，或者更糟糕的是垂死之人，我該怎麼辦？這對我來說，比發現屍體甚至是自己垂死更恐怖。萬一我救不了對方如何是好？我不會說日語，手機也收不到訊號。閃過腦海的可怕念頭包括：狂亂地企圖解開繫得太緊的結，或是舉起哪個太沉重的傢伙。萬一我無法止血怎麼辦？萬一我無法迅速找到救援怎麼辦？

我在腦海中重播美國心臟協會（American Heart Association）的胸部按壓心肺復甦術影片：快速按壓組成「要活著」（Staying Alive）的節奏（真是貼切）。我的呼吸（其實是換氣過度）自然跟隨，與節奏一致，而且第一次對進入森林感到緊張。所有恐怖或黑色幽默都被真正的憂慮取代；我可以應付發現死屍，但認為自己無法應付目睹自殺。我這次無法無視死亡或逃走，而想得愈多，人就愈焦慮。我的情緒似乎開始啟動，第一次覺得或許這不是什麼好主意。

青木原樹海：刻骨銘心的死亡感受

我在一個小站下了公車，獨自站在路邊，巨大的富士山籠罩於背景之中，矗立在我的面前；一個幾乎不真實的地方，蒼翠遼闊又靜謐。富士山其實是三座火山互相堆疊，因此森林的地表大多是密實的深色火山岩，迫使樹木的根部得纏繞著緊抓住任何隙縫，尋找可以支撐固定的定點。萬物都籠罩在一片露水之中，當陽光穿透樹林，光線從閃亮的岩石、墨綠的苔蘚、鮮綠的蕨類，以及覆蓋地表的矮樹叢回彈反射。整座森林色彩繽紛又靈動萬分，景色的確神祕。尚未踏進林中，我已經明白為何有人說這裡是完美的尋死地點。

那是日本作家鶴見濟在一九九三年的暢銷書《完全自殺手冊》中寫到的。[14]一般將青木原之所以變成日本第一熱門自殺地點，歸咎於他的作品，以及松本清張一九六〇年的小說《黑色樹海》[15]，故事結局是一對戀人在森林中自殺。在青木原發現的遺體旁邊，常常可以看到這兩本書。不過這座森林的誘惑並非始於這兩本書。日本神話將它描繪成充滿神祇之地，與靈界關係密切；事實上，許多宗教團體和邪教都將這座森林當成根據地。[c] 這些甚至不是青木原最黑暗的事實。它在十九世紀是以稱為「姥捨」的棄老行為[16]聞名的地點，也就是將年老體弱的人丟棄在森林中自生自滅。這座森林據傳還是地獄的七道門之一。最後一點，為了避免玷汙住家而將滿腹怨氣的鬼魂留給摯愛的人，企圖自殺者索性前往森林，讓靈魂作祟折磨所有踏進森林的人。

我四下張望了一會兒，試圖確認位置。接著邁步走向一條小徑的入口，打算從小徑中途岔開並（安全）探索。我讀到的資料顯示，已經增加對森林的監視，每天有人巡邏，入口還有監控攝影機，只是我還沒看到，也沒發現攝影機。但確實看到有個標語讓我心跳漏跳一拍。標語是以日文所寫，但我明白意思：「認真想想你的孩子、家人」，以及「不要獨自為問題痛苦煩惱。請尋求諮商。」發起標語的人曾進入森林企圖自殺卻又回頭，並展開覺醒和預防活動。我忍不住想，如果我遇到人會怎麼做。我很緊張，腦中閃過各種劇本。

自殺並不表示這個人不害怕死亡。不過，瞭解何種原因會導致自殺，確實能讓我們多瞭解社會對生與死的關係。在基督教最盛行的美國，自殺被視為一種罪，會遭受永生在地獄焚身的懲罰。自殺在非宗教的世俗世界也是禁忌；被認為是個人最懦弱且自私的行為之一，令家人蒙羞。當然也是不合法的。這些禁忌似乎有種效果——許多美國人即使景況再悲慘，也選擇活下去。但自殺行為確實還是存在。二〇一三年，美國以每十萬人有十二．六人死於自殺而在世界排名第三十。[17]排名高於英國、愛爾蘭、德國與加拿大，但遠低於日本的每十萬人有二一．四人死亡，或每天約七十人，而且七一％是男性。在日本最常被列為自殺原因的理由相當熟悉：經濟負擔、憂鬱症和愛情，與全球各地的原因類似。那麼，什麼原因導致日本人更可能自殺？

日本有點像矛盾體；在開發程度相仿的十七個國家當中，它的死亡率最低，暴力程度也最低[18]（美國二者皆為最高）。然而，即使自殺對多數日本人來說是禁忌，該國卻始終名列全世界自殺率最高的前十大。有部分可溯及歷史與傳統看法，在某些情況下將自殺視為光榮的死亡，無論是為了逃避被俘虜（例如武士和切腹自殺）、戰爭行為（神風特攻隊），還是避免讓家人蒙羞。儘管不算普遍，但這種觀點至今依然存在。舉例來說，二〇〇七年有位政府官員因犯罪受調查而自殺，結果東京都知事公開稱他為真正的武士。[19]二〇一四年，知名學者笹井芳樹[20]捲入一起與幹細胞研究有關的醜聞而上吊自殺，他在遺書中聲稱，覺得對研究團隊有沉重的責任。

c 一九九五年在東京地鐵製造沙林毒氣事件的邪教／恐怖團體奧姆真理教，就將總部設在富士山山腳，他們在那裡殺害一名邪教成員逃脫的兄弟，並儲存化學武器和槍枝。

日本文化在本質上比美國文化更有團體意識；[21]日本人重視強烈的責任感，但不看重個人的需求和意見，而是將社會與家人的需求和意見擺第一，分量也重得多。那些少數自殺的人通常認為，這是為了家人而做出正確的事。[d]此外，許多與憂鬱症和自殺相關的情緒，例如脆弱無助、軟弱和憂鬱沮喪，直到不久前才被視為有問題，是需要幫助的徵兆。[e]

日本的情況正在改變。[22]二〇〇七年有三萬三千九十三人自殺後，政府終於採取行動，誓言十年後將自殺率降低二十%。政府的措施包括媒體宣傳、自殺諮詢熱線，以及在地鐵安裝藍光燈[f]，而確實發揮了作用，從二〇〇九年起已有減少（二〇一三年為二萬七千二百八十三人），但在二十至四十五歲男性的死亡原因依然名列第一。[g]

我一踏進森林就不得不停下來。真的是令人屏息。我望著小徑以外的地方，無法分辨哪裡是地面的盡頭，哪裡是樹木的起點。樹幹、樹根與覆蓋著綠色苔蘚的火山岩，甚至還有殘雪，互相纏繞糾結而使森林地表看似有生命，但又安靜得詭異。這是我見過最接近神祕森林的地方，難怪是日本最神聖、有靈性的地點之一。

我又走得更遠一些，留意可以岔出小徑、更深入林中的地方。我發現有個路口，於是找來一根長棍子，插在兩塊岩石之間的地上當路標。可以說，我並不是第一個想到離開麵包屑小徑的人。許多進入森林自殺的人，會在一棵樹上繫上細繩、繩索或膠帶，一路帶著走。有些人這麼做是為了萬一改變主意，可以循原路回頭，或者當成指引，領人找到他們的遺體。當地官方與義工在清除遺體時也利用這種方法，結果在樹與樹之間留下由線繩組成的彩色蜘蛛網。我沒有看到任何細繩，除了地上一些有色膠帶的碎片。

從我的路標筆直走入森林，我本能地不時停下腳步四處張望，撿起石頭和木頭，但沒有發現從小到大一直在找的森林生物。最後，我看到自己要找的東西，一個由岩石和樹幹盤繞糾纏組成的完美天然座椅。一塊覆蓋著苔蘚、略微潮溼的巨大火山岩，就是我冰涼但完美的椅座，而樹幹厚實的

---

d 追求成功和養家的壓力在面對失敗時，可能轉換為歉疚和自我憎恨的極端感覺。日本上班族，又稱為受薪族（或職業婦女），工作時間和責力程度都超過健康範圍，但在有人變得憂鬱或過勞而需要協助時，卻不太能容忍或接受。這一點加上經濟問題，被列為男性自殺的主要因素。研究證實自殺和經濟負擔加重相關；事實上，森林裡的自殺求助專線就連結到債務諮商顧問。

e 向心理健康專業人士尋求治療，在日本依然被汙名化。直到一九九九年日本製藥公司明治製菓會社引進抗憂鬱劑之前，還沒有日文可以形容「輕微臨床憂鬱症」。禮來公司（Eli Lilly）在八〇年代就因為缺乏需求，決定不在日本銷售，但是隨著新的診斷結果「心之風邪（意思就是『靈魂得了傷風』）」引進，輕微憂鬱症成了「真正的」疾病，可用藥物治療。然而對人類情緒過度醫療，可能導致正常反應病理化，在這裡就是與需要治療協助的人做連結。現在憂鬱症大致已獲承認是一種病理問題，但對於解決這項疾病的社會面與情緒面，相關協助依舊少之又少。

f 研究人員不確定藍光燈為何有作用，但他們假設藍光燈對情緒有正面影響。

g 很重要的一點是，這個統計數據也反映日本人普遍享有安全及長壽。

大樹則用糾結成團的樹根充當兩側舒適的扶手。這似乎就是為了我而創造。我坐下，拿出日記思考死亡，或者說我的感覺。

四項關於死亡的思考任務

即便是在青木原這樣的地方，思考死亡也沒有聽起來那麼簡單。如果不留意或不專心，很快就會分心或害怕而逃避——這是我最初會直奔此處的原因。做類似這樣的練習並期待有成果需要耐心，甚至至有一點準備。所以我帶著好幾種不同量表、活動和日誌，幫助我直接面對。恐懼管理理論家使用許多不同方法，強迫人思考自己的死亡。我決定進行一個已知能產生正面成果的方法，而且是透過訪問曾有瀕死經驗（near-death experience, NDE）的人發展出來的。「死亡沉思」（death reflection）[23]要完成四項思考任務：（一）鉅細靡遺地將你的死亡形象化，（二）想像你會怎樣安排最後的時間，（三）回顧一生，並（四）想像你的死亡對家人會有什麼影響。

第一個步驟對我沒什麼困難——甚至還覺得有些趣味。我一直都想像自己會因衝動地做些太危險的事而死得慘烈：企圖在移動中的火車車頂跳躍過車廂，穿著滾輪溜冰鞋以極快的速度滑下陡峭斜坡，或是滑翔翼、激流泛舟、定點跳傘。極端事物將是我的結局。結果這項練習並非以我會如何死亡的詳細畫面結束，而是多了一份我想從事的冒險活動新清單。

但我仍未思考自己的死亡，這還不算。彷彿可以實際看到我在自己心靈建立的圍牆，將死亡隱藏在外。我企圖衝破圍牆，承認自己可能死於美國最常見的死因之一：癌症、心臟疾病或中風。結果使得練習二更加困難，也就是我會如何安排最後的時間。這時就需要紀律。我強迫自己經歷從診斷到治療的疾病進程，走到再也無計可施的命定之日。我要如何與朋友和家人道別？我想讓他們知道什麼？萬一我忘了什麼事呢？

這樣思考了幾分鐘後，我感覺眼睛湧上淚水。之後，我立刻覺得很蠢。我在做什麼？坐在半個地球以外的鬧鬼自殺森林思考死亡——為什麼？讓自己難過而哭泣？這世界到處都是生來境遇悲慘的人，而我走過千山萬水來想像自己的死亡。這有什麼好處？我要是在其他什麼地方，大概會站起來走出去，打開音樂，去過我的日子。但我不能離開，下一班公車還要一小時才會來。我告訴自己，這不過就是另一個新體驗，要繼續下去。這是嘗試新東西。

我會怎樣安排最後的時間？我的第一個反應是孤獨死去，不告訴任何人。冗長的告別聽起來太可怕了。但這個答案不過又是逃避的藉口，於是我開始思考要對人說什麼。接著，我突然覺得憤怒。這項任務根本做不到。到底誰說我得知道該如何安排最後的時間？怎麼會有人知道？我發現自己對著森林壓抑的寂靜喊出這個問題，用我的挫折粉碎森林的無聲靜默。

第三部分比較容易：我必須回顧個人過往，但我作了點小弊，自己也心知肚明。我按照時間順序回頭看自己的人生，而不是隨著情緒走。問題的用意是要人注意到未實現的夢想、遺憾，以及未能分享或探討的感覺，但那些實在多到無法處理，而且我很訝異經過前一個問題之後，竟然覺得疲憊不堪。不過，我告訴自己，至少我回答了問題，而且還沒有逃走。

最後的沉思是最難的，就是我的家人會怎樣處理我的死亡。我和家族並不親密，甚至不知道十一個表兄弟姊妹有幾個小孩、誰結婚了，或是他們都住在哪裡，連記起最後一次見到大部分的表兄弟姊妹都很困難。母親的雙親和兄弟過世後，家族聚會更少了，而且孩子長大之後也搬了出去。至於我父親的家族——不如說，每年去探訪他在佛羅里達的家族，我對恐懼的認識多過於這些年在鬼屋行業所學。不過，延伸家族那種疏遠、麻煩的本質，倒使我和雙親更加親密，而我知道，我的死亡會讓他們崩潰。

黛博拉・巴斯（Debra Bath）從研究中發現，[24]無論對自己的死亡有什麼感覺，一般人都害怕失去摯愛的人。我自己在分析鬼屋顧客的數據時也有同樣的發現，有些感想如「比起世上任何事，我更害怕失去自己的孩子。」我數不清母親說過多少次，她願意拿自己的性命換給我，而我知道她真的會。當我走在懸崖邊緣，準備做些愚蠢、危險或太過魯莽的事，都是因為想到雙親的傷心悲痛把我拉回來。不是我的恐懼控制我的行為，讓我得以安全存活，而是他們的恐懼。沒有他們，我相信我大概早死了。我們通常對喜愛的人比對自己仁慈。想想這多麼神奇，又透露出人類的何種訊息。我們生來就是團結更強大。

就在那一刻，我無限感激雙親堅定的支持與愛。我希望打電話告訴他們。我感覺對生命中的所有人湧現一股澎湃的愛與關懷。

坐在森林中，發現自己對著空無一人之處大叫，聽起來似乎很瘋狂，但我的反應在這項練習並非特例。我那洶湧澎湃的關懷與愛，更是典型反應。最新研究觀察死亡沉思的影響（採用和我相同的練習），發現受試者對團體比對自己表現得更慷慨、更關心。[h]但研究只是瞭解最遠可回溯至西元前三世紀斯多葛學派的哲學智慧：直接面對生命的有限，對靈魂有益。思考死亡可以讓我們成為更好的人。在回顧文獻時，肯尼斯．維爾（Kenneth Vail）等人[25]發現，「體認到生命必死，可以刺激人改善身體健康，並將成長導向的目標列為優先；實踐積極的標準與信念；建立互相扶持的關係，

h　在實驗室環境參與這項活動的人，有機會從供應量有限的抽獎券中抽獎，贏得一百美元；抽獎券拿得愈多會增加中獎的機會，而抽獎券拿得愈少，表面看來會留下愈多抽獎券給未來的參與者。在三個類似的調查中，參與者若一開始外在目標取向較強烈，死亡沉思會減少他們在供應量有限的抽獎券中拿取的數目。這些結果顯示，據稱在瀕死經驗之後導致人生有正面變化的因素，可以加以控制，並在處理死亡意識時，引導將優先順序重新調整為內在目標先於外在目標。

並鼓勵發展和平、慷慨慈善的社會；培養開闊心胸並有利於成長的行為。」他們發現，一般人會展現更多同理心、寬恕、慈悲、關愛、創意與包容，而且會採取更為平等的角度與認知彈性，意思就是他們更能欣賞不同的觀點。

維爾進一步回顧研究調查，顯示直接面對死亡可產生更多維護健康的行為。以委婉而鼓勵的方式提醒別人總有一天會死，一直被證明能鼓勵別人開始健身、停止抽菸、吃得更健康，並使用防曬用品。維爾指出：「總而言之，有意識地思考死亡，可刺激人努力減少感知到的脆弱，可能激發出改善個人身體健康的行為與態度。」這與老化相關研究一致，亦即隨著我們年齡漸長，開始領悟到時間有限，人會更加慷慨也更願意培養社會關係，專注於正面事物，減少負面事物。[i] 但不需到八十歲也能體會到時間有限，這在瀕死經驗或簡單思考死亡之後，就可能產生。

這些正面的結果為恐懼管理理論研究結果，提供迫切需要的平衡，那些研究結果著重於提起死亡時產生的負面社會影響。[26] 也就是說，如果眼前出現的影像、想法，甚至地點，會讓我們注意到自己終將一死，我們通常對外人會更防衛和更苛刻，也更緊抓著自己的價值，以及和我們有相同世界觀的人。基本上，我們會嚴陣以待。不過，這些研究的發現和背景脈絡有強烈關係：你是問一個紐約客死於恐怖攻擊會如何，還是問一個年輕女子死前想讓自己的母親知道什麼？這些問題會讓人進入不同的情緒狀態，觸發不同的態度與信念。

此外，我們可以改變對思考死亡的反應或行為。舉例來說，東方的靜坐冥想，加上各種新的宗教與靈修行為，以及正念（mindfulness）訓練，[27]可以將對抗死亡轉換成啟發刺激的提示，建立強烈互助的關係，堅持自己的個人標準，同時不斷設法成長並體驗新事物。

死亡警告

完成死亡沉思的練習之後，我繼續看自己從各種宗教文本、哲學作品和詩歌摘錄的一些引文。我瀏覽過那些詩人，讀了不少愛倫．坡、愛蜜莉．狄金遜（Emily Dickinson），甚至還有一些墓園詩人（Graveyard Poets）的作品——寫於十八世紀的英國，幾年之後，恐怖文字創作風行一時（正巧發生於哥德年代）。我的雙眼被那一頁底下最短的摘錄引文吸引：「死亡警告」（Memento Mori，「記住總有一天你會死」）。那是一句有名的拉丁引語，從二十一世紀禮品百貨店裡賣的亡靈節小雕像，

i 莫莉．麥斯菲爾德（Molly Maxfield）等人發現，年紀較長的成人在想起死亡時，對違反道德者更寬容。具體來說，在兩項研究中，對年輕（十七至三十七歲之間）與年長（五十七至九十二歲之間）參與者提示死亡或對照話題，之後請他們對在一系列小插曲中違反道德者提出懲罰建議。在死亡突顯性（mortality salience）觸發後，年長的參與者對違反道德者態度寬容，而年輕的參與者則較為嚴酷。

到中古世紀的基督教藝術都能看到。我以前讀過上百次，這次卻令我停頓下來。

儘管死亡沉思活動要求我專注於自己的死亡，但我沒有。不算有。我的沉思在於臨終垂死，而非真的死去。臨終是個社會過程，牽涉到人和人際關係，以及情緒處理。死亡是……呃，死亡是什麼？我能確定的就是，在某個時候，我將不再存在於人間。

不知何時，我拋棄了對萬能上帝和天堂的信仰。回想起來，大概是在主日學老師告訴我，《聖經》裡沒有妖怪的時候。從此我就丟下了那份信仰，我一直很嫉妒那些有宗教精神和虔誠的朋友，對自己信仰的世界觀那麼堅信不疑。但我無法理解，怎麼有人能夠認定自己心中的上帝或來生就是正確的。唯一我覺得能確定的，就是我們都將死去。其他全都是故事：也許是真的，也許是假的，但無論如何，都是被說來讓我們有某種感受。那正是我經常停止思考死亡的關鍵點。但這次我往前推進。**我所處的這具身體將會離開**，我告訴自己。**我現在擁有的想法將會消失。我愛的人和動物，以及我擁有的事物都將停止存在。我將不復存在。**

我看著雙手，有關死亡的想法變得可怕。我想像皮膚乾枯，變得像一層紙而剝落。我想像自己的身體冰冷赤裸地躺在森林地面，血變得濃稠深暗，牙床萎縮，透出尖牙似的牙齒。我看到動物過來享用我的殘骸，就像天葬或馬賽族放在山頂的屍體：野狗咬下我的肌肉，扯斷我的四肢，食腐鳥啄出我的眼珠並用力拉扯暴露在外的肌腱。之後是蟲子、蛆、蠼節蟲，以及腳多到數不清的昆蟲，會在身體的每個部分肆虐，鑽進鬆垮的皮膚底下，一路咬囓穿透整個軀幹。蒼蠅會過來，牠們會在我的屍體、頭骨裡面產卵。牠們的幼蟲會以我的大腦為食，啃咬所有我剩餘的思想、記憶、愛、欲望和祕密。到了某個時候，甚至食腐動物都不再注意到我。我的身體會被拋棄。

如果這些聽來令人不忍卒睹，用想像的就更加糟糕，更別說是在一個陌生的地方。我覺得被徹底擊倒。我緊抓著身邊的兩根樹根，緊盯著森林，看著那黑暗的頓悟不斷逼近。我恍然明白，此時此地坐在這張天然生成寶座上的記憶，將隨著我消失而消失。我幾乎就要喘不過氣。

我建造的心理圍牆正式倒塌。雖然沒有情緒封裝這種事，但思想和生理反應肯定有一條直線。隨著思想開始滿溢而出，彷彿塞得太滿的衣櫥般，就會連帶一大堆感覺。所有無法去做的事開始閃過腦海：我無法看到金字塔或中國的萬里長城，但更重要的是，我沒有機會和所愛的人建立更良好的關係，對他們述說我還說不出口的話。我無法繼續成長，成為更好的自己。我感覺一股巨大的悔恨，遺憾所有還未做的事與所有浪費掉的時間，以及所有逃避改變的機會，就只因為已知世界安全舒適。這樣是真的活著嗎？

我將雙腳蜷起，縮到火山樹形成的寶座，雙手緊抱膝蓋。我放任自己哭泣。哭了又哭，哭得比小時候更厲害。我開始為所有基於恐懼而封閉感覺，結果錯過的重要時刻道歉。我在不斷抽泣喘息之間，大聲喊出對餅乾的歉意，沒有在牠過世之際陪伴在牠身邊，而當那些字眼脫口而出時，我感覺胃裡一陣緊縮沉重，一種彷彿從內部被吸進黑洞的痛苦。痛徹心扉。我沒看到森林裡有任何會聽到我的聲音的人，但在那一刻，我不在乎。我緊抱著自己，在森林中嚎啕痛哭。

理解死亡，更能感謝生命

有些面對死亡的遭遇非常痛苦，也不是每個人的處理方式都一樣。有韌性的人很快恢復[28]並繼續自己的生活。至於其他人，特別是與死亡擦身而過的人，例如目睹謀殺或個人生命遭受威脅，創傷尤其深，他們較難用常見的調適機制，也就是緊抱著信仰和價值觀來理解發生的事、倚賴朋友，以及尋找對自我的信心。結果可能影響我們的心理，而我們可能失去信心，認為原本以為能保護自己的——世界觀、信仰和朋友——其實根本無法保護我們；生命的無助和脆弱暴露無遺。

湯瑪斯．葛林（Thomas Greening）曾寫到，「我們受創痛苦時發生了什麼事？[29]除了生理、神經系統和情緒創傷，我們的生存權利、個人價值感遭遇重大攻擊，尤有甚者，是我們對世界（包括人）基本上會支持人類生命的想法遭受重擊。我們與生存的關係支離破碎。」因此，正面遭遇死亡的受害者可能會避免任何聯想起事件的事物，經驗倒敘，人際關係退縮，情緒感受有障礙，對快樂享受的活動失去興趣，或是企圖以藥物或酒精自我治療。這些症狀的集合名稱很熟悉：創傷後壓力症候群（Post-Traumatic Stress Disorder, PTSD）。

恐懼管理理論指出，大多數人在面對自己的死亡時，會變得嚴苛批判，但結果發現有創傷後壓力症候群的人正好相反。匹茲辛斯基（Tom Pyszczynski）進行調查，[30]對象包括波蘭的家暴倖存者、象牙海岸的內戰倖存者，以及美國曾遭受創傷的大學生，結果發現面對自己的死亡時，有創傷後壓力症候群和近創傷解離（peritrauma dissociation，其實就是在創傷事件期間、甚至事件之前，有類似創傷後壓力症候群的症狀），對觸犯道德的過失沒有那麼嚴厲批判，並且對違反道德者更為寬容，在對外援助等議題也抱持較正面的態度。作者認為，這是因為他們的防衛機制有些問題，所以他們有「分裂性焦慮緩衝功能」（disrupted anxiety-buffering functioning）。匹茲辛斯基指出：「他們沒有透過象徵性世界觀防衛偏轉死亡威脅，而且他們在思考死亡之後，顯現受到困擾而不安。」基本上，他們直接面對死亡，之後覺得非常難過。

但也許這根本不是崩潰分裂，說不定是昇華改善。曾經掙扎著控制自己情緒的人，說不定現在對所有人類經驗和世界觀有更多體會。說不定他們對其他人更寬宏大量，是因為他們曾飽受缺乏寬宏之苦。說不定因為他們知道被不人性對待的感覺，所以行事更慈悲。說不定因為他們體認到人生苦短，最好心胸開闊、與人為善，不要防備和有偏見。創傷後成長的研究[31]支持這樣的理論：創傷性事件提供個人機會徹底重建自我，並判斷何者才是真正重要的事。不過，並非所有人都會如此發展，有些人可能之後會感覺遲鈍或是情感麻木[32]——未必是憤世嫉俗甚至心懷報復，而是什麼都不在乎或根本沒有感覺。

哭乾眼淚之後，我開始出現難受的頭痛，只好慢慢讓自己平靜下來。我盡可能往樹的基部退，雙臂盡量抱住樹根，試圖將每個影像和每種感覺都嵌入記憶。我永遠不想忘記這天。

在遠離家鄉半個世界之外的寶座上蜷起身體，我感覺生氣盎然，還充滿了愛，不光是對雙親，還有萬事萬物（可能是受到多巴胺和淚水中的腦素之影響）。我感覺安全、溫暖，而且比以往更感謝生命。我閉上雙眼，看到自己留在森林中的遺體，但此時我的骨骸經過日曬而變成耀眼的白色，森林地面將我的遺體吸收到土裡後，長滿了最漂亮的綠草野花。

我不知道死的時候會有什麼事，但現在不再一想到死亡就轉身逃跑，而是當成提醒自己的重點，要去感受。我在那一天殺死自己——只是在心中，但一方面也讓我想到在現實中有可能這樣做。正面面對我們有一天將死亡的事實，有助於欣賞生命的恩賜，以及他人的愛護與支持。但體認到你有能力殺死自己，有力量終止自己的生命，又讓生存進入一個全新的視野。體認這個簡單的事實能帶來如此巨大的力量，所以每一天都是我們的選擇：你要生存還是死亡？如果你要生存，又是為了什麼而生存？

我感覺對自己的生命與身體有一種深刻的掌控和自由。在青木原感受到的諸多感覺中，這或許是最難解釋的。那不只是感激活著，或者感覺被自己對這個世界的愛給淹沒；那是一種我從未體驗過的自我擁有。我不再隨波逐流。這是我的人生。

我還是很擔心往外走的路上會遇到打算自殺的人；即使經歷這一番沉思冥想，我還是不確定要說什麼。但我現在相信自己會說些由衷的話，慈悲同情、真心誠意且真實的話。每個人都要建立自己與死亡的關係，對我有意義和對你有意義的，可能完全不同。而這正是生命之美（我還是需要求助，因為憂鬱症是一種嚴重的疾病，需要專業治療，而不是靠一個過度情緒化的社會學家言不及義的漫談）。在那一刻，我知道餘生都會做自己真心想做的事。用白話來說，這樣聽起來或許自私，但意義遠超過放縱——而是代表活得充實有意義。

最後，我站起身，拉開黏在腿上的溼褲管，從火山岩樹寶座的基座地面撿起一塊石頭，放進口袋裡，對著森林輕聲說出幾個字：記住總有一天你會死。

第七章 暴力攻擊下的顫抖——高犯罪率地區的創傷反應

二〇一四年美國國務院[1]針對前往哥倫比亞的旅客發出以下聲明：

美國國務院認為波哥大是一個高度充斥恐怖主義、住宅與非住宅犯罪和政治暴力的地方。因為恐怖分子與其他犯罪集團攻擊的潛在可能性，美國國務院針對此國的所有區域持續發布旅遊警訊……

罪犯在進行犯罪行為時會迅速訴諸肢體攻擊，而且通常會使用刀子和槍械……

偷竊和攻擊經常發生於大眾交通工具上……市區公車經常發生

重大意外，造成嚴重傷亡……

美國人一直是外國人之中具吸引力的綁架目標，因為美國人被認為是富有的，並且對左翼分子而言這被視為具有重大的政治影響力。不論是職業、國籍或其他因素，都無法逃離被綁架的可能性。美國政府高度重視被綁架的美國公民之人身安全，但是美國政策不會對綁匪讓步。

這則警訊在我出發前往波哥大的兩週前發布，其實並不令人驚訝，因為波哥大這些日子以來已是最夯[2]的旅遊景點，但是它仍未從世界謀殺與綁架首都的名單上除名。這也許不會被放入旅遊手冊資訊，卻讓波哥大成為科學研究恐懼的理想城市。當你在現實生活中很有可能面臨死亡或暴力綁架時，還會去鬼屋尋找刺激嗎？當你的社區在一、二十年間突然變得安全了，你的態度會如何轉變呢？我打算與人類學家、歷史學家、社會學家、政治學家和心理學家進行訪談，同時盡可能搜尋一些「有趣」的嚇人活動，但除了生理刺激之外（滑翔翼、泛舟和高空跳傘），這個城市並沒有其他選擇，後來我才明白原因。

惡名昭彰的波哥大

波哥大幅員遼闊，共六一七平方英里，人口超過八百萬（部分數據估計可能超過一千二百萬人）。人口顯現大幅成長，從一九七三年的二百八十萬人到一九九九年五百四十萬人——可歸因於整個社會為了逃離恐怖暴力行動的左翼游擊隊，以及掠奪鄉村地區的右翼準軍事集團。當然也因為巴伯羅·艾斯科巴（Pablo Escobar）惡名昭彰的麥德林集團，這個二十世紀最殘暴也最富裕的毒梟。一直到二十一世紀的前十年，波哥大以持續不斷的政治暴力衝突與毒品和槍枝走私猖獗聞名。[3] 哥倫比亞人活在毒品恐怖主義、綁架、勒索、賄絡、詐欺和暴力的經年威脅之下，謀殺率從一九九〇年十萬分之三九，僅僅三年就提升到十萬分之八十。二〇〇〇年到二〇〇七年間，估計有超過一萬四千名哥倫比亞人和外國人曾遭受綁架，讓哥倫比亞成為世界「綁架之都」。

旅遊警訊足以讓任何人考慮再三，但我告訴自己國務院只是試著盡本分而已。我的情緒腦與理智腦開始對話：情緒腦非常害怕波哥大，而理智腦（前額葉）決定無論如何還是要前往。畢竟在任何地方都有可能被謀殺、搶劫或偷竊，不是嗎？再者，我提醒情緒腦，這個國家已有長足進展，例如政府與游擊隊團體之間磋商和平協議（雖然其中有個組織的確在二〇一四年時綁架一位哥倫比亞將軍），而且謀殺率已經下降到十萬分之二九。我的理智腦繼續說，抑制貪汙與改善安全的新提案風行草偃——二〇一三年只有二百九十二例綁架案。二〇〇七年，哥倫比亞甚至成立旅遊局，在國際上成功行銷哥國。外國旅客從二〇〇七年的六十萬人增加至二〇一三年的二百二十萬人。這是非常高的統計數字。

此外，我會和朋友們待在一起，他們都是哥倫比亞政治與文化的專家。我的好友，同時也是社會學家瑪荷・阿凡瑞思・雷瓦杜亞（Majo Alvarez Rivadulla），現在是羅薩里奧大學（Del Rosario University）的教授。她的丈夫，璜・卡洛斯・羅德里雷加（Juan Carlos Rodiguez-Raga），是安地斯大學（University of Los Andes）的經濟學教授，蘿拉・威爾斯（Laura Wills）也是安地斯大學的經濟系教授。除了他們三人，還有另外四個擁有政治學、人類學、歷史與心理學博士學位的朋友，我讓自己的情緒腦冷靜下來了。

我和瑪荷與璜・卡洛斯在波哥大的第一晚就是個全新的體驗。我以為在波哥大旅行就像在其他大城市旅行一樣（我曾去過紐約、羅馬、倫敦、巴黎、提華納與其他城市），只需要保持聰敏、眼觀四面，同時避開討厭的陌生人、財不離身就好了。但在這裡有一些讓人驚訝的事情發生，例如：並不是所有穿著警察制服的人都是警察，而那些計程車也不全是計程車。雖然貪汙下降，但是人心不古：真的警察仍舊想討賄賂，車子會輾過你，每個人都試圖給你假鈔。轉角處就可能突然變得危險，而那些手持機關槍的軍人——嗯，我很難說服自己他們是來保護我的。一組救命號碼便能迴避掉其中許多問題，一個可以在任何時刻求救的物品——我的iPhone手機。

這後來也變成一個錯誤。當瑪荷一看到我抓著閃亮的新iPhone 5c手機走進來時，她說：「喔！我也好想要iPhone手機，但它就是會被偷。妳絕對不能握在手上或是讓它被人看見。」貧窮肆虐波哥大，而且搶劫十分常見，尤其是針對相對富有的觀光客。其實我應該要把手機藏起來，任何時刻都不能拿出來——就像無關緊要一般。但即使這樣也無法改變我的根本想法。城市就是城市，而且我已經去過很多城市。我的理智腦仍然篤定地認為我的情緒腦就只是愛擔心而已。

生理差異與創傷經驗

超過半數以上（五十到六十％）的美國人[4]一生中會經歷創傷事件。[a]對大部分的人而言，當威脅過去之後，所有在戰鬥或逃跑反應中產生的荷爾蒙與化學激素會於六小時內降回正常值。在事件過後幾天，甚至幾個星期之內感到憂鬱、困惑和焦慮都是正常的。人類是極具復原力的物種，大多數美國人最終都能回到他們正常的內在平衡。但是八％的創傷受害者無法回到正常值，反而發展出創傷後壓力症候群。[b]為何有些人產生創傷後壓力症候群，有些人卻安然無恙（即便他們的創傷經驗相同）？透過進行這樣的研究提供真知灼見，幫助我們理解當害怕時，我們的頭腦和身體發生什麼事。目標是為了發展更好的介入方式幫助那些受創的人們，或更甚者，找出可以預防它的方法。

凱利・瑞斯勒（Kerry Ressler）與其在埃莫里大學（Emory University）的研究團隊，[5]發現那些能從創傷回到正常的人，他們的理智腦與情緒腦之間有較強的連結，也就是前額葉和海馬體（在邊緣系統）之間有較強的連結。這相當重要，因為當我們害怕時，為了生存會將理智腦的訊息置於一旁。這樣說也許過於簡化，但可以想像一部在跑道上加速前進的跑車，上面沒有駕駛員：油門踩到底，卻沒有明確的目的地。如果我們可以讓駕駛坐上駕駛座，就可以掌握方向盤，告訴車子當遇到彎道時要減速慢行，遇到平坦路面時可以加速前進。在一個危險的情境底下，這代表著我們的理智腦（確切的部位是壓制杏仁核活化的前額葉皮質內側）可以告訴我們自己：「冷靜。一切安好。我

a 這個百分比數據相差很大。有些研究人員認為經歷創傷者占全國人口數的三分之二，有些則認為是五十%。對於創傷事件的定義、樣本數、地點等差異都可能造成數據上的落差。大致來說，創傷急性期代表經歷、面對或目睹死亡，或者對自己或他人造成嚴重傷害。慢性創傷則是持續暴露於威脅中。創傷後壓力症候群的男性所經歷過的創傷事件，大部分與強暴、戰鬥、童年忽視，以及童年身體虐待有關。對女人最創傷的事件則是強暴、性騷擾、身體攻擊、被武器威脅，以及童年身體虐待。

b 創傷後壓力症候群的比例差別同樣很大。大約七・八%的人會在他們一生中發展出創傷後壓力症候群，女性（九・七%）的比例高於男性（三・六%），在退伍軍人身上的比例更高。統計數字不一，但美國政府預估曾在戰區服役的軍人有三十%經歷創傷後壓力症候群。對於一般退伍軍人而言，根據他們所派駐的單位和所參與的戰事，六到二十%的人在一生中會發展出創傷後壓力症候群。若想知道更多資訊，請參考退伍軍人事務部創傷後壓力症候群國家中心的網站。

們會度過的。」

基因也有其影響力，[6]特別是FKBP5，這和荷爾蒙反應有關。臨床神經科學家奈格．芬尼（Negar Fani）研究低收入戶、內城居民（這些人有較高比例的創傷經驗），發現在那些有FKBP5基因的人身上比一般人更容易發展出創傷後壓力症候群。受到威脅的時候，5－HTTLPR的基因表現會控制血清素濃度，此基因表現也與不同程度的壓力敏銳度互相關聯。研究發現那些容易製造神經肽Y[7]的人面對壓力的反應較好，因為當危機解除時，神經肽Y能關掉腦中的威脅反應。那些「高效率」的多巴胺類和鴉片類系統也都比較能面對壓力。其他和創傷後壓力症候群有關的基因差異，[8]包括大腦衍生神經滋養分子（BDNF）、單胺氧化酶（MAO－B）、戴脂蛋白E（APoE）、溶血磷脂酸經由G蛋白訊號調節因子2（RGS2）、y-胺基丁酸。事實上，根據雙胞胎研究，遺傳參數占了四十%的變異數，決定誰會發產出創傷後壓力症候群。

這些生理上的差異可以協助我們解釋為何同樣目睹暴力事件，有人在情緒和心理上完全被摧毀，而另一個人卻能於短時間內消化處理它，並且不會對日常生活造成太大損害或有任何長期影響（也有那種完全不受影響的人，我們會在下個章節討論）。然而，即使具備平衡良好、有效的荷爾蒙系統，以及所有「正確」的基因組合，若沒有其他人協助的話，我們面對創傷和日常壓力的能力其實極度有限。[9]人們需要彼此：朋友、家人、鄰居，這些非正式的社交關係，在我們身處壓力時，會讓我們感覺到被支持、被關心，以及被愛。當個人的世界觀遭受攻擊時，朋友和社群能夠提醒他一切安好。這在個人和社會的層次上都是真實不虛的：國民需要知道當遇到危險時，他們會被照顧與支持，也就是社會需要有受人尊重與信任的警力、政府、消防隊和宗教領袖。而安全網消失時，危機、創傷、壓力和暴力都會變得更難以處理。這也許說明了那些長期動盪的國家為何難以正常發展。

情境再現：暴力社區的驚懼回憶

第三天，我打算用一個下午的時間參加剛德拉里亞區（La Candelaria）的腳踏車之旅，這是波哥大最古老的城區，於一五三八年由西班牙征服者所建立。剛德拉里亞區是個優美的城區，鵝卵石羊腸小徑上坐落著許多天主教教堂，以及一排排古老、色調柔和的房子。這一區剛好位於波哥大市中心的正中央，周圍有很多知名的博物館、政府部門和大學。這也被認為是整座城市中最可怕的地區。

我和朋友蘿拉搭計程車去安地斯大學，我告訴她，自己可以單獨走完剩下的路至旅行社。她禮貌且堅定地問我是否記住地圖和她的電話號碼，以防我需要幫忙——我當然沒能背起來呀！自從十六歲開始我就記不得任何一組電話號碼，而且可能也從來不曾背過地圖，這些事情現在都是交給我的智慧型手機。「知道了！」我開心地回應、手上拿著手機。蘿拉表情嚴肅地看著我。如果我的手機被偷了呢？我能夠不靠GPS走到目的地嗎？

我覺得自己很蠢。瑪荷和璜．卡洛斯已經警告過我，但很明顯地，我並沒有把他們睿智的建議聽進去而採取相關行動。我完全沒有事先準備，很快地在手臂上寫下蘿拉的電話號碼和住址。我承諾我會沒事的；我可以自己走去目的地。「現在是早上十點。我會沒事的。」但是蘿拉並不信服，堅持要陪我走至少一半的路程。蘿拉是哥倫比亞的政治專家，也是當地與全國新聞臺的常客。就在一個星期前，她才見了二〇一四年總統大選的候選人。她告訴我，完全沒有任何不確定的神情，就是要備戰、聆聽和面對事實。我不想承認——無論是對自己還是對她，或對任何人——但這是許久以來第一次，我真的感到害怕。

蘿拉陪我走到進入舊城區的山丘腳下，在那裡她告訴我，走哪條路能到旅行社。當她一離開我身邊，我腦中開始上演「萬一」劇碼：護照在我身上，萬一有人偷了怎麼辦？我沒有帶提款卡或簽帳卡，因為獲悉綁匪會強迫你清空銀行帳戶，但萬一搶匪不相信我沒帶提款卡呢？萬一他強迫我帶他去放提款卡的地方呢？那是瑪荷和璜．卡洛斯的家，而且還有他們剛出生的嬰兒。萬一我穿的衣服太亮眼了呢？萬一有人以為我戴著的仿冒太陽眼鏡是真貨呢？

等到我走到旅行社時，已經完全忘了鬼魂、幽靈和超自然現象了。我完全沒有注意到身邊美麗的歷史建築物與四百年的教堂。我聳肩並抬高下巴、眼神直視，帶著那種「別惹我」的表情走著。

那時，就像我在西恩塔電梯裡所經歷的情境再現（flashback）一樣，腦中閃過一段影像，是一幕很久都不曾想起的畫面。

我在一個鄉間的中產階級郊區長大，那裡沒有人會鎖門；但成年之後有八年的時間住在一個高犯罪率的貧窮社區。[c] 那是身為研究生的我所能負擔的住宿。那八年間，我前後住在兩間不同的房子，我的輪胎被刺破五次，最後車子在家門前被拆毀。總是有人向我丟石頭、把垃圾丟在人行道上，並且我常被言語騷擾，不論他們是哪個種族的男人、女人、小孩或年輕人。至少被闖空門三次（其中一任男友的工具全被偷了，甚至還要去把它們「買」回來），而且報警是家常便飯。住在三樓、幫我整理房子的男人被槍射中頭部（不過他不是在家裡被射殺）。我種植的花被踐踏（在兩個家都一樣）、擋土牆瓦解、磚塊被丟在街道和我的房子上；子彈射穿我室友車子的擋風玻璃。當我羞辱那些拒絕來我家的人的同時，我在後院搭起圍欄，裝上警報器和攝影機，並待在房裡。我的房子終於變成堡壘。令人驚訝的是，不是對我的暴力攻擊讓我崩潰，而是人與人之間的衝突讓我再也忍無可忍。

二〇一三年某個夏末夜晚，我打電話報警，以前也這麼做過，因為路過的人在我房子前方和人

c 貧窮與暴力的關係已超過本書想要討論的範疇，若想了解的話，可以參閱耶魯大學社會學家伊萊加・安德森（Elijah Anderson）所寫的書面資料。

發生衝突，我從二〇〇七年開始就住在那間房子裡了。就像身處鬼屋那般，然而是完全相反的情況，我總是躲在門簾後，看著警察駕駛閃爍警示燈的警車靠近。街道變得安靜，而我像平常一樣伴隨挫折與焦慮上床睡覺。

隔天，我大約下午四點下班回家，看到至少二十個孩子站在路中間對著彼此咆嘯。明顯地，這是前天晚上事件的後續發展。年初時距離我家三個路口前，曾發生連續兩天的街頭混戰，大約有七十名大人和小孩[10]彼此殘暴鬥毆，造成多人受傷和被逮捕。餘波延續了幾個星期，我害怕同樣的事情會發生在家門前。

我把車停好，當我打電話報警時，看到這輩子都不會忘記的一幕景象：一個看起來頂多十五歲的年輕女孩，她的牛仔褲上有著粉紅色花朵、頭上戴著黃色髮夾，她把另一名女孩的頭重壓在人行道上。我的車窗是開著的，而那女孩的臉頰撞擊地上水泥的聲音，就像是一種無聲啃嚼，讓我的胃不斷翻攪。黃色髮夾的女孩之後試圖拉另一名女孩橘色細肩帶上衣的肩帶，想要將她拉起來，但兩人因女孩的重量而雙雙跌落地上，繼續互毆。之後的景象變得模糊不清：孩子們壓坐在彼此身上，拳打腳踢、尖叫聲四起。

就像死亡一樣，真正的鬥毆不像電影或電視上的打架畫面。這些鬥毆一點都不優雅；如果有打到人的話，拳眼不會直下。身體移動和跌倒的方式完全不自然；手臂和腳扭折在背後、脖子折成九十度角。但最震撼的差別是臉部表情。痛苦、恐懼和憤怒扭曲人們的臉龐，讓人真正且本能地感到驚顫害怕。就像我在前面章節所述，我們從一出生開始就學習如何解讀臉部表情；坐在車上的那天，我所看到和感覺到的只有恐懼。我哭了出來，在電話裡大叫：「拜託、拜託，請他們趕快來！」我驚恐地看著這一切，因太過害怕而無法走出車子，感覺到完全軟弱與無力。

我的心跳加速、狂冒冷汗，擦眼淚時手還在發抖。但當我再昂首回頭看時，所見到的畫面替我灌注了一種全新情緒。我身邊那些站在屋簷下與人行道上的人們，大人、父母和其他孩子並不像我那樣被恐懼所懾服——他們大笑著，而且還在錄影。我的眼淚立刻乾了，恐懼轉變為生氣，感受到一股強烈的憤怒自胸口湧現。

就在那時，三輛警車到了，所有人一哄而散。

我知道自己之後做的事情很愚蠢。我一直都是站在被報復的那端，因為我在前社區曾和警察說話。然而我並沒有逃走，反而起身作戰。好像靈魂出竅般，我看著自己走出車子，跑向警察大叫：「我看到事情經過！這一區剛跑進去的每個人也都看到了！」我轉身對著那些房子大喊：「這是錯的！為什麼我們要忍受這些？你們可恥！快出來停止這一切！他們只是孩子！」警察問我是否還好，我對他們大叫回答：「不好，我一點都不好。」

我回到房裡試著安撫自己，但只是再度掉淚。這樣的暴力事件可能是我人生中最可怕的經驗，相較於周圍人們的嘻皮笑臉和視若無睹，我不只心碎也深感困惑；但同時也讓自己和房子成了箭靶（從回到屋內後所聽到的那些對我咆嘯的言論得到驗證）。過去很多時候，我都無法決定到底留在室內比較安全，還是離開比較安全；如果離開了，我的房子就會被破壞或被搶，而且在我走向車子的路上也會被突襲。如果留在房裡，雖然我不會被突襲，但人們還是有可能會衝進來。

我覺得太尷尬了，所以沒有打電話給任何人，也不想把他們暴露在外，讓他們的生命財產受到威脅。我被恐懼所癱瘓，整夜失眠，偷偷地看著窗外。一輛警車停在街角，但它不會永遠在那裡。最後，我還是得離開。我還是需要上班，還是需要去採買日用品，還是需要繼續生活下去。過去在我內心曾有多次相同事情的天人交戰，另外還有其他成千上萬種內心掙扎。這一點都不好玩。

隔天我強迫自己走向車子，還有其他選擇嗎？但我好疲累，對每個夜晚上床睡覺會焦慮、起床感到恐慌，以及在自己房裡卻像囚犯一樣的種種狀況感到厭煩。兩個月之內我就搬走了，待在那裡的最後一晚，我包著毯子躺在客廳地板上（還沒簽下租賃解約書之前，我太害怕，不能讓房子裡面都沒有人）。我被鎖鏈碰撞和撞擊的聲音吵醒兩次，發現有人想打開我嚴密上鎖、停在房子外的搬家貨車。我感到心跳加快且胸口緊悶，告訴自己這是最後一次帶著恐懼睡覺。

恐懼再度來襲

當我抵達旅行社時，我先介紹自己，從導遊那裡拿了一張地圖，然後去找腳踏車。我將手放在腳踏車座位上測量高度，低頭看見拿著地圖的手在顫抖。

我覺得很荒謬、感到無所適從，我不應該覺得害怕才是。現下並沒有威脅存在——只有我腦海中播放的一系列暴力景象。我需要讓自己的情緒腦和理智腦再度對話。不，我從二〇〇六年之後就再也沒騎過腳踏車（至少不是那種在健身房的腳踏車），的確，我害怕在波哥大川流不息的街道上騎腳踏車，在波哥大，那些行車路線、交通號誌、停止標誌和單行道都只能作為參考。而且這裡是街頭犯罪率很高的社區，當然會有警覺和擔心的需要。但我是安全的——我會和一群人在一起，同時還有一名導遊。我的身體沒有必要進入完全威脅反應模式。我告訴自己要振作：**妳是瑪姬！妳挑戰自己的底線，把自己推向新的方向！現在，騎上那輛腳踏車！**

但是，我無法騎上腳踏車。

一旦我做了決定，從來不曾在任何事情上退縮。經歷過幾個月的廢棄監獄、自殺森林和高空跳傘，我絕對想不到自己會退出古城鬼屋腳踏車之旅的冒險活動。我甚至可以想一下自己是如何應對，我告訴導遊我身體不太舒服，對於浪費他的時間感到抱歉，然後走出去。我的執行功能完全投降於我的邊緣系統，實質上，我是倚著一顆小鳥腦袋在思考。

茫然失措地，我開始走向街上，只是朝著剛來方向的反方向行進，不知道自己要去哪裡。自我對罵於是開始層層堆疊。我在幹嘛？我並沒有做出理智或聰明的決定。我用漫無目的獨自亂走，取代一場安全、公開、由導遊帶領的旅遊。我大略有個印象，知道剛剛和蘿拉是從哪裡走過來，但這些狹長的鵝卵石小徑看起來都一樣，而且我想不起來那一條路是安全的，所以只能繼續走，一隻腳踩在另一隻腳前方，眼神直視，但整個人放空、什麼也看不見。

店面開始慢慢變成住宅，建築物看起來愈來愈破損，上頭布滿更多塗鴉。我迷路了，而且感到愈來愈緊張。我的心開始上演著一系列由我領銜主演、所有想像得到的恐怖情節。獨幕劇並不適合百老滙：「綁架女孩！」、「受害者瑪姬！」、「笨蛋走路！」我做出如同每部青少年恐怖電影中的劇碼：沒有跑向門外，反而往樓上跑。剛德拉里亞區四處都有學生背包客投宿的青年旅社，當我經過時，想到幾年前一個美國人和她的朋友們所發生的嚴重暴力搶劫與性侵害事件[11]：「青年旅舍事件」，由你誠摯的朋友擔綱演出。

我只是想找個安全的地方坐下來看手機的ＧＰＳ，我知道這附近有幾間博物館，我可以計劃走去其中一間。我在每條街上四處尋找咖啡廳，不知為何最後走進被排屋圍繞著的老城區裡。我看向天空，想要搜尋任何能幫助我找到方向的地標，但我的視線無法高於建築物。我困在迷宮裡，四周牆壁彷彿慢慢關閉起來。

我看見排屋尾端有個出口處，於是往那個方向走，希望可以通往公園或教堂，在那裡坐下來，找回足夠的安全感，好讓自己振作起來。轉進去之後，很興奮地發現那裡是一座庭院，但我的興奮感很快轉變成極致恐懼。

雖然我住在暴力充斥的社區只有八年，但當我搬到安全的社區時，才發現它對我的福祉造成多麼巨大的影響。就算沒發生什麼事情，生活在經常感到恐懼的狀態[12]（不論是暴力相向的社區、戰區，或是與家暴者同住）會讓人心力耗竭。身體一直處於高度警戒、「隨時逃跑」的模式中，都會造成生理、情緒和認知上筋疲力盡。不斷消化那些過高的皮質醇和腎上腺素會損害身體其他系統，這些會耗損我們的免疫系統、消化系統（像是潰瘍或腸躁症）、生殖力下降、心臟疾病、體重上升、新陳代謝症候群（有時會稱為「糖尿病前期」）、睡眠問題、疲累、記憶力衰退（海馬體縮小）、認知運作緩慢、專注困難、衝動控制困難，以及憂鬱。

我經驗到其中九種症狀，而且比過去任何一段時期都更常去看病，但是醫師或我自己從來沒有將這些症狀和居住狀況連結。搬家之後我感到更有活力，心情變好了、更快樂和興高采烈。同時我也對那些沒有資源離開的人們，抱有強烈的憐憫心。事實上，任何人活在那種「高警戒」狀況之下，還能保有生產力或適應能力，證明了我們是多麼堅強。

長期壓力與恐懼是住在貧窮和暴力社區中的人們所面對的現實，事實上，從凱利．瑞斯勒最近的研究中發現，住在亞特蘭大那些暴力危險社區中的人們，[13]有著比退伍軍人更高的創傷後壓力症候群之比例。從亞特蘭大格雷迪紀念醫院（Grady Memorial Hospital）隨機篩選的病人所做的訪問研究中發現，那些被訪問的病人中，有六七％曾是暴力攻擊的受害者，三三％曾被性侵，一半的人都有認識的人曾被殺害。瑞斯勒評估受訪病人中，有三二％符合創傷後壓力症候群的診斷——相較於全國統計數字八％的創傷倖存者比例，以及十一到二十％曾參加二十一世紀戰爭的退伍軍人比例。他們的狀況雪上加霜，因為這代表著他們不僅更有可能經歷創傷事件，而且更難以處理消化那些經驗。

創傷後壓力症候群在暴力社區的高比例現象，並非一群擁有先天不良生物組成結構的人住在同樣危險的地區，而是我們的環境造就我們的頭腦。匹斯堡大學精神醫學系教授茱蒂．卡麥隆[14]指出，一個人對壓力的敏感度來自於基因，以及早期經驗相互交織的複雜運作所影響。為了解釋這錯綜複雜的關係，卡麥隆運用一個簡單卻完美的比喻：烹飪書。我們的基因就像是從父母所繼承下來的各種烹飪書——我們受限於書裡所擁有的東西（DNA），但那並不代表個人創造力或外來影響沒有發揮的空間。你的烹飪書中也許會有營養豐富的燉肉和味道嗆烈的沙拉食譜，但更有可能在冷冽的冬夜裡做一道燉肉料理。基因表現也是一樣：不同的環境（包括生理和社會環境）會影響我們的基因表現，稱為表觀遺傳學（epigenetics）。

但是環境因素的影響深遠，會將基因表現從一代傳至下一代。表觀遺傳學是個重大發現，科學家過去認為胚胎的表觀基因組不會有表觀基因變形和重組（用烹飪書的比喻就像是丟掉你母親最愛的料理食譜，建構自己最愛的食譜）。但事實並非如此，有些表觀基因表現會隨著世代傳遞下去。當放在負向環境的脈絡下思考，像是有毒的水或土壤，或是毒品和酒精上癮會如何影響我們的基因表現，聽起來會更加驚愕。我們都會想像自己出生時是一張白紙，事實上都帶著我們家族的重擔與優勢而生。

當我們一出生，我們的環境就在每個面向上影響著我們，而我們使用從父母那裡傳承的工具來應對。區分先天或後天毫無道理可言。我們是什麼樣的人，取決於身體與環境不斷地適應與回饋迴路交織而成。我們並非完全無計可施，只能被兒童時期父母養育的大腦所限制。我們有自由意志，可以做出選擇，可以改變自己。只是要記得，有些人需要花更多的心力來對抗生物和環境挫折所造成的影響。

記憶的可塑性：創傷記憶可否抹去？

石牆內有一座小庭院，幾張長椅點綴其中，排屋和幾間小店圍繞四周，那些小店的入口都有低垂的屋棚。整個範圍不會大過一條街。有件事情很清楚，就是這裡並不是讓觀光客來的地方。當我走入這個庭院時，每個人都停下手邊的工作、抬頭看我，營造出一種陰森怪誕的寧靜。我感到一股恐慌襲面而來，就像從恐怖的費城東部州立監獄走出來一樣——只是這次沒有艾美在身邊告訴我：「沒事、沒事。」我整個身體都在顫抖，心臟跳得很快並開始耳鳴。本來我想轉身沿著原路走出去，但從眼角看見兩名男子已走向庭院的入口處。這是偶然，還是他們故意擋我的路？盡量不引人注目，我看著四周牆面和建築物尋找另一個出口。避開眼神注視，我看到男人和女人有些坐著、有些站著，還有些躺在屋棚下的各個地方。終於我的目光落在另一個出口，剛好與我所站之處成對角線。

我邊走邊害怕，所有人都盯著我看，我已經在這大約半小時的行走中看到一些令人不安的眼神。我和那些揹著超大後背包與穿著運動鞋的觀光客比較起來，並不是太顯眼，但也許那樣的打扮會好一點。當地人知道觀光客是什麼樣子。我看起來像觀光客嗎？一個穿著牛仔褲和靴子的女人，汗流浹背、晃頭晃腦地走著。

我可以感覺到每個人眼底的能量與逼視，那會讓人不知所措。我害怕如果走太快或走錯方向，將會引發一場暴力突襲事件。如同我知道不能一直待在我的房裡，我明白自己需要趕快離開那個廣場。我想和他們溝通，表明自己並不是個威脅。我強迫自己做出傻里傻氣的微笑並輕輕地聳肩，就像是在說「我是個笨蛋」，一邊輕鬆地指向遠處的出口。「哎呀！」我希望能有這樣表達，「我不是故意打擾你們，我會自己出去。」當走向門口時，我努力讓步伐看來平靜，因為我可以看到有兩個男人跟在我後面。

我感覺到身體本能地想要緊縮、環抱自己。

治療創傷倖存者並沒有「單方」。每個人有他／她的歷程，但是研究已經發現幾種有效可行的介入方式，能夠幫助人們探索恐懼的黑暗角落。藥物治療[15]：也就是選擇性血清素再回收抑制劑（SSRIs）[d]，還有迷走神經刺激療法、頭顱磁刺激療法、認知行為治療、心理治療、另類治療和靈性諮商。或是我最喜歡、也是近期最有意思的治療方式：如果把創傷記憶抹去呢？

---

d SSRIs並非在大腦中注入更多血清素，只是透過阻斷傳遞、阻止其再被吸收，而讓已經存在的血清素更能被使用。這會讓血清素發揮功能，讓大腦其他部位能夠更有效率地運作。SSRIs是世界上最常開的處方藥，用來治療畏懼症、憂鬱、焦慮、創傷後壓力症候群、經前症候群，有時甚至是給進行長期治療的病人所採取的預防性措施。

大多數人都有想要遺忘的記憶，或者至少拿掉所有的意義和情緒，就能與我們所儲存的其他平淡無奇的資訊混在一起。這聽起來可能像是《王牌冤家》（*Eternal Sunshine of the Spotless Mind*）的劇情，但是一些新穎的介入方式趨近於達到此目標。

創傷記憶的問題，事件本身並非太大的問題，而是在憶起事件時所引發的情緒反應，那會讓我們感覺好像又重新經歷了創傷事件，很明顯地就像我穿越剛德拉里亞區的經驗一樣。從一個生存者的角度來看，我們的頭腦能夠這麼做是很重要的：我們都不想忘記巨大鱷魚的可怕。但在創傷案例中，這可能造成適應不良，而且會導致恐懼氾濫的情形，對於任何相似的刺激元或情境都會引發記憶回溯和威脅反應，就像可憐的艾伯特寶寶，有著嚴重的情境再現與創傷後壓力症候群的症狀。[e] 問題在於，我們如何保留記憶同時又能讓創傷消失呢？

我們的記憶不像數位相簿，無法在打開時便看見那些被完美保存的記憶。每次我們提取一段記憶，它就重新被創造一次。更像是到廚房流理臺做出自己最喜歡的餐點：主要的食材基本上都相同，但是每次做出的餐點吃起來則不太一樣。當我們回憶的時候，選擇字詞與畫面、想法和感覺，然後這些元素會在大腦重新創造出一段經驗。每次的記憶根據上一次的提取來重塑，讓記憶成為主動、進行中的歷程。

科學家稱此為記憶再穩固理論，[16] 而且他們認為這是比較正確的觀點，以此來說明我們的大腦是如何運作：我們經驗某件事，並且將事件與其相關聯的感官經驗編碼，這些會被儲存下來直到下一次提取、再次穩固它成為記憶，並且再次編碼。因此下次當你說故事時，其實是回溯上一次所說的版本，而不是最初的「原版」。例如，如今當我回想在榮民醫院被困於電梯的經驗時，立刻想起走在西恩塔，以及東部州立監獄的經驗。老實說，那些記憶已經不再那麼糟了，因為它現在已經與刺激的新鮮經驗和個人成長連結在一起。

追憶是個主動的歷程，代表我們能夠帶入操作與介入。當你想到早期記憶可能早就被修改很多次時，或許感到有些不安，但它同時也為那些受苦於創傷的人們帶來真正的希望。

記憶再穩固的介入方式，目標並非要改變事件的事實或內容，而是要破壞情緒編碼的過程，不論是運用精心嚴密的治療指導或使用藥物。舉例來說，艾蜜莉．荷姆斯（Emily Holmes）[17]發現，看過令人高度不安或創傷資訊的六個小時之內，如果你玩像俄羅斯方塊那種具重複性、高專注力的遊戲，它會降低記憶的清明度（或是情感濃度），而且會減少侵入性回憶的發生，或是不用努力就能憶起那些經驗。基本上，這種機制會發生的原因，是因為負責情緒編碼的大腦區塊忙著看那些掉下來的

e 即使沒有創傷後壓力症候群的人們，當接觸到和他們創傷有關的刺激時，也會經歷強烈的情緒回溯；例如：曾經目睹大規模槍擊事件的人，當聽見巨大的爆破聲響時，可能會有恐慌反應。

方塊，努力想辦法要將Z型的不規則形狀嵌入。創傷的實際事件還是會被保存下來，但是它的畫面和強烈情緒被那些彩色、掉落的方塊所抹去。對於創傷事件發生後的立即有效介入方式，以及那些深受情境再現所苦的人們，荷姆斯的研究提供了令人興奮的證據。我們可以預見對那些近期受創的倖存者，能讓他們玩俄羅斯方塊來進行緊急治療。

另外還有藥物治療的選擇：β－阻斷劑像是心律錠[18]可以破壞記憶重新穩固的歷程，與記憶相關的強烈情緒脫鉤。這種療法在數項動物研究上已證實有效，但是在創傷後壓力症候群的退伍軍人研究中產生複雜的結果。並不是每個人都認為這種操控情緒的方式百分之百符合倫理或認為它是良策。生命倫理學總統委員會（President's Council on Bioethics）發出聲明，警告這樣的操作方式會破壞一個人的自我感。無可否認地，當我們想到記憶的可塑性有多麼高，或想像我們可能記住一些從來沒發生過的事情時，思考這些的確讓人感到害怕。我們也可能很難接受自己忘掉很多事情；大部分的細節並不是那麼重要，所以我們從來沒有意識過它們。

如果你認為每當看見一隻蜘蛛，就會想起過去見到蜘蛛的所有經驗是如此折磨人，試著想像不斷有著侵入性回憶會令人多麼痛苦。我們對自己所記得的事情需要排出優先順序、詳加整理，而且我們的大腦很擅長記住重要的事情。但是當這些重要的事情同時具有破壞性，而且阻擾我們安居樂業的能力時，那麼也許忘掉那些事情是可以的。我同意研究人員愛莉詩．多諾方（Elise Donovan）[19]

所說：「那些因為創傷後壓力症候群而無法適應社會的退伍軍人，在本質上早就喪失了他們的自我。倫理的議題應該不在於治療會如何影響他們，而是是否因此停止可能減輕症狀的研究與治療才是值得商榷的。」

恐懼的關鍵，在於感知

當我發現有兩名男子跟著我時，一度想要跑起來；但是我努力保持平靜、穩定的步伐快走。我聽到一些人咳嗽、吐痰，但沒人說任何一個字。他們只是看著我。

當我一穿過那個廣場走上街道時，便加快腳步。我知道應該要轉過去確認那兩名男子還在不在，但因為實在太害怕而不敢回頭。我持續往前至少走了三個街口，最後終於回頭看，他們停在廣場外之後的那個街口。我終於鬆了一口氣，開始跑了起來，抵達咖啡廳前都沒有停下來，這大約已是七個街口以外的地方了。

我用力推開大門、衝進咖啡廳，但這並非我本意；我最不希望的就是讓人注意到我，但是我無法自制。咖啡師立刻注意到我呼吸急促、顫抖不已，詢問我是否還好。我回答還好，努力想要微笑，專注地看著眼前牆面上的咖啡單，努力從口袋裡掏出一些現金，但雙手抖得太厲害了。我可以感覺到眼淚在眼眶打轉，鼻頭重重、酸酸的。我相信自己一定滿臉通紅。咖啡師用手示意，要我找張桌子坐下、花幾分鐘冷靜下來。我不想哭，我知道如果一哭，一定很難停下來。相反地，我開始做著呼吸練習——吸氣數四下，呼氣數四下。之後我把手札拿出來，希望讓我的理智腦可以工作，於是開始書寫。

我努力整理思緒。我，躲在一間小咖啡廳裡，在一座生活機能已經大幅進步的城市——相較於美國——貧窮、犯罪、暴力、政治衝突與不穩定，對大部分的人而言是每天的現實。對於活在這樣的狀態下是什麼感覺，我稍微有了一些經驗，但比起真的出事，這樣的經驗影響我更深，它留給我的是道德危機。

在手札裡，我看到一張對折的雜誌文章，這是一位朋友給我的，上頭討論一種叫做「終極綁架」的經驗。在美國，你可以付五百美元找個專業黑道用槍管頂著你，將你綁架四小時，如果想要更多體驗，還可以再出價。我覺得快吐了。這種所謂暴力觀光的方式，難道沒有讓美國人看起來不只荒謬至極，而且也不知民間疾苦，不知道那種活在政治不穩定與貧窮的現實世界的感覺？

這個想法打倒我了，我覺得挫敗、困惑、恐慌、滿腹自我懷疑。我完全不確定自己在做什麼、我到底是誰。我想要了解為何我們享受恐懼這一路上的追求，它的核心其實是剝削、無感，根本上毫無道德可言？或者更糟的是，我在鬼屋的工作，事實上是把它理想化而讓暴力永續下去？我的世界觀整個被撼動，在波哥大，我每天晚上被噩夢侵擾，而且一天至少會有兩次直接哭了起來。我不知道自己要不要寫這本書，而且已經準備好要完全離開這個恐怖事業。

經過一個小時調整呼吸和書寫，我仍然不確定此生在做什麼，但至少感覺到自信，可以站起來離開這間咖啡廳。時間慢慢過去，當我走在城裡時，對於自己剛剛花在害怕上的能量，感到愈來愈沮喪。到底為什麼呢？我沒有發生任何事情啊！事實上，我所經驗到最糟的事情是自己引發的威脅反應，但確實也沒有像在西恩塔那樣，當多巴胺和腦內啡灌注之後感到放鬆。我開始理解為何這裡的人會問：「為什麼在哥倫比亞會有人想去鬼屋被驚嚇？直接上街行走就可以了。」我以前都認為他們只是誇大，但也許他們才是對的。

當我最後終於走出舊城區，去和艾斯他邦・庫魯斯・尼諾（Esteban Cruz Niño）會面，他是一位研究暴力、恐懼和哥倫比亞大屠殺的人類學家。他寫了一本關於哥倫比亞連環殺人魔的書《存在哥倫比亞的惡魔（暫譯）》（*Los Monstruos en Colombia Si Existen*），與他見面的時機實在是再好不過了。我實質上經驗了他所提出恐懼與哥倫比亞人的關係假說：因為哥倫比亞人經常暴露並經驗真實的暴力，他們沒有絲毫欲望想尋求或從事任何象徵性的暴力（像是恐怖片或鬼屋）。「真實生活」，他說，

「就是恐怖片。」[f]

他舉出和恐懼有關的產業缺乏獲利為證，例如一部叫做《馬塔醫師》（*Dr. Mata*）的電視劇（像是《絕命毒師》（*Breaking Bad*）與《夢魘殺魔》（*Dexter*）的綜合版），觀影評比不高，只有在年輕人和富人之間才有較高的評比，但這些人在哥倫比亞是少數。尼諾說，和美國人比起來，哥倫比亞人不認為恐懼是「可能性」，而是「遲早會發生」的事情。羅德利哥．杜阿爾特（Rodrigo Duarte）是恐怖片影展「吉那殭屍影展」的主辦人，他也做出類似的評論：美國人對可能發生的每件事高度疑神疑鬼，但那些事情可能都不會發生；但是哥倫比亞人每天活在真實的威脅之中卻沒有抱怨（我發現很多哥倫比亞人不願意批評他們的國家）。[g]

尼諾的話是真的，在我見他不到一小時前，才親身經歷了恐怖經驗。我的美國式多疑，被過去住在危險社區的經驗所誇大，把我嚇得屁滾尿流。有幾點解釋可說明在那個小廣場上，為何我會那麼明顯地成為目標；那裡可能是黑幫地盤、眾所周知的販毒場所，或是吸毒的地方。他們大可搶劫或綁架我，或二者都做。這也可能是個合宜的社區，住著老剛德拉里亞人，他們厭惡那些年輕觀光客侵犯其社區，通宵達旦喝酒開趴（對老住民來說是很常見的感覺）。當我視他們為潛在威脅時，我對他們而言也成了潛在威脅。那些跟蹤我的男人很可能是想監視我、確定我不會再回來；也可能是等待適當時機搶劫我，或者他們只是剛好要往同一個方向。我可能恰巧逃離此生最危險的情境，或也可能把自己嚇得半死，只是因為那個情境讓我回想起上一次生死交關的時候。我所確定的是，幾個月前晚上十一點在東京街頭走路回家可能還更危險。但那就是恐懼：現實常常都不是重點，關鍵是感知。

是的，警戒是好的，對一個觀光客而言，走在危險社區保持警戒心是合宜的，但是不需要把自己嚇得半死。隔天，我問在波哥大出生長大的蘿拉，她如何面對這些常在的威脅，她聳聳肩告訴我，

---

f 針對暴露於較低真實暴力的國家會投入較高程度的象徵暴力（嚇人的題材）的這樣一種假說，在直覺上似乎是說得通的；但我們也發現很多相反的例子，例如：墨西哥雖然有很高的犯罪率，但他們的恐怖片產業卻相當成功。從微觀的角度上來說，派駐外地的軍人會高度投入恐怖電玩與恐怖片；以團體來說，像是黑幫那種在社區裡具有高度暴力衝突的團體，他們的投入程度也是高的。

g 波哥大的確有恐怖片之歷史，即使規模小，而且我也看過一些以超自然現象為主題的旅遊行程和娛樂節目。但我在波哥大所訪問的每個人都指出，這些活動具有別的功能。並非僅只為了娛樂而生，他們真正的目的是提供管道，用來解釋和面對人們所經驗到的真實暴力，或者作為希望與靈性指引。杜阿爾特說哥倫比亞的恐怖片，運用黑色幽默與諷刺手法來影射每件事，包括游擊隊戰事到毒品戰爭。他解釋有時電影工作者會使用這種方式來表達政治立場，但它同時也代表著拿回主導權，對那些衝突，以及威脅哥倫比亞的真正「猛獸」反將一軍。歷史學家賽巴斯欽·奇羅加（Sebastian Quiroga），同時擔任拉丁美洲人物誌頻道所製作的《我的鬼故事》（*My Ghost Story*）之製作人，證實杜阿爾特和尼諾所做的觀察，指出創作並分享鬼故事是用來傳遞對暴力團體（游擊隊、親軍隊或毒品）的警訊，同時因恐懼被報復而不使用真實姓名。雖然情境可能不同，但是所有的民間故事不論時空都有類似的目的。就像我們的祖先會變成捕捉怪獸的掠奪者，每個社會也都有他們自己的象徵方式來捉大白鯨。

吉那殭屍影展致力於將獨立製作的恐怖片介紹給民眾——不只在哥倫比亞，而是遍布整個中美洲和南美洲。剛開始是一個電影俱樂部，後來擴大為電影節的形式，致力於把那些無法在主流電影院播放的電影放進影展中。杜阿爾特現在在世界各處旅行，與其它電影節、電影工作者、製作人合作，提供一個管道來介紹精采的獨立製片。吉那殭屍影展已邁向第六年，而且持續成長。影展成功地得到廣大的支持與認同，甚至能夠從文化部得到足夠的資金與贊助。

她接受這是現實，但不會讓它控制她的生活。我也想做到。

錯誤認知，引發不必要的憂慮

美國人是一群疑神疑鬼的人。[21]我們很害怕所有錯誤的事情，就像社會學家湯瑪士二人（W. I. Thomas & D. S. Thomas）在一九二八年所提出：如果你相信某件事情是真實的，或在這個例子上感覺到它是真實的，它就會有真實的結果。你孩子的床底下到底有沒有怪獸一點都不重要，他到最後還是會發抖、哭鬧、和你一起睡。想想，就算是睿智的成人也會如此，如同大衛．羅皮克（David Ropeik）在《恐懼的後果》（*The Consequences of Fear*）書中提到：

> 從基因改造食品到工業用化學物品，[22]從輻射到手機發射臺，現代社會的新科技帶給我們很多好處，同時也帶來新的危機。有些危機是真實的，很多只是來自我們感知的幽靈。二者都造成一種真實的、無法否認的擔憂與見解，蔓延在日日夜夜之間。

然而，即使美國與其他工業國家比較起來安全度相對很低，但真相是今日大部分的美國人，已經過著比以往任何時刻還安全的生活（正如同第六章所述，同時也活得比較久）。根據皮尤研究中心（Pew Research Center）[23]分析疾病管制局（Centers for Disease Control, CDC）與全國犯罪受害者調查（National Crime Victimization Survey）之數據，發現非致命暴力犯罪率從一九九三年至二〇一一年間，已下降七二％。槍枝暴力也下降：槍枝致命率在二〇一〇年已下降四八％，槍枝暴力犯罪自一九九三年（當年是槍枝暴力最高點）以來已下降七五％。[h]真實的數據是，一九九三年有一百五十萬人為非致命槍枝犯罪的受害者；二〇一一年是四十六萬七千人。同樣在那段時間裡，貧窮犯罪像是竊盜、偷車和其他偷竊事件，已下降六一％。

但人們仍舊感到恐慌，不只是因為暴力犯罪事件。如同羅皮克所言，我們對所有無法控制的事情感到擔憂，即我們的環境充斥各種新物質，會影響我們的健康和安全。就像每個被我們移除的威脅都留下更大、更強壯和更可怕的遺留物。可能影響我們生活的恐懼——癌症、失智症、心臟病、糖尿病——緊緊困住我們的心智，因為我們對這些事情無計可施，無法預測或避免。這些都讓人感到不安全和脆弱，沒有任何機會能與之面質或找到解決之道。這些恐懼以壓力和焦慮的形式捆綁我們，使我們聚焦於可以掌控的事物，執迷於吃什麼、喝什麼，孩子能在哪裡玩、怎麼玩，我們去哪、

h　暴力犯罪的確在二〇一一年攀升，而且美國確實有槍枝問題：我們比其他已開發國家有著更多因槍械所造成的殺人事件，即使我們只占全球人口數五％，擁有槍枝的人數則占全球平民擁槍人數的三五到五十％。

和誰說話等種種事情。

大部分對這些犯罪率和危機的錯誤認知，與我們的媒體報導有關。世界上發生的事情，當一發生的幾秒鐘之內，我們就接到了消息，讓那些不尋常、悲慘的事件看起來更加尋常，而且比其真正發生的地點更像在我們四周。根據我們的情緒腦，我們可能居住於哥倫比亞、阿富汗或伊拉克，而且現在的全國新聞網用更多的時間來報導犯罪事件。二〇一三年皮尤研究中心發表一份《新聞媒體狀態》（*The State of the News Media*）[24]，發現地方媒體的犯罪報導率降低——二〇一二年占全部新聞量的十七％，反觀二〇〇五年則是二九％。但全國新聞網，例如ABC、CBC或NBC，在晨間和晚間新聞中則增加犯罪報導的時間，特別是晨間新聞的犯罪報導量，與二〇〇七年的九％比較起來，二〇一二年增加到十四％。伴隨著不斷轟炸、讓人恐慌地行銷消費性產品，使得美國人認為暴力犯罪比它本來的狀況更盛行。[i]但並不是我們知道更多的擄童犯或鯊魚攻擊就代表這些比以前更普遍。

媒體報導與對威脅的錯誤認知只是問題的一部分，正如同波哥大的同事提醒我那般，他們的媒體也大幅報導犯罪事件，但是為何蘿拉可以說出她不會讓它控制自己的生活？如尼諾所說，也許這是對「可能會發生」和「終究會發生」這兩種心境的不同。對潛在威脅的準備會比較關注於避免它發生，所以比較被動：「別去那、不要做，或說壞事可能會發生。」相對來說，對終究會發生的事情做準備，會專注於投入其中，也比較主動：「當壞事發生時，你可以這麼做；之後，你可以這麼做。」第一種觀點侷限我們，第二種觀點帶來成長的力量。

那種誤解／恐懼／否認的結果，就是我們會將這些延伸到對芝麻綠豆小事上的擔心，像是新的塑膠杯到底安不安全，是否應該光顧「龍蛇雜處區」的餐廳。光譜的一端是先前所討論到，與創傷（尤其是孤立與長期壓力）有關的負向心理、生理、社交結果；另一端則是為了讓自己感覺安全，看起來會像是在行為上的小幅調整，但這所謂的小幅改變會讓人損失慘重，因為我們失去發展情緒彈性與復原力的機會，而且會傳遞給下一代：今日那些過度保護或「直升機」[25]父母，他們養育孩子的方式，讓孩子從來沒有機會測試自己的限制，挑戰一個高壓或令人害怕的情境，進而學習相信自己的能力，可以讓自己跌倒、學習再站起來，並知道一切都會沒事的——這是一種重要的能力，叫做「痛苦忍受度」。[26]就只是因為我們比較清楚創傷所造成的傷害，並不表示每個人應該把孩子或自己放進溫室裡。事實上，這是你可以做的最糟的一件事。

兒童發展學家羅傑・哈特（Roger Hart）[27]近期從兒童追蹤研究中（對象已是成人），找到這種轉向過度保護的證據。當時（超過三十年前）哈特對兒童如何度過他們的自由時間感到興趣，他發

---

i 造成這類結果的學術名詞是熟悉、群體極化、確認偏誤（familiarity, group polarization, and confirmation bias），詳情參閱丹尼爾・高曼（Daniel Gardner）所著《恐懼學：恐懼文化如何操控你的大腦》（*The Science of Fear: Why We Fear Things We Shouldn't.*）。

現兒童被允許漫步遠處，不需大人陪伴在社區自由走動、游泳、爬樹，通常都是自己玩，而且他們也沒事。同樣的那群孩子，今日不允許孩子離自己五英尺遠、不能超過五分鐘之久，因為太害怕孩子會出事。孩子（還有大人——永遠不會停止）強烈受到身上所背負的期待所影響，如果他們所接收的訊息是「你做不到」，就會內化這個訊息並相信自己做不到。其實有很多方法可以保護孩子的安全，同時也可以讓他們測試自己的限制。」

壓力管理[28]是一種隨著時間所習得的技巧，就像我們的免疫系統會因為遇到病原體，而製造更多的白血球變得更加強壯，同樣地，當處在支持環境（並非創傷）處理那些可駕馭的威脅時，我們的自尊會提升我們的復原力與勇氣。沒有那些機會的話，我們本質上就像是缺少白血球的免疫系統——只要躲在溫室裡就不會有事。但是我們不能留在溫室裡，又有誰想要呢？

我們有堅強和韌性的能力，但是需要機會來向自己證明，讓自己知道也感覺得到，就像蘿拉一樣，我們不用讓恐懼控制我們的生活。我開始想像也許有個空間可以容納像尼諾所說的一種象徵暴力的地方，我的用詞則是自主性高激發程度的負向經驗（voluntary high-arousal negative experiences），簡稱VHANE。

那天晚上，我和瑪荷與她的新生兒在回家路上，經過一場發生於社區大學前的示威遊行，後來轉變成暴力衝突。催淚瓦斯的味道充斥空氣中，到處都是穿著防暴裝備、戴著瓦斯面罩和手持機關槍的警察，一面碎裂的石牆倒在路中間。我感覺到瓦斯氣體在喉嚨燃燒，而且無法不盯著那個可怕的場景。但是司機根本連看都不看，他把車窗搖上；瑪荷也沒特別注意，只是把毯子蓋住她兒子的口鼻。這只是波哥大平凡的一天。

驚悚可怕與感恩團結的完美平衡

最後一晚，我再次獨自一人去探險。這次是去參加波哥大中央公墓之旅，這個公墓從一八三六年開始，是哥倫比亞最有名望、最受尊崇，以及最惡名昭彰的人物的安息之地。不落俗套、混合著一半歷史介紹與鬼屋似的驚嚇刺激，這個活動辦得非常好。

有些場景是傳統的兇殺場面，許多都令人毛骨悚然——這之中有上吊自殺和斧頭殺人魔。但令我印象特別深刻的場景則一點都不可怕。那幕演的是一個被綁架謀殺的受害者，由一位身形細長的

j 這並不是說父母應該讓孩子隨著他們自己的意思四處亂跑（然而主張自由教養的極端主義者可能很接近這樣的理念），也不是要父母在孩子還沒有能力理解或處理的情況下，故意讓孩子暴露於挑戰或威脅中——這就是教養介入的地方。父母必須知道並瞭解孩子在發展上的能力，以及孩子的舒適圈為何，以此做出理智的決定。最後，非結構或不需大人陪同的自由活動時間與忽視孩童二者之間是有差別的；此外，面對與解決和朋友之間互動時的挑戰，以及在一個不穩定、壓力大、充斥暴力的環境中成長，這兩者之間的差別很大。請參閱羅傑．哈特所主持的兒童環境研究小組（Children's Environmental Research Group）（cergnyc.org）。

演員扮演受害者的鬼魂。他坐在他的墓碑前，面向觀眾抱著雙膝，他說，在被綁架的前一天，他和老婆、小孩在一起，抱怨著日常生活的瑣事；他說，只要能夠回到他的家、回到心愛的人身邊，願意放棄任何事。感受到這個時刻，我轉頭看觀眾們的反應，只見到兩個女人彼此擁抱，一個男人很明顯地在擦眼淚，一對年輕的情侶將彼此抱得更緊。

當我在心裡思索這個場景時，突然想到，這些故事帶給人們的不只是在營火旁用來嚇人的鬼故事，而是民間故事的經緯，讓社群的人們連結在一起。遠古時代那些怪物與野獸的民間傳說，讓孩子們不去森林裡漫遊；分享哥倫比亞鬼故事則是警告彼此要注意那些暴力團體（游擊隊、親軍隊或是毒品），但同時因害怕被報復而不用真實姓名，這些故事皆是用來創造與分享經驗和文化的方式。

在那一晚拜訪公墓之前，我從來沒有過如此美妙的經驗，把刺激、歡笑、懸疑和歷史達到如此完美的平衡。這趟公墓之旅的確嚇到人們，展演暴力片段讓人感到不舒服；但同時也讓人感覺到自尊、自信、感恩並團結一致。因此我想到：這就是證據，證明那些毛骨悚然、驚悚可怕，甚至悲慘的事情可以讓你感覺更好、更完整。這並非麻木不仁，因為我在舊城區也經歷了那些黑暗恐懼；如果做對的話，這會是好玩、感人、具教育意義，也許甚至帶來療癒。

在這樣的空間裡，你可以感受到一些從未經驗過的感受，或者回想起曾經在安全的環境中，朋友陪伴自己走過一段困難的時期，這回也許你能帶著少一點恐懼、多一點樂趣儲存這樣的記憶。創造一種經驗，它要能帶來一定程度的恐懼讓人們去體驗他們的極限，並且讓人感到自信，同時也要有一定程度的樂趣讓他們感覺美好，整體內容又不能讓人感到二度傷害或麻木不仁，這是個非常困難的挑戰——很多地方都失敗了，但我親身經歷、知道這是很值得做的事。

如果有任何人應該試著開始這麼做，我想那應該會是我。

Part IV

創造恐懼

永遠去做你害怕要做的事。

—— 愛默生（Ralph Waldo Emerson）——

第八章

比鬼屋更恐怖的恐懼實驗室

——既然無法戰勝，就去學習接納

你絕對忘不了與屍體的第一次接觸。

每到夏天，我父母總會帶全家人造訪馬里蘭州的墊腳石農場博物館（Steppingstone Farm Museum），他們在那兒主辦蘇格蘭高地集市。那是一九九一年的某個溫暖日子，在蟬聲和微風中，我悄悄開溜，獨自一人四處探索，信步走入一間老舊的打鐵鋪。我四下張望，仔細端詳奇形怪狀的各式工具，拉動從椽梁垂下的鏈條，搬起沉重、生鏽的馬蹄鐵。每樣物品的表面都覆蓋著厚厚一層灰塵。我注意到工作臺後方有條短短的走道，入口處拉起細繩，掛著一張寫有「請勿進入」的牌子。我毫不猶豫地鑽過繩子底下，撞破幾面蜘蛛網，躡手躡腳地走進後方的房間，除了角落的椅子上有東西用白布罩著，整個房間空無一物。

那是一具屍體。

我的心跳漏拍，雙腳無法移動。「哈囉？」沒有回應。我踮起腳尖走上前，屏住呼吸側耳傾聽，想分辨有無任何生命跡象。什麼都沒有。我略略掀起布片底端，只足夠露出破舊的兩隻棕色鞋子。我的目光從腿部向上移動到滿是皺紋、非常年邁的雙手。我放開手中布片，嚇得往後跳。我孤身一人，與一個死人待在陰暗的房間裡。環繞在身邊的全是生鏽的農用器具，也就是凶器。

剎那間我看出整件事的來龍去脈：在激烈的爭執中，某個身高二百十公分、體重近一百六十公斤的蘇格蘭鐵匠用打穀機、長柄大鎚或鐮刀攻擊他的祖父。這個殘忍的巨漢如今人在哪裡？他是否為了掩藏屍體而掛上「請勿進入」的牌子？無論如何，我知道自己應該快點離開，可是我動不了。我必須親眼看看屍體的其餘部位。我緊閉雙眼，拉下蓋住人形頭部的白布，準備面對最糟的狀況。當我睜開眼睛，和我面對面的是個笑容可掬、滿臉皺紋的老翁，他那對湛藍的眼珠正盯著我瞧。雖然沒有看見血汙，我仍舊嚇得向後跳，放聲尖叫並奪門而出。

直到回家人身邊，告訴他們我的發現，我才停止奔跑。我爸的一個朋友迅速幫我搞清楚事實：我撞見的那具屍體其實是尊老鐵匠的蠟像。奇怪的是，我的第一反應是失望。完了，我無法和朋友大肆吹噓自己發現一具死屍的「大話故事」了。不過它倒是讓我有了個點子。當天稍晚，以及接下來的每一年，我問朋友想不想看看那棟老舊的小屋，接著讓他們嚇得屁滾尿流。到頭來，那老翁並非我遇見的第一具屍首，可是那座穀倉很快就變成我的第一間鬼屋。

那尊鐵匠蠟像本身並沒有駭人之處——恰恰相反，蠟像笑容滿面、神色和藹。那棟小屋其實也沒什麼可怕的（除了它很老舊，裡頭滿是能取人性命、讓人望而生畏的物品）。可是只要我一邊陪朋友走過去，一邊講述蘇格蘭鐵匠在激烈口角後，將失手打死的祖父藏在一棟廢棄小屋後方房間的故事，事情就成了。犯罪現場已準備妥當：一看見那尊蠟像，我的朋友就會放聲尖叫，就算沒有白布遮蓋也一樣。我是個居心不良的孩子，不過我的朋友全都樂在其中。

我從我的鐵匠鬼屋學到很多事。把同樣的這個人形放在公園長椅上或購物中心裡，它看起來也許和周遭環境不相稱，卻不至於可怕，當然更不會是好玩的刺激快感來源。讓事情發生變化的，是我發現它的場所（生鏽的老舊工具，隱藏在「請勿進入」牌子後方的暗室），我說的那則謀殺與重傷害罪故事，以及我向朋友發出來場冒險的邀請。我們心裡全都清楚，白布底下的形狀並非真的是具屍體的模樣，就連我初次闖入時也隱約明白這一點，但是暫時按捺心中的懷疑，允許自己沉浸在故事中，近距離感受危險與禁忌的事物，是很令人興奮的。這就是為什麼我們喜歡造訪「恐怖的」地方：安排得當時，這類場所能創造出具有真正社交與心理效益的情緒體驗。

多元的鬼屋類型

什麼是鬼屋？答案取決於你詢問的對象是誰。對大多數美國人來說，鬼屋是你和朋友排成單一縱列、穿過某個空間，在那裡會有怪獸、機關和動畫片彈出來，發出「哇！」的聲音嚇人。可是在這道基本公式之下，其實存在著巨大的變異範圍，恐怖遊樂業可分為三大類。首先是後院鬼屋，通常在每年十月的最後一個星期為附近的小孩匆匆張羅，這類鬼屋主要服務的對象是搭蓋這棟建築物的人們，提供他們從創作過程中（以及觀看孩子們的反應）得到樂趣。其次是中級鬼屋，它們大多是從美國青商會[a]在一九七〇與八〇年代所打造的鬼屋演變而來。這類適合全家同遊、門票一張五美元的傳統鬼屋，通常是由小型慈善團體、學校、義消協會和其他非營利單位為了募款而經營。接著還有大型鬧鬼景點。這類景點靠著高科技、高質感、好萊塢式的布景與設計，以及眾多有給職專業人

a 一九二〇年創立，致力於發展領導才能的民間組織美國青商會（United States Junior Chamber, 簡稱Jaycee）在一九六〇年代晚期到一九七〇年代開始尋找廢棄的建築物，同時設計自己的小型鬼屋。伊利諾州布魯明頓分會會員吉姆．古爾德（Jim Gould）與湯姆．希利戈斯（Tom Hilligoss）合寫了一本書，探討如何建造與設計一間鬼屋。此書獲得各分會一致好評，希利戈斯因此在翌年（一九七五年）的大會上，將自己的攤位打造成一間鬼屋的小型複製品。此舉再次得到與會者非常熱烈的肯定，使他決心成立鬼屋公司（Haunted House Company），為青商會各分會的季節性鬼魂出沒供應各式面具與相關素材。希利戈斯走遍全美各地，分享他的鬼屋知識，暢談如何讓它們大獲成功。

士（而非志工），每季能吸引超過三萬名訪客——其中有些，比如賓州東部州立監獄的「石牆後驚魂」甚至能招徠超過十萬人次的遊客。[b]

最後，再次取決於你詢問的對象是誰，鬧鬼景點可能還有第四類——出現於二十一世紀的「極限」鬼屋（"extreme" haunt）。[c]在這類鬧鬼景點中，演員會與遊客互動，讓遊客暴露在極端情況下，比如受到人身拘束、肢體碰觸或蒙眼，甚至親歷嚴刑拷打的場面。這使得恐怖遊樂業的走向產生了分歧，而恐怖屋毫不含糊地落在這個類別的中央。顯然我也是如此。

我初次聽說「極限鬼屋」這個飽含誤解、混淆、爭論與意見分歧的概念，[1]是有人問我協助打造一間極限鬼屋是什麼樣的經驗？我可一點兒都不曉得；我從來不認為自己替恐怖屋的互動式節目「地下室」（The Basement）所做的設計，是打造一趟極限鬼屋冒險。我只是聽從數據行事罷了。

我從二〇〇八年起便運用紮根理論（grounded theory），針對恐怖屋遊客填寫的開放式問題答案進行定性分析。這種質性研究方法是按照從原始資料浮現的主題、概念與範疇，將答案編碼（而非先有一套編碼，再套用到資料上）。我手上握有的編碼簿大概是學術界裡最有趣的一本：有一整個範疇叫做「怪物」，底下的殭屍、鬼魂、女巫、惡魔、連續殺人犯等各有個別的代碼，還有個範疇名為「死亡方法」。透過計算某個代碼的適用次數，我可以用圖表描繪出長期趨勢——例如我早在二〇〇八年便預測到殭屍熱潮的興起（與如今的衰落）。

有個範疇在二〇〇八年悄悄浮現，接著慢慢開始成長，然後在二〇一一年迅速增長：我管這個未分類的代碼叫「互動式」。每當有人提到自己走過恐怖屋時多麼喜歡或差一點就被抓住、觸碰，以及從所屬團體被帶走或脫隊，我就會把它編入這個代碼（就像大多數鬼屋，恐怖屋並不允許遊客和怪物有肢體接觸）。漸漸地，有愈來愈多遊客希望我們排除演員和遊客間的障礙，讓冒險過程感覺更主動、更逼真，從而更驚悚。

這類資料確實帶來很大的挑戰，並且引發許多問題。我們該如何創造一種恐怖的互動體驗，讓遊客感覺很真實卻又安全無虞？我和恐怖屋的業主暨創意總監史考特・西蒙斯交換過無數次意見，最後決定從互動式、「身臨其境的」（immersive）戲劇作品汲取靈感，做一個試驗。這類演出讓觀眾置身表演之中，演員可以觸碰你，就像頭昏眼花劇團（Punch Drunk Productions）在紐約推出《別再睡了》（*Sleep No More*）這個表演的開創性戲劇體驗，[2]以及匹茲堡拼貼戲院（Bricolage Theater）

b 許多大型鬧鬼景點是由非營利組織經營，或是為非營利組織募款。想要查明美國在地慈善鬼屋如何花用募得款項，可參考charitynavigator.org這個網站。

c 我有種預感，隨著娛樂形式持續混合並融合五花八門的媒介與環境，企圖區分鬼屋（haunted houses）、實境劇場（immersive theater）、互動表演藝術（interactive performance art）、虛擬實境（virtual reality）及電玩（video games），終將毫無意義。傳統鬼屋永遠占有一席之地；每個世代都需要親身體驗走過鬼屋時，駭人的角色與怪物突然冒出來嚇你的那種快感與樂趣。

製作的《階層》（*STRATA*）這齣戲所提供的一對一互動體驗。[3]

我們向《階層》的卡司借將，延攬女演員安・特賽拉（Ayne Terceira），她完美地兼具專業才華與讓人緊張不安的個性，以名副其實的前導測試方式進行實驗。我們在恐怖屋的地下室中央擺了兩張大型古董椅、一張小桌，還有一顆閃爍的燈泡。這地方白天是八球道鴨瓶保齡球館，但晚上搖身一變，成為漆黑的回音室。我們讓安自行決定角色設定，而她選擇扮演維多利亞時期的一名妻子暨母親。我們唯一的指示是：「問他們問題，觸碰他們（不得觸及著泳衣的部位），嚇得他們魂不附體。」那就是她做的一切。針對這項名為「恐怖屋的祕密」之體驗，我們並未額外收費。整段體驗只有五分鐘長，基本上包括讓遊客坐在黑暗中，等到安現身，便進行即興訊問。[d]

遊客的反應很驚人：歷經最初放聲尖叫與成串咒罵後，他們會開始不自在地發笑，在椅子上動來動去，然後帶著大大的笑容離開，就像孩提時我帶朋友去我的鐵匠鬼屋後，朋友的反應也是如此。事後我會和每個遊客聊一聊，雖然有極少數人沒「搞懂」那是怎麼回事，大多數人表示獨自待在黑暗中，加上不確定接下來安會做或說些什麼，將他們推入從未感受過的既期待又興奮的狀態。他們嚇壞了，可是也愛死了這次體驗。

翌年，恐怖屋以我們從「恐怖屋的祕密」學到的教訓為基礎，設計了一個身歷其境，結合互動、恐怖和緊張刺激的全新體驗節目，命名得恰到好處，就叫做「地下室」。

互動的恐怖地下室

打從一開始，「地下室」的任務就很清楚：創造一種恐怖的、互動的，以及迷人的經驗。我們希望讓遊客感覺現場的氣氛很緊張、已經「失控」，但其實這一切全是舞臺效果、照稿演出，而且非常安全。康德（Immanuel Kant）在《判斷力批判》（*Critique of Judgment*）一書中寫道，唯有在安全的地方經歷恐懼，它才會是有趣的。[4]為了達到此目的，「地下室」的運作是以知情同意（informed consent，譯注：指充分理解後的同意）原則為基礎。遊客必須自願選擇這項體驗（其入場券單獨售票，與恐怖屋的門票有別）；年滿十八歲；充分理解伴隨這項體驗而來的一切，包含潛在風險；明白自己可以隨時離開；了解這一切全都受到監視器、保全人員與管理人員的監控，並與訓練有素的專業人員合作。[e]這些原則一旦就緒，我們推出了第一季的「地下室」，內容包括十二個場景，遊客

---

d 恐怖屋的演員會逐一詢問遊客有無意願一探「恐怖屋的祕密」，只有表示願意的遊客會被帶去見安。他們會被告知要牽著那個演員的手，而且得離開同行的友伴至少五分鐘，但中途可隨時離開。

e 我們準備了一份常見問題清單，並要求每個入場遊客必須簽署切結書，上頭載明各項規則與「安全暗號」（safe word）。他們可以隨時說出「安全暗號」，中止這場體驗，隨後由工作人員護送離場。所有演員都必須通過身家調查（如同所有恐怖屋員工一樣），同時完成訓練，知道什麼可以做，而什麼不可以。我們聘用的演員都具備豐富的經驗，能掌握觀眾與遊客的感受並予以適當的回應——他們都是具備即興、身歷其境劇場或表演藝術經驗的演員。

以一對一（或二對一）的形式，與調查數據告訴我們眾人公認最可怕的角色互動。這些角色包括小丑、惡魔、護士／醫生、屠夫、罪犯、赤身露體的人（雖然我們的演員只是在黑暗中打扮得看似一絲不掛），還有女巫。

這時我才知道，我所謂「互動的」（interactive），鬼屋業界稱呼為「極限的」（extreme）。而且說得委婉一點，它觸怒了許多人——從其他鬼屋從業人員到教會，乃至於女性主義部落客。在賓州雷汀驚魂節（Shocktoberfest）開辦「赤裸恐懼」（Naked and Scared）節目的派特·康諾裴斯基（Pat Konopelski）說：「你以為自己在《時代》雜誌或CNN大發議論嗎？才不是——你不過是在說教。」[5]我了解宗教團體對「地下室」有意見；因為登場的角色包括惡魔和女巫，我從小時候上主日學校便明白，那些是違反教會教義的。可是其他鬼屋從業人員與女性主義部落客很生氣，這一點讓我擔心。我對「極限的」這個詞沒有意見，因為我協助「地下室」創造的許多事物確實是極其特殊。但我並不贊同不假思索便認定「極限的」代表不安全、剝削的、心理創傷的，以及令人不快的這種看法。

「地下室」針對安全採用的政策與樓上鬼屋完全相同：所有員工都得通過身家調查，建築物符合消防安全規範，勞動部海報隨處可見，還有一本超過二十頁厚的禮儀與規定手冊。當然還有監視器與現場保全人員。[f]「地下室」也採用和恐怖屋自開幕以來一直奉行的相同政策：沒有任何場景描繪性暴力，沒有任何場景出現無助的女性受害者，同時絕不運用下流粗鄙的字眼指稱婦女。[g]恐懼產業是個不折不扣的男性主宰世界，不少極限鬼屋與傳統鬼屋有婦女受害或遭到凌辱的場景。[h]我們活在一個女性飽受中傷與剝削的世界，暴力威脅是真實存在且就在眼前。正如我在波哥大得到證實，當恐懼太過接近現實生活是會造成心理創傷的。在任何一個週六夜外出，都能看到夠多的性暴力；我和同事認為沒有必要在我們的鬼屋裡展現更多這類場景，證明這可怕的現象確切屬實。就像恐怖屋的主秀，「地下室」想提供有別於那幾種場所的其他選擇，因而打造了一個緊張刺激、令人驚恐的體驗，藉以翻轉既有的權力互動關係。[i]

f 恐怖遊樂業的安全性這個議題應該要被重視。我見過的最危險鬼屋有些是傳統的小鎮鬼屋及搭無篷馬車夜遊，什麼事都有可能發生（談到駭人——不妨想像火焰噴射器在滿是黑色塑膠與乾牧草的場所噴火，而十六歲的駕駛開著一臺五噸重的曳引機，上頭載滿孩童與青少年）。聯邦政府並未監管鬼屋，州、郡政府的監督則各自為政，迥然有別。許多鬼屋會任用本身還是孩童的志工擔任工作人員；絕大多數鬼屋不會進行身家調查。

g 這一點有時很難管控，因為演員沉浸在某個場景時，有可能一時衝動說出那些字眼——無論對方是男是女——事後他們總會為此道歉，可是這些字眼遠比其他類型的言詞更容易脫口而出的事實，點出暴力侵犯女性在我們的文化中是多麼正常。

h 我不想引發大家關注我認為很惡劣的「極限」鬼屋，因此我不打算提及它們的名字。我只想說鬧鬼景點／極限娛樂界有一派的設計建造是為了滿足創造者，遠勝於滿足其顧客。這些傢伙不想強化來客的身心健康，而想看他們情緒失控。

i 「地下室」確實包含帶有性暗示的內容，但其目的並非想要模擬或甚至接近性侵害。涉及某種情色內容的每個場景絕不會包括任何暴力攻擊的暗示，而比較暴力的場景則不包含性活動。最後，說到暴力或騷擾，暴露在這類風險之下的是演員，而非遊客。就算在踏進「地下室」前已明確解說不可騷擾或觸摸演員，總有來客（男女皆然）會經常抓住或企圖伸手去抓我們的演員，對他們說些粗鄙、斷章取義、不恰當的事。我們不得不請這些客人離場。

「地下室」的第一季大獲成功，絕大多數夜晚的門票皆全數售罄。我們甚至在淡季特別開放了三次：聖誕節、情人節，以及一場夏日特別活動。所有門票都賣光了。我收集到超過兩百位顧客的意見調查表，回應結果非常良好：有九一．四％的人表示他們明年還會再來。我為我們在「地下室」創造的一切感到驕傲，可是心裡留有許多疑問。例如，我請遊客針對他們認為「地下室」有多強烈、多刺激、多恐怖、令人多不安、多反感進行評分。結果和我的預測相去甚遠：大家的確認為它更刺激、更強烈，但卻沒有更恐怖。

分析「我們可以怎樣改進？」這道問題的答案後，發現大家希望它能更加恐怖。聽到這樣的反應真是令人費解，因為我們就是用一連串絕對極其恐怖的體驗來設計「地下室」。舉例來說，有些遊客的喉嚨會被塑膠刀「劃過」。這怎麼可能不夠驚嚇呢？我們還能進一步承受多大的恐怖呢？我們想要得到多可怕的經歷呢？謝天謝地，準備重新打造「地下室」第二季之前，我又學到很多關於恐懼的事。更棒的是，我和一位貴人見了面，讓我對這個主題有了全新的看法。

觀看自己的大腦

匹茲堡大學精神病學系副教授暨認知與情感神經科學計畫（Program in Cognitive Affective Neuroscience, PICAN）主持人克瑞格．西格爾是情緒研究領域的專家。他的研究獲得美國國家衛生研究院（National Institutes of Health）補助數百萬美元的資金。他的履歷表足以讓老練的研究人員心生敬畏，但幸運的是，過去一年來，我已經變得愈來愈勇敢。

儘管他在這個領域表現突出，但克瑞格不像我以前見過的很多研究主持人自詡是菁英而驕傲自滿。他態度友善、熱情好客，甚至邀請我連上所謂的「電擊盒」（the shock box），測試我對恐懼的心理生理反應。也就是說，他提議要把我嚇得半死，然後測量我的大腦與身體有何反應。當然，我很開心能做這項測試。

一個星期後，克瑞格帶著友善的笑容伸手迎接我。他穿著舒適的深色牛仔褲與馬球衫，一頭深棕色的直髮垂披至肩頭，還留了一臉幾乎（但並不完全）是落腮鬍的鬍子，克瑞格大概是我遇過最平易近人又溫暖的研究人員了。他不見得是你期待要測試你心中恐懼的那種醫生，或是我原本以為的那樣。

克瑞格知道每一種角度的恐懼。他深知煽動恐懼的威力，因此不會用輕率的態度面對這個主題。他的實驗室採用的模式和我們用於「地下室」的模式完全相同——都是以知情同意原則為中心。克瑞格動手為我進行任何恐懼測試前，都會向我說明接下來要做的測試的所有基本事項，但不會提到細節。我們談到要真正發掘我的恐懼反應，我們要做的事將不同於慣常的實驗室規範——事物可能會激發驚嚇、恐懼或強烈的情緒反應。我說，「我加入！」你可能會想，這樣做多多少少會破壞測試結果——的確，預先得知威脅的存在確實會影響我們對它的感受。但如果不先討論測試對象有何期待、未能先行掌握對方究竟同意了些什麼，事後造成心理創傷的機率會很高。

克瑞格和我在試驗開始前整整談了兩個小時，所以等他實際動手時，我知道自己和一個我能信賴的人置身於一個安全的場所裡。後來在我們自己的研究中，我看到克瑞格和每個參與者商談時，都抱持著相同的體貼與關切。恐懼是我們可以操弄的情緒，但唯有負責地處理它，才能成就美好的結果。這是我拚命想要告訴其他驚險刺激的製造者與創造者的一課。

我很熟悉克瑞格用來量測我的心理生理反應的儀器；我的學術生涯有不少時間是花費在研讀運用這些儀器的研究上。但如同我一再學到，在現實生活中，事情會變得有所不同，而且還會用你永遠無法想像的方式打擊你。首先是膚電反應（galvanic skin response, GSR）儀，會透過皮膚的導電性高低測量交感神經系統的活動狀態。基本上，它知道你有多焦慮。其次是腦電圖儀（electroencephalography, EEG），這是種讓人緊張的黑色冠狀頭罩，表面飾有不祥的、蜘蛛般的長腿，連接到頭部的不同部位。它的「腳」其實是電極，放在頭皮各處的特定位置，測量神經元同步時放電的電位活動。

不同的放電速度或振盪代表不同種類的大腦活動。緩慢的振盪，或稱西塔波（θ wave），代表大約每秒四至七次放電，顯示大腦處於一種近似恍惚的狀態，往往能在昏昏欲睡或冥想時觀察到這種波形。阿法波（α wave）由大約每秒八至十三次放電的神經元活動所構成，反映出大腦放空的狀態，也就是清醒但放鬆。下一個是貝他波（β wave），描述的是每秒十三至三十次放電。人在活動、關注事物和思考時，就會出現貝他波。最後還有伽瑪波（γ wave），以超過每秒三十次的振盪表現大腦的清醒激發狀態。出現伽瑪波代表此人正全心投入且完全清醒。這也是西藏喇嘛觀想「純然悲心」（pure compassion，慈悲、無緣悲心）的念頭時可以觀察到的波形——此時大腦是「一心不亂」。

等到腦電圖儀和膚電反應儀安置妥當後，克瑞格指著我們前方的三臺電腦螢幕說，「這是你的大腦，這些是你的腦波。」起初我不明瞭自己看的是什麼。有兩臺螢幕顯示的圖形像是測謊器或心電圖監視器的紀錄，伴有大量彎彎曲曲的波線四處跳動。而離我最近的這臺螢幕顯示大腦的四種活動，分別代表西塔、阿法、貝他、伽瑪。不斷變化的顏色表示較高或較低的波與位置（前、後、左、右）。一切看來就像是某種能引發幻覺的螢幕保護程式，可是當克瑞格要求我進行一系列的校準測試後，

j 克瑞格使用的腦電圖儀是由Emotiv公司製作生產，零售價只要大約七百五十美元，相較之下，克瑞格的實驗室使用的腦電圖儀不僅體積較大，售價也比較昂貴（每臺八萬美元），因為他們的研究要求腦電圖儀需能偵測較微弱的信號。這種新型的可攜式腦電圖儀實際上是專為遊戲玩家所設計，這類玩家在角色扮演線上遊戲中出任巫師一角，他們希望能用大腦控制魔法的施展。在此我想要感謝遊戲產業讓學術研究圈有平價的腦電圖儀可用。這麼一來，如今研究人員就能走出實驗室，前往未公開的地點，在更合適的環境中蒐集資料。開始施展魔法吧！

我突然開始明白自己正在做的事和螢幕上顯示的圖像二者之關連。克瑞格請我閉上雙眼十秒鐘，然後睜開眼睛。

「看看這裡的這個圖樣，那是一點點的阿法波，也就是說你閉上眼睛時，你的大腦進入一種放空狀態。」

看著螢幕上的反應，我意識到自己正站在窺視孔後方研究我自己的大腦。突然間我緊張了起來。萬一我的大腦與身體以意想不到或不尋常的方式應對恐懼，那該怎麼辦？萬一我並不是真的害怕自以為怕的東西呢？萬一我欠缺驚嚇反射（startle reflex）呢？況且這一次躲在窺視孔後的不只是我，克瑞格也在——其實，他會比我更早知道我是如何反應，而且他會是那個能讓我嚇一跳的人。我意識到在進行調查的過程中，這是我經歷過各種可怕、刺激和奇怪經驗裡，最陌生、最異常，也最具有啟發性的一個。雖然沒有血塊、怪物或巍峨的高度，但毫無疑問，這既怪異又駭人。

靈敏的驚嚇反應

「啪！」克瑞格突然在我面前用力拍手。我不禁放聲尖叫，在椅子上縮成一團，完全被震懾住了。雖然我知道他會在某個時點測試我的驚嚇反應，卻不清楚測試何時會降臨，我忍不住嘲笑自己不假思索的反應，卻又暗自叫絕。

我先看監視器，再看克瑞格。這是個關鍵時刻。多年來，久到我都記不清是幾年，我一直告訴大家我熱愛恐怖的事物和鬼屋，因為我的驚嚇反應很靈敏。或許它聽起來像是件不足掛齒的小事，但這是我選擇的職業，也是我身分的一個重要組成部分：喜歡受驚嚇的女人。

「怎麼樣？」我還沒真正完全理解自己正在看的是什麼，卻不死心地在監視器上尋找某種跡象。

「沒錯，」克瑞格說，「我們剛才證實了你的驚嚇反應確實很靈敏。我們正在測量大腦皮質，而這顯示你的注意力剛才做出很大的反應，然後在很多方面都停止了思考。」k

我鬆了口氣，同時覺得很高興。我對驚嚇很敏感，而且它們似乎能讓我的思考大腦停擺。我正在現場觀察長久以來我曾經歷過、也讀過的這一切。青春期的我告訴好友，鬼屋讓我感受到本能，還讓我「停止思考」，所以我喜歡鬼屋，這說法幾乎完全正確。我在日本富士急高原樂園的雲霄飛車上、在鬧鬼的台場怪奇學校裡，還有這一生去過的主題樂園與黑暗洞穴中，都能感受到它的存在。

克瑞格毫不遲疑，非常客氣地問道：「假如你同意，我想要觸碰你這個地方。」他輕按我的右肩上方。我說：「沒問題。」我以為他想捏我的上臂。

k 腦電圖儀只能測量大腦皮質的電位變化，我們運用的那種可攜式腦電圖儀更是如此。想要測量大腦深處的活動得靠侵入式手術，所以通常只會在靈長類或其他動物身上做研究。

沒想到，他在我肩膀上重重拍了一下。

我再次被徹底嚇到。眼前這人是個和善有禮、備受推崇與敬重的研究人員，而他剛剛賞了我的肩膀一掌。克瑞格問我還好嗎？然後繼續說明我的大腦有何反應。首先，我的腦電圖顯示出貝他波——我的身體立即進入警戒狀態。接著由西塔波的出現，證明我的認知迅速向後退一步。克瑞格解釋，腦電圖並未顯示高度激發的任何跡象，不過膚電反應確實測量到強烈的交感神經反應。用外行人能理解的說法來表達就是：被打之後，我的身體嚷嚷「好痛」，我的大腦則叫我快點離開。結果發現，我的預設反應是逃，而非戰（至少在認知上是如此）。

接下來，克瑞格拿出一臺看似iPod的機器。它是電子肌肉刺激裝置（electronic muscle stimulator, EMS），又名「電擊盒」。儀器的底部會產生電流，透過電線傳至貼在皮膚上的兩塊各二乘二英寸大的軟墊。這種型號其實是專門為物理治療師所設計，他們會使用來放鬆肌肉，可是克瑞格開玩笑地說，有了它，他會更像個虐待狂。

克瑞格把軟墊貼在我的前臂靠近手肘處，並說我們會從五開始倒數，然後才啟動電子肌肉刺激裝置。我滿懷焦慮地倒數，接著感覺到軟墊底下傳來一陣微弱的震動。它一點也不痛，反而讓我很放鬆。他一邊增強電流強度，一邊說明我的交感神經系統會出現較大的反應。我的阿法波與西塔波也顯著增多，但貝他波則不然。克瑞格說，從某個角度來看，這會讓我覺得不是完全正常，但我其實不知道不正常是好或壞。不過，我沒有太多時間可以思考，或許該說沒有真正足夠的「思考大腦」連上線可以思考；因為我處在一種近似恍惚、放鬆的冥想狀態。

接著他又把電流調得更強一些。

原本令人放鬆、輕柔的震動迅速變成痛苦的通電波。像是有一萬根細針正在扎我的皮膚，愈刺愈深。先是鑽進我的肌肉，接著一路穿透到腳趾和骨頭。那疼痛來得突然又猛烈，彷彿我身體的每一個部位全都踩到了河豚。

我大叫：「噢！哎喲！」克瑞格趕緊把它關掉。

電擊的疼痛時常被拿來與火吻、針刺或刀傷相提並論，但老實說，所有這些身體的知覺都會留下不同的創傷。你的大腦具有不同的痛覺受器（nociceptor），能影響你如何感知不同的痛苦感覺。那就是臉上挨了一拳和手在爐子上燙傷二者感覺不同的緣故。我個人曾經觸電過好幾次，大多是成長時被穀倉和馬廄周圍的通電圍籬電到。最慘的經歷發生在我後退到一處電圍籬盡頭時，正好撞到手肘後方的鷹嘴突。那突如其來的一陣疼痛令人難忘。海嘯等級的一波波疼痛從手臂向外輻射，貫穿全身其餘部位，發麻之外還痛苦難當。我隨即倒在地上，被很有可能是我感受過最強烈的疼痛擊垮。電子肌肉刺激裝置帶來的痛遠不如那次經驗糟糕，但我可以肯定地分辨出它是屬於相同的疼痛家族。

克瑞格讓我看我的交感神經系統是如何發送電脈衝，還有我尖叫時，腦波看起來是什麼模樣。

我在疼痛狀態下凝視著我的大腦；當一個無法看見的東西能以看得見、摸得著的表象出現，看到疼痛被認可是實質存在而非主觀感受，這真是令人滿足。但接著克瑞格叫我看看自己的手：我沒有意識到，卻本能地將手指內縮至掌心，形成爪子的模樣。這是觸電時肌肉收縮的結果；假如你不小心抓到一條高壓電線，就會發生這種「無法擺脫」的反應。

克瑞格用不同的電擊設定，以及各式各樣能誘發恐懼的物品繼續進行實驗，顯然在我對各種刺激做出反應的過程中，有某個東西導致克瑞格決定進行接下來的這項測試。它讓我大開眼界，認識到完全未知的自己。

克瑞格告訴我，他希望能再次電擊我，但這次他是這麼說的：「我希望你把它關掉。我會告訴你它什麼時候來臨。預作準備，可是切斷它。來，進入那個空間吧。」

儘管先前並沒有談到「切斷」痛苦或感官的想法，但我完全明白他的意思。小時候，若我的雙腳在學校集會或其他長時間的集合裡發麻，我總會教自己玩一個戲法。我學會告訴自己，與其認定那些持續隱隱作痛的麻痺感很痛苦，不如把它們想成一種正向的感覺（年輕的我會說：「那就是發麻的雙腳的感覺，讓它們好好地睡吧。」）。這招我用了一輩子：當我的馬咬我的大拇指；當我看恐怖電影或挑戰鬼屋，卻又希望感覺事情盡在掌握中；以及當我決心不要正視死亡。所以，我坐在克瑞格的實驗室中告訴自己，等到電子肌肉刺激裝置啟動時，我不會覺得疼痛，我要假裝它還是感覺很舒服，只是些很輕柔、放鬆的震動罷了。

克瑞格再次啟動電子肌肉刺激裝置，這一次他把電流強度調得比前幾次高許多，我告訴自己它感覺還行，甚至可以說很好。克瑞格一邊敘述他看見了什麼，一邊持續將調整鈕轉至更強：「我已經可以預見高頻波（伽瑪波）完全消失了，注意力系統已經停擺。貝他波消失；伽瑪波消失。一點點的阿法波與西塔波，交感神經系統仍在運作。讓我們看看如果將電流增強會發生什麼事。」他將調整鈕轉至更強，回頭看向螢幕：

「沒有，什麼也沒有。」

他又將它再調高一些，接著問我是否還好。我告訴他，我沒事，我並不覺得痛。我是說真的，我不覺得痛。我當然可以感覺到電流，只不過一旦我決定它不會讓我覺得痛，就真的不痛。克瑞格關掉電子肌肉刺激裝置，讓我靜靜地坐著休息。我真的不知道剛才發生了什麼事，但克瑞格似乎認為很有意思，這讓我覺得不自在。長久以來，我一直認為我這套把戲是人人都能做到的，可是現在我不敢肯定了。會是我有什麼問題嗎？

克瑞格轉身面對監視器螢幕，說明他方才看見的反應和我之前的反應完全不同。膚電反應顯示我的交感神經反應很活躍，說明我的大腦邊緣系統對電擊有所回應，但腦電圖呈現的卻是不同景象：「與之前相比，西塔波稍微增多。這是個迥然不同的反應。所以你確實把它完全切斷了。你真的把它完全切斷了。」克瑞格指出，我的瞳孔沒有擴張，有能力回答他的提問，表示我的身體正在經歷疼痛時，我沒有把那些感官知覺轉化成一種有意識的不愉快狀態。他說，在電擊期間我的西塔與阿法波，和他在被麻醉的人身上看見的反應是一樣的。基本上，我告訴自己電子肌肉刺激裝置並沒有讓我疼痛的時候，正要進入一種近似恍惚的狀態，以便讓自己鎮靜下來。

當然，這是件壞事。它不像我的執行功能（即，思考大腦）在我進行高度激發的冒險過程中，有許多次曾被切斷；在那些情況下，我感覺非常恐懼、非常痛苦——我就是無法理性地思考。但是這不一樣。我看著膚電反應儀的輸出資料，能看見自己的身體正顯示出疼痛。但我不知用了什麼辦法，切斷自己（或至少是我的心智與感覺）與身體的連結，因此當我閱讀那些圖形時，也不禁想為自己的身體抱屈——被大腦拋棄，獨自受苦。我常在生活中運用這個「戲法」，但與此同時，我的身體仍舊很痛苦；我只是不在附近，無法體驗它。克瑞格還在仔細觀看我活躍的腦波，他能看見我正努力理解這個情形。謝天謝地，他為我解釋了這個狀況，結果和我愚昧又怪異的大腦所想的略略不同。

如何減弱威脅反應的強度？

人們試圖減弱自己的威脅反應時，有多種方法可用。首先，你可以抑制它[6]：將注意力集中在掩飾恐懼表現於外的跡象。這在某些文化中比較常見，例如，有他人在場時，日本受試者往往會壓抑或掩飾自己的反應，獨處時則不然，而美國受試者沒有這樣的差別反應。不過，壓抑未必能減弱生理反應；其實，將較多的注意力放在掩飾上，反而會增加警覺度。其次，有些人會「切斷它」：他們會完全停止對威脅產生反應。新學院（New School）的溫蒂・丹德瑞（Wendy D'Andrea）研究創傷受害者時發現，這是一種自動反應。[7]那些曾遭受創傷打擊、出現顯著徵狀的人都會經歷一種「遲鈍的自主反應」，意思是他們的交感神經系統踩下煞車，從根本切斷他們對威脅的反應。這不只是前額葉皮質暫時停機；這是因應威脅的一種生理機制反轉作用，包括心跳速率與皮膚傳導率雙雙降低。雖然其目的是回應危險的情境，卻會產生可怕的後果。曾經歷這種反應的人表示，他們覺得麻木、空虛，得長期努力才能克服它。

第三種方法被稱為警戒／迴避反應。[8]克莉絲汀・拉森（Christine Larson）測試躺在功能性磁振造影儀中的參與者對蜘蛛照片的反應時，注意到這種反應。她發現異常恐懼蜘蛛的人看見蜘蛛後的三十毫秒內，其杏仁體的活性會驟增，接著活性立刻下降，因為他們會迅速將注意力轉移到其他地方。迴避反應可能會造成問題，因為要消滅恐懼症，患者必須保持參與，直到時間長得足以對那個經驗（這次的結局比較快樂）形成新的記憶。最終目標是，讓患有恐懼症的人慢慢習慣這個刺激，這就是「暴露療法」（exposure therapy）這種常見的恐懼症療法之立論基礎。

話說回來，就算不受迴避的問題影響，強烈的持續恐懼反應也不可取——結果往往會導致反覆憂思和長期壓力。更確切地說，目標是往中間靠攏，移到沒有恐懼症的人身上能觀察到的反應：持續的杏仁體反應，緊接著合理回歸到恆定狀態。因看見一隻蜘蛛而感覺有點恐懼是健康的反應，但理想上，這反應應該很小、來得很慢，是仙女棒而非沖天炮。大腦皮質與邊緣系統間有大量強烈對話的那種人，往往能在警覺與壓力的波濤中找出最好的路：他們能在生理與心理層面保持警覺，同時，由前額葉皮質傳來的訊息能順利傳到目的地，還能清楚明瞭地被理解。

包括克瑞格在內的研究人員發現，有個方法可以幫助人們保持參與，這樣他們才能處理自己的恐懼。這個方法就是引入社會支持，比方來自母親或父親，或是其他照顧者。[9]例如詹姆士．柯安發現，當你覺得害怕，只要握住心愛的人的手，就算只有四十五秒鐘，也能大幅降低對潛在威脅的反應強度。[10]克瑞格解釋，「令人匪夷所思的是，你要先確保安全，然後才會允許恐懼發生。」這可能和威脅反應產生期間所釋放的激素與神經傳導物質——也就是催產素、類鴉片（opioids）和多巴胺——有關，因為那可以創造親暱感、親密關係、從屬關係，還有愛的感受。這正是雪莉．泰勒（Shelley Taylor）研究壓力下從屬關係的生物基礎發現的結果。這在演化上是有道理的：在高度激發狀態下，假如我們確實覺得和我們在一起的人很親，就更有機會在掠食者攻擊下存活、擊退敵人，以及與性伴侶繁衍後代。

人們減弱或嘗試減弱自己的威脅反應強度的第四種方法，也許是最困難的一個：認知重評（cognitive reappraisal），也就是主動重新定義某個經驗並賦予新的意義。但是甘蒂絲・萊歐（Candace Raio）發現，這個做法在「現實世界」的緊張情況下效果不彰。[11]但它是可行的。當克瑞格要求我「進入那個空間」並切斷我的恐懼反應，這就是我所做的事。詹姆士・葛洛斯和蓋爾・薛普斯（Gal Scheppes）這兩位研究人員指出，取決於你面對的威脅是什麼，你可能在心理或生理上沒有足夠的時間或資源進行認知重評。因此，雖然它是個有效的策略，但很難成功地完成。[12]我並非地球上唯一一個擁有這種能力的人，不過它也不是很常見。

這個領悟嚇到我了，我請教克瑞格那代表什麼。它似乎不像是件好事：莫非我不知用了什麼辦法作弊？這不就是我長途跋涉前往自殺森林，想停止這樣做的事嗎？我這一整年不就是都在體驗恐懼？都在發覺與仔細思考是什麼樣不同的經驗讓我們的身體產生恐懼反應？假如情緒可以受到操控，那它還是真的嗎？假如恐懼與痛苦是可選擇的，那代表什麼意思？那不就是怪物的定義嗎？

它難道不會讓我變成怪物嗎？

幸運的是，我請益的對象正是怪物專家本人。克瑞格注意到我臉上和腦電圖輸出資料上顯現的擔憂，他告訴我學界研究藏傳佛教僧侶與其能力的悠久歷史。他們能減低痛苦，但也能秉持純然悲心與愛。[13]運用功能性磁振造影和腦電圖的研究顯示，精通正念靜觀（mindfulness meditation）修行——就像內感受覺，將覺察感知與專注力放在人的身體和其生理經驗上——的那些人較少感覺到痛苦，而且他們的大腦也顯示較少疼痛。當他們重新調整注意力並重新評估自己經歷的種種，其大腦中負責處理疼痛的區域確實縮小了。也就是說，儘管正念靜觀基本上牽涉到「切斷」痛苦，但並非透過封鎖、壓抑或嘗試忽略的過程讓它發生——而是更加關注那個經驗，並且按照生理反應決定該做什麼。

比方想像某個雨夜，你開車行駛在公路上。沒想到車子爆胎，行動電話沒電，距離最近的房屋得開到一條髒亂、路旁堆滿碎石的車道。矗立於車道盡頭的是一間破敗的農舍，窗口透出一盞燈的光線。從那一刻起，你感覺車子劇烈震動，你的威脅反應可能已開始起作用。當你步履艱難地朝那屋子走去，也許你的想像力正不受控制地冒出電影《月光光心慌慌》（*Halloween*）和《驚魂記》（*Psycho*）的畫面。不過這裡有另一個選擇：你可以停下腳步、深呼吸，感謝你的幸運星，因為附近就有間農舍，裡頭或許有電話可以借用。當然，這不表示你得像許多恐怖電影的受害者那樣粗心大意地走上前。你仍應保持警戒，但是在這個試想的情況下，不必讓自己陷入不理性的恐慌，乃至一發現血淋淋的鏈鋸便往樓上衝，而非向外跑。通常你得經由練習才能培養出有效的重評技能——至少，當涉及改變你的心理物理學反應，而不只是你的主觀經驗是如此。不過，威克富瑞斯特大學（Forest University）的研究員費斗・柴登（Fadel Zeidan）發現，就算只接受過一次「奢摩他」（samatha）這種藏傳佛教修法的訓練，也能減少疼痛的經驗，以及與疼痛有關的大腦活動。14

克瑞格向我詳細解釋這項研究時，我努力保持鎮靜，同時提醒自己，他正在提供有關恐懼的神經基礎之珍貴資訊。但我的內心正拚命掙扎，轉個不停。直到我嘗試把自己放進克瑞格正在描繪的那幅人類情緒圖畫中，它才終於講得通。

我不是西藏喇嘛，也沒有接受過他們的禪修訓練。雖然我們才剛認識，而且我到那裡的目的是為我的書進行研究——而不是以病患的身分出現——但我已經能信任克瑞格，因此，我必須盡可能用最明確的方式提出下一個問題。

「所以我有毛病嗎？」

1 研究顯示，企圖忽略痛苦，或蓄意聚焦於疼痛及它有多痛；祈禱，還有盼望，實際上全都會增加疼痛經驗的心理物理學（psychophysics，譯注：物理刺激與知覺反應間的關係）與自我陳述。

克瑞格笑了。他說，「不，你是能在情緒上施展忍術的人。你是個忍者。」

克瑞格向我保證，即使我是個忍者，我的情緒仍舊非常專注且非常真實。他提醒我，先前我曾告訴他，我去高空跳傘和坐雲霄飛車時，感到無上幸福；他說在那些情況下，我選擇投入。克瑞格表示，我們會犯的一大錯誤是，思考恐懼時，總想要把它和其他高度激發狀態（比如痛苦、非常激動、大笑、性慾被撩起）區分開來。有許多相同的大腦機制會存在所有這些狀態中，端賴我們賦予它們意義，如同我在家門外遇上街頭鬥毆時，情緒從恐懼轉變為憤怒。我們的交感神經系統被激發，接著我們運用認知操弄，還有邊緣系統與前額葉皮質間的協調結果去詮釋那個激發。這就是為什麼在街頭鬥毆時，我能如此迅速地從恐懼轉為憤怒，為什麼人們知道自己安全無虞時，面對恐怖事物的反應會從尖叫轉為一笑置之，為什麼復合炮是出了名的格外銷魂——所處情境已然改變，但身體仍處在高度激發的領域中。

沒有受過大量正念靜觀訓練卻天生懂得重新評估的人，多半是曾經歷過且必須忍受各式各樣生理反應的人——無論那是痛苦、恐懼、焦慮、喜悅或同情。例如，針對耐力賽運動員的研究發現，克服痛苦最有效的機制並非試圖忽略痛苦，而是重新評估痛苦。他們根本不會將這種感受或知覺歸類為痛苦，而是積極且有益的感覺，是他們熱愛自己從事的賽事的部分理由，就像會為自己的食物淋上辣醬，挑戰味覺極限的人，以及說自己熱愛受人衝撞的足球運動員。其他運動員則告訴自己，上場比賽時大腦和身體是分離的，正如我為自己的身體拘屈時所做的那樣。僧侶與篤信宗教的人會忍受折磨，認為那是獻身信仰的一種表現，而非導致絕望、憤怒、沮喪或悲傷。他們會靜觀純然悲心，這麼做就能感受到鋪天蓋地、強而有力的知覺，那只能用「愛」來形容。

還有另一個群體也精通重新評估的藝術。對他們來說，情緒與知覺是兩個工具箱，裡頭滿是地球上最有趣、最令人滿足、最好玩和最刺激的玩具：他們是BDSM社群〔BDSM：bondage（綁縛）、domination（支配）、submission（臣服）、masochism（受虐）〕。[15]針對這個群體已發表的研究數量並不多，但確實存在的研究幾乎完全聚焦於人格特質，以及爭論BDSM算不算是病態行為——換句話說，它能否被視為一種疾病（它並不是）。

一項發表於二〇一三年《性醫學期刊》（*Journal of Sexual Medicine*）的研究發現了非常有趣的事：作為一個群體，BDSM社群比對照組擁有更討喜的心理特質（較不神經質、較外向、對新的經驗較開放、較認真負責、對被拒絕不大敏感，以及較高的主觀幸福感）。換種方式來說：大多數自願被綑綁、毆打、刺穿和折磨的人會這麼做，不是因為他們正設法解決某種心理創傷或遺棄問題，僅僅是因為他們享受這檔事。這只不過是一項研究的發現，還有許多地方仍待進一步調查，但目前看來，對BDSM感興趣的人可能也是情緒忍者。情緒忍者的共同特點和定義特徵是正念，也就是識別和理解自己身體的反應，並選擇自己希望賦予它的意義，把這個經驗握在手中，讓它在身體與心理上均為自己所用。

我不曾想過自己和佛教僧侶、超級馬拉松跑者或BDSM愛好者有很多共同點，更不用說同一時間與這些人都有共通之處。但不管如何，我不是怪物，也沒有毛病。其實，我覺得彷彿剛發現自己具有超能力，就像電影《X戰警》（*X-Men*）裡的某個角色。我是瑪姬．克爾博士，情緒忍者！

然而，我感覺自己和披風與面罩格格不入。大多數情緒忍者也有恐慌症嗎？也有敏感的驚嚇反射？也喜歡刺激驚險的活動？我的超能力似乎和身上的其他特質有所衝突。我從未看過任何一項研究指出焦慮與尋求刺激間有正相關。其實，最新的研究指出，厭惡鬼屋與其他恐怖活動可能是罹患兒童焦慮症的指標。[16]而且絕大多數的焦慮症治療會專注在降低興奮，而非尋求興奮。

克瑞格說，從許多角度來看，我的反應天南地北。我不緊繃的時候，對驚嚇很敏感，可是我對克瑞格展示的許多新奇刺激事物，第一反應是後退一步，評估過後，才決定是否想要理會它。到底為什麼會是這種情況實在很難說。而恐懼研究還有一個洞待補：它們大多發生於實驗室，想要在這樣的場合創造一種不確定感是很難的事，同時研究人員也受限於實驗能真正達到的恐怖程度有多少。即使在知情同意的背景下，它仍舊是實驗室研究。

所以假如恐懼看起來和在真實世界有別呢？當我嘗試理解恐懼的光明面，所引用的大多數研究來自探討恐懼陰暗面的實驗室研究。可是我怎麼知道某個研究是不是合宜呢？舉例來說，要在實驗室中看到某人如何回應被蒙住雙眼、受到約束、被反鎖在棺材中，或是感覺自己被人蓄意用刀割傷，這是不可能的。缺乏資料是個實際的問題。

克瑞格建議我們動手修正這個問題。

恐懼實驗室

克瑞格提議，如果我們能共同制定一套方案、蒐集真實資料，豈不是很棒嗎？儘管我詳細記錄下遊客走遍恐怖屋後的感受，但那只是我個人的筆記。而克瑞格運用酷炫的儀器去了解我的感受，卻只是我的手臂被拍了一下，嚇了我一跳的反應，沒什麼太可怕之處。假如有辦法結合二者呢？我將有機會測試我想做的——不必再從實驗室測試恐懼的研究去推斷。我們可以在真實世界中測試恐懼。我們可以開始回答許多疑問：誰會選擇這類活動，為什麼？進入會場前他們有何感覺，離開會場後他們有不同的感受嗎？經歷可怕的體驗會如何改變人們思考與感受的方式？

這個點子很簡單：測試那些來恐怖屋玩的人——尤其是我設計的「地下室」。我們只會從已經選擇參加的遊客中招募參與者，以便保護克瑞格所屬的大學免於承擔任何棘手的責任問題。接著，參與者會被接上腦電圖儀，詢問一系列的問題，然後有十五分鐘的時間暴露於各種標準的情緒與認知刺激中。例如，他們會看見可怕影像與開心影像的照片，聽見令人吃驚的聲音，被要求想些負面的事（反覆憂思），握住同伴的手，進行令人沮喪的認知任務（比如倒數）。然後他們會穿過「地下室」，結束後再來回答更多問題，接著再次接受十五分鐘的認知與情緒刺激暴露（我們因此能測量事前與事後的變化）。為了回報他們的參與，我們答應會從他們的腦電圖報告中選一張腦波圖寄給他們。這會吸引他們內心的殭屍魂。

所以我和克瑞格在一座鬼屋內開辦了破天荒的第一間恐懼實驗室。二〇一四年的「地下室」是根據我自己四處冒險的那一年，還有與克瑞格共事所學到的一切重新設計，以便帶領來客經歷一場刺激、戰慄、挑戰極限的體驗。它會是第一間科學設計的鬼屋，能讓訪客留下絕妙感受。

於是我們開始動手改造「地下室」。

向遊樂設施借鏡

到了開始規劃「地下室」第二季時，我已經脫胎換骨。我已跑遍世界，不只是乘坐雲霄飛車或凌空向後斜倚在建築物邊緣，而是面對困難的情緒、放開心胸接納新經驗，以及知道自己其實有多堅強。我感到自信、快樂，對自己、自己的信仰和人生目標比以往任何時候都更有把握。

比什麼都重要的是，我想要和大家分享我所了解的生理刺激與心理驚懼能帶來的好處。可是我明白，我的許多經驗是大多數人沒機會接觸的。我要怎麼做才能捕捉雲霄飛車的快感，台場怪奇學校與超自然現象調查的戰慄，站在西恩塔頂邊緣時出於本能、未加控制的興奮，以及正視死亡時發現的個人成長呢？我想創造出一個前所未見、前所未有的冒險景點。靠著一群由我和克莉絲朵・拉普（Crystal Rupp）率領的了不起的演員和工作人員之協助，我做到了。

首先，從選擇開始。雖然「地下室」1.0版是繞著知情同意原則打造，但我擔心我們做的不足以確保顧客理解他們同意進行的體驗是什麼。在經歷過太多鬼屋（其中有些是「極限」鬼屋）的那一年後，我才領悟到這點。那些鬼屋雖然有免責聲明書，卻沒有充分告知這次經歷會帶來什麼（它們並非可怕、好玩、增進知識，或一段成長經歷）。此外，我讀過無數造訪鬼屋的經驗報告，有些是極限鬼屋、有些不是，有些是身臨其境的戲劇作品，有些是一般的娛樂節目，有的免費、有的要付費，可是談到人身安全與情緒安全時，顧客根本沒有得到照顧。例如，有些極限鬼屋沒有安全暗號，意思是真的除了拚命逃竄，不可能以安全、有支援的方式離開這項體驗。其他確實設有安全暗號的極限鬼屋會設計出某些場景，讓喬裝成遊客的演員說出安全暗號，接著受到進一步的折磨。對我來說，這百分之百無異於真實的酷刑與綁架。來訪的顧客必須一直且永遠知道他們能完完全全地掌控自己的體驗；是他們選擇進行此事，我們是為了他們而在場。

凱瑟琳・哈特利（Catherine Hartley）和同事最近發表了一篇論文，探討控制的重要性，不僅僅是如何應對恐懼，還有如何克服恐懼。[17]這項研究會隨機分配受試者到可逃避和不可逃避的環境，或對照組去承受壓力（在此指溫和的電擊）。然後，他們會受到恐懼制約，接著被測試消退（extinction，不再害怕刺激）與自發性復原（spontaneous recovery，又一次害怕它）。他們發現，在可逃避的環境下讓受試者暴露於壓力源中，能改善他們的恐懼消退，並防止恐懼的自發性復原。對置身在不可逃避環境下的那些人，情況剛好相反：他們會經歷更糟的恐懼消退，並且翌日顯現出增多的恐懼表現。對選擇的重要性來說，這是一項關鍵的發現。知道你可以離開，也可以選擇留下，能帶給你自主：被迫忍受則有相反效果。

就像玩俄羅斯方塊可以作為一種對抗創傷後壓力症候群的免疫疫苗，暴露在可調節、選定的壓力源下，也能幫助我們應付未來的實際壓力。哈特利表示，「我們的研究資料指出，透過培養控制感覺的臨床干預可以改善過度恐懼，那是焦慮症的特徵。」選擇非常重要，凡是沒有讓選擇明白呈現、充分理解、完全接受和全心信任的機構，都是存心害人。

知情同意不代表你必須向顧客說明整個體驗的內容，而是明確說明身、心可能會遭遇的風險與危險。考慮到這點，我更新了恐怖屋「地下室」的網站資訊，更詳細地說明來客會遇上什麼狀況；在遊客報到時，明確解釋切結書的內容（包括對母語非英語的遊客也是如此）；同時聘請最專業、最有才華、最訓練有素的科學家，出任遊客到訪後遇見的第一位演員。我的大學同事戴夫．梅勒洪（Dave Malehorn）同時也是個演員（他也在《階層》擔綱演出），他負責扮演門房的角色。如同我必須信任那一年與我共事的每個專業人士，我希望顧客覺得他們可以信任「地下室」裡頭的所有演員。每天晚上，當每位遊客走進「地下室」前，戴夫會確保他們完全了解自己正要選擇體驗的節目是什麼（他同時會指出也許還沒有完全準備好經歷這項體驗，以及會帶給演員潛在危險的客人）。從那裡開始進入「地下室」，每位遊客都知道自己是安全的，而且如同克瑞格曾說過，你要先確保安全，它才會允許恐懼發生。

其次是人。我永遠忘不了搭完富士急高原樂園的「高飛車」後，轉身想給朋友一個擁抱或擊掌時，這才發現我是獨自一人，或是大半夜和艾美在全世界第一座監獄裡來場漫長的步行。置身「黑洞」後，如果沒有她的支持，那個夜晚可能會變成痛苦的回憶（另外還得算上其他幾次她和我一起參加的冒險——在康乃狄克州那座鬧鬼的潘費爾德燈塔（Penfield Lighthouse），艾美毫不誇張地救起溺水的我）。獨處的時間讓我受益匪淺，但我們一起能表現得更好。

因此，我們將「地下室」安排成適合與一位夥伴共同經歷。時間的安排也很關鍵；整個體驗歷時大約四十分鐘，和我在西恩塔上待的時間一樣長。我們的驚嚇反應大約於二十分鐘後達到飽和（在那之後，驚訝已無法再讓我們產生跳起來的反應），但是我們還處在威脅反應的痛苦過程中，神智警醒且感覺害怕。如同站上「邊緣漫步」的通道時，我反覆向內、往外移動腳步，感受純粹的恐懼，我希望大家能擁有那樣的片刻——當他們仍持續與恐懼搏鬥，但還有能力後退一步，想想發生了什麼事，而自己有什麼感受，這樣便能在安全的環境中了解自己的威脅反應。

接下來，我思考自己在雲霄飛車上感受到的一切——那強烈、飛快、失控的身體衝擊，來自列車一溜煙地掃過轉角和急遽下降。如何才能在鬼屋中重新創造出那樣的感受呢？我們沒辦法真的讓大家以每小時六十二英里的速度行進，一如坐上超大型滾輪式雲霄飛車Eejanaika那樣。可是，透過操縱位置變動也許有辦法觸發那種「胃翻攪」的感覺。我希望這種身體感覺能於這趟體驗中早早發生，讓清醒激發系統真正動起來，並創造出一種迷失方向與混亂的感覺。

崔西．坎波（Tracy Campbell）白天是個護理研究員（不出所料，恐怖屋聘請了大量從事研究工作的人），她在第一個場景扮演過勞的圖書館員。崔西最多五十公斤重、身高一五五公分，因為她身材嬌小，眾人不會做好準備或料想到她會對自己又推又拉、又抓又丟——這些她全會讓你見識見識。她的角色是讓顧客一走進「地下室」就受到驚嚇，她會立刻推得他們向後退，倒在以六十度角斜靠著牆的一排門扇上。當來客倒在這些門片上，它們會移動折彎（但不會斷裂或摔落地面），形成一種不牢固的感覺，迫使遊客向前繃緊身體，正如雲霄飛車準備起動前你會有的那種反應（一如我坐Dodonpa時的感受）。

接著，崔西會迅速把他們拽到地上，並且拖行至這項體驗的下一個部分。但是要再過一會兒，真正讓人感覺「完蛋了」的時刻才會到來：崔西將遊客推進兩張椅子裡，進而在他們頭部套上紙袋，強迫他們置身黑暗中。接著，崔西熟練地操縱著他們的位置變化——她謹慎但大膽地將他們一會推向前、一會往後拉，創造出雲霄飛車掃過弧形軌道又加速的同一種感覺。因為看不見，遊客無從預測或調節自己的平衡狀態，而連續摔拋使得他們的本體感覺發生故障，讓他們益發覺得失控。

再現暗夜戰慄

然後，我想要複製在賓州東部州立監獄暗夜獨處的經驗，讓人感受視覺失靈，不得不靠其他感官弄清楚周遭發生了什麼事的那種恐懼。為達成這個目的，我們借用了童子軍的適應力培養活動，也就是蒙上雙眼，沿著一條繩索摸索穿越樹林。只不過我們以紙袋取代蒙眼布，遊客要面對的不是樹木、樹根和崎嶇的地形，而是兩名演員。他們各自配有一整袋的各式道具，有的感覺冰冷、有的溫熱、有的帶刺、有的尖銳，他們還會製造刺耳的聲音。有大約五分鐘的時間（在黑暗中，這感覺像是永遠），遊客必須在一片黑暗中摸索出繩索（具有許多不同質地）的位置。

有些訪客表示，「這是整段體驗中最駭人的部分。不確定性、完全黑暗、對於距離你的臉不到兩英寸外潛伏著什麼毫無知覺，造成每位遊客都得面對我在廢棄的監獄牢房發現的那個現實：這世界最可怕的東西，就是你自己的想像力。在這段時間，演員們也會強制結伴而行的遊客分開，他們總是嘗試保持挨著彼此，因而對此反應強烈。有許多人直接拒絕在少了夥伴後繼續前行，也有人上演絕望的馬可波羅遊戲（game of Marco Polo，譯注：一種捉迷藏遊戲，多在泳池中進行。當鬼的人會蒙眼或閉眼，一出聲喊「馬可」，其他人就必須回以「波羅」。透過聽聲辨位判斷玩伴躲在哪裡，被抓到的就當鬼），企圖找到對方。

嘗試再現我在超自然現象調查感受到的戰慄強度並不好辦；那個經驗是以某個既神祕又恐怖的空間為中心，裡頭充滿靜默、期盼，還有奇怪的感覺。正如我們兩年前所做的，我們向安・特賽拉求援，她從一開始就持續與我們密切合作。她不僅了解我所謂的「神祕、感覺有事要發生、奇特的靜默」，還將它轉化成當年我最喜愛的場景之一。一頭長長的黑髮直披至腰間——彷彿日本雪女般——寸長的指甲，還有怪誕神祕、困惑不安、捉摸不定的完美組合，安變身為幽靈般的長椅保母。這場景非常不得了；安看起來就像我在台場怪奇學校遇見的惡鬼，她歡迎遊客進入她的燭光教堂，坐在其中一張長椅上，接著將薄紙用力塞進他們嘴裡，再用拋棄式牙籤與牙線將他們的嘴唇縫合。與此同時，後臺的喇叭不斷傳出重低音，而她則用細長尖銳的指甲刮過他們的脖子與手臂——這是觸發自發性知覺高潮反應的一種常見手法。它會讓遊客感覺毛骨悚然。

不過，我的冒險並非全都和身體知覺有關。我也被迫去處理與思考自己通常不去回想的事。那就是你完全放開心胸去感受時會發生的事；無論是恐懼、愛、喜悅、幸福或悲傷，當你讓一個進來，它們全都會進來。我所學到的是，它們之間的界線充其量也就是模糊不清。我希望來客能有機會在安全的環境這個背景下，探索他們的個人界線與人際關係界線。這些挑戰極限的場景，也會是巧妙運用熱門的可怕怪物（如精神錯亂的小丑）的絕佳機會。在某個場景，我們的演員得到指示，要靈活運用與來客間的權力動態關係——例如，讓他們身處不同的境遇，扮演英雄或幫手的角色（運用化妝術幫助小丑或找出填充玩具動物），或者扮演追隨者（在他們臉上化妝或選擇遊戲）。這會強迫遊客展現其行為的界線，從而讓我們的演員將遊客推出他們的舒適圈外。

在其他場景，遊客面臨的挑戰是思考自己與同行夥伴間的關係。例如，某個有醫生在場的場景中，遊客必須決定要在同行夥伴的身上使用什麼儀器、執行哪種醫療程序。其他挑戰極限的場景中，

m 伊利亞．伍德（Elijah Wood，譯注：演員，曾飾演電影《魔戒三部曲》的主角哈比人佛羅多巴金斯）和蘿絲．萊斯立（Rose Leslie，譯注：女演員，曾飾演《冰與火之歌》影集中瓊恩史諾的愛人，野人伊格黎一角）曾安然度過「地下室」，並表示在黑暗中摸索著繩子前行是他們最喜愛的部分。事實上，他們給予整個節目很高的評價。肯定是我這一年最精采的片段。

n 「地下室」裡的每樣備品，包括套在遊客頭上的紙袋，全都是一次性使用。

遊客必須弄清楚要如何應對企圖偷走他們身體的惡魔，以及該對朗誦莎士比亞劇作，唯一目的是央求遊客（無論男女）成為其另一半的丑角說些什麼、做些什麼。在這些場景中，演員們或支持、或向前進逼地回應遊客，以便找出個人的界線何在，接著輕輕推它一下。

我從多年來閱讀調查回應和整個旅途期間，以及多次與陌生人實話實說的對談中學到，有時候我們最害怕的是埋藏在我們心中的事——那些我們看過、做過或發生在身上的事，讓我們羞於對自己承認，更別說是對他人坦白。然而，一如協助建立起「兒童期不利經驗」（adverse childhood experience）評量的文生・佛利提（Vincent Felitti）在自己的執業經驗中發現，吐露我們最可恥的時刻可以帶來很大的安慰。[18] 光是把可恥的念頭、記憶或經驗告訴別人，這個舉動就能減輕它的重量。為此我們創造了一間告解室，裡頭有個好管閒事的神父會先向來客表明，他只是想滿足自己病態的好奇心，並不需要知道細節，接著便會提出非常重要的問題，以此方式打造出一個空間，讓來客可以一吐自己祕密的或可怕的念頭與感受。他們當然可以撒謊，可是何必這麼做？他們沒有理由認為自己的祕密會洩露出去。我們的演員從這虛構情節中無從得知實情，而且也沒有真正的評判。在治療師的診療室裡有守密義務，在鬼屋中則有匿名性。

雖然正視死亡是我最具挑戰性的冒險，但那個經驗其實是滿容易重現的場景。我們打造了一具棺材，裡頭鋪滿泡棉護墊，還鋪上綢緞床單（其實睡起來很舒適）。一名牧師領著遊客走入場景中，並指示他們跪在棺材前的祭壇上。大約十秒後，死神走進這個房間。扮演死神的這名演員，尼克·諾阿（Nick Noir）留著一頭及腰的黑色雷鬼髮辮，臉部有多處穿孔裝飾，沒有眉毛，瓷白色肌膚——那是他還沒穿上死神戲服前的模樣。他的戲服是一襲經典的大型黑色斗篷，手裡還握著一把長柄大鐮刀。他一現身就讓遊客發出尖叫，可是等他開始談論（實則說教）即將到來的死亡，並要求他們選擇要埋葬誰，遊客完全跟不上。沒有自願的那個人會被放進棺材裡待上一分鐘，另外那位則被丑角拖走。

持續時間的長度非常關鍵：在達到大約二十秒之前，這個經驗新奇又有趣，但是過了二十秒這個階段後，遊客會開始問還要在裡頭待上多久？而那是恐慌開始降臨的時刻。有趣的是，人們一旦被放進棺材中，其反應會遵循兩種始終如一的模式：要不就是完全被嚇壞了，因而開始撞擊棺木、大喊救命（許多人會說出安全暗號，接著徹底被放出「地下室」外），不然就是說棺材很舒服、讓人很放鬆。這突顯知覺在恐懼中有多重要：有些人覺得被關在裡頭、感到幽閉恐懼、中了圈套，同時有些人覺得安全、舒服、溫暖。

最後，我想要將在克瑞格的實驗室體會到的經驗搬進這座鬼屋。一名演員會將遊客帶進一處完

o 當然，有些人樂意遠遠超出演員們必須謹守的規則之外，致使有超過一個以上的客人因無法遵守「地下室」的規則而被要求離場。

全黑暗的空間，讓他們並肩而坐，然後銬在椅子上，吩咐他們手牽手，再把他們綁在一起。接著，這名演員會用一把刀面包覆著錫箔紙的（安全的）通電塑膠刀「割」他們。因為這兩位遊客的身體互有接觸，每一回他們的同伴受到刀割，彼此都能感受到。理論上，因為他們手牽著手，兩人都會釋放催產素。這個目的是讓兩位遊客彼此靠得更近、團結在一起，同時創造出一段終身難忘的回憶。

經歷其他幾個結合了挑戰極限與肢體刺激的場景後，遊客會離開「地下室」，回到原先來報到的地點，取回自己的財物。他們可以坐下來閒待著，給自己一個機會重新定位自己，在走出此地重返真實世界前，召回自己的「思考」大腦。

二〇一四年這一季，我只錯過了一個晚上。每隔一晚，我會在實驗室和現場，更多時候是在外頭焦急地等遊客離場，以便聆聽他們的故事，藉以學習並一起成長。

驚險體驗的收穫

到了這一季快要結束前，我們蒐集了將近一百份腦電圖，還有超過兩百五十份顧客意見表。這些人大多數是二、三十歲，女性略多於男性（五一％、四一％），反映出恐怖屋顧客意見資料的人口特徵（讓人更進一步重視「恐怖題材並非只對男性胃口」的事實）。我們還在努力分析數量龐大的數據，但是到目前為止，分析發現帶來的已不只是啟發。其中有項發現是我最在乎的，而那讓我感到前所未有的驕傲：大家喜愛「地下室」，而且離開時感覺很美妙。[19]

參與者走進「地下室」前，必須在量表上以一到十為自己的心情打分數，等到一離開「地下室」，還要再次評分。不只是他們的心情有顯著變化，而且還是正向的變化：受到驚嚇實際上能讓人感覺好多了。針對調查資料所進行的初步分析也顯示，多數受訪者認為他們挑戰了自己的恐懼，因而得知自己的某些特點。在檢查調查回應與腦電圖資料是否相關時，我們發現那些最放得開、準備好參與驚險體驗的人從中得到最多收穫；亦即，他們離開時更開心了。而且不只是參與者說他們感覺更美好，其腦電圖數據也顯示他們更加放鬆；他們不再過度思考認知任務或因而備受壓力，也不再如過去那樣反覆憂思或擔心。基本上，他們的「雜念」停止了，而且原本讓他們煩心的事感覺也不再那麼困擾，如同我在西恩塔「邊緣漫步」曾體驗到的感受。那些來到「地下室」準備參與，甚至略帶焦慮的人得到最大好處——也就是說，最狂熱的粉絲是像我這樣的人。

我們已經蒐集到在統計上有意義的數據可佐證，指出那些焦慮不安或整天擔心的人為何會享受參與驚險的體驗？這個理論還有待更多的測試驗證，但它顯示參與驚險體驗時，我們不只能得到一種自然的快感並關閉大腦的執行功能，而且我們的壓力耐受度也會進行重新校準。當我們將自己推向極限，那些困擾我們的日常事物似乎也沒什麼大不了的。如果你能應付死神將你鎖在棺材裡一分鐘，在教堂裡被人縫合嘴巴，還被人用通電的刀子劃過身體，你就能應付所有的事。沒錯，這一切的體驗全都落在麥可・艾普特（Michael Apter）這位研究人員所謂的安全「保護架」（"protective frame" of safety）裡，不過適應力、自信，以及暫停——哪怕只是短短一會兒——川流不息的雜念是真的，而且它感覺很棒。[20]

可是還有一件事不能不提。第二年如此運行時，遊客反應它不夠恐怖。我知道它很恐怖，而且可以不帶偏見地這麼說。我曾見過遊客放聲尖叫，逃出不同的場景。我曾看過他們揭露自己的主觀界線，然後將那些界線往外推。你還能要求一間鬼屋做得更多嗎？在那一刻，我們的恐懼實驗室的優點是顯而易見的。根據遊客的腦電圖掃描輸出資料，甚至只是在體驗後與遊客聊天，很明顯地，經歷驚險體驗後，他們會處在一個完全不同，更放鬆、更悠閒的身心空間中。他們不會在回答調查問卷時不誠實，不過離開當下確實不覺得害怕；純粹的快感與輕鬆，讓他們回想這個經驗時改變了其感受。事實上，這是個信號，代表我們已經完成我們著手去做的事：帶著大家進行一趟情緒的、極限擴張的成長冒險之旅，並且讓他們平安歸來，比剛抵達時感覺更好。

克瑞格與我還有很多資料要分析，很多問題要回答。但是看著這一切按設計運轉，真是教人激動。我走遍世界尋訪恐懼，接著嘗試將我的發現全都放進一間大型的黑暗房間——而它成功了。我感受到一種熟悉的滿足，和小時候拖著朋友去看打鐵鋪裡被謀殺的男人一樣。同等程度地散播恐懼與喜悅。

多年前，因為想讓人們的生活更美好，我立志成為社會學家。我想要找出方法，終結根植於恐懼的偏見、歧視和凌虐所帶來的痛苦與不利影響。我從未想過會在一間滿布灰塵的地下室，一手持刀、一手拿個黑紙袋，完成了這個任務。

後記

克服恐懼，活出充實的人生

凡是克服自身恐懼去殺死野獸和冒險前進探索未知之地的人，都會得到活下來這份豐厚的報酬。這些人是我們的祖先。我們想要去冒險；我們希望有機會挑戰自我，克服困境。驚險體驗和自己嚇自己全都是片刻的衝突與解決，讓我們感覺良好、能掌控全局、有自信，以及感覺自己的能力與自身是可靠的。我們可以駕船駛進一場混亂的大風暴，再設法找到回家的路。我們需要做的是對它保持開放的態度，選擇加入。當我們這樣做，就成了駕駛人，我們引領經驗發生，同時由我們決定它的意義。

你的大腦非常善於模擬，但是卻找不到代替品能取代伴隨體驗而來的觸感和身體知覺——哪怕只是獨自坐在森林中。你永遠不知道自己會經歷或感受到什麼。你不必跑去西恩塔懸吊；你可以從小事著手：嘗試一種新食物；看一場恐怖電影；去溜冰刀、滑輪溜冰、滑雪；從事運動，任何運動都行；倒立或翻筋斗。打造屬於你自己的冒險地圖。從許多容易達成的目的地與活動，以及幾個伸手可及的活動開始，慢慢蒐集積存！在漆黑的廊道裡走動和爬行穿越地道帶給我的樂趣與滿足，遠遠超過入手一雙新靴子帶來的效益。

書寫冒險日誌或部落格，拍下照片並記下那些經驗發生時你有何感受。正視死亡。寫出你的恐懼。你真正害怕的是什麼？為什麼？就算是小小的步伐也好，敦促自己跨出你的舒適圈能帶來興奮、成長的感覺，並活出充實的人生。

注釋

前言　窺探恐懼的冒險之旅

1. David Ropeik, "The Consequences of Fear," *EMBO Reports 5* (2004)：世界衛生組織二〇一四年報告，who.int/en/.
2. Daniel Gardner, *The Science of Fear: How the Fear Manipulates Your Brain (New York: Penguin, 2008);* Peter Stearns, *American Fear: The Causes and Consequences of High Anxiety* (New York: Routledge, 2006); Barry Glassner, The Culture of Fear: Why Americans Are Afraid of the Wrong Things (New York: Basic Books, 1999).

第一章　從數十公尺高空俯衝而下

1. "Research Domain Criteria for National Institute of Mental Health," National Institutes of Health, nimh.nih.gov/research-priorities/rdoc/nimh-research-domain-criteria-rdoc.shtml#toc_product, accessed April 24, 2015.
2. Paul Ekman, "Universals and Cultural Differences in Facial Expressions of Emotion," in Nebraska Symposium on Motivation, 1971, edited by J. Cole, vol.19 (Lincoln: University of Nebraska Press, 1972), 207-282.
3. Erika Siegel, Molly Cannon, Paul Condon, Karen QuigleyandLisa Feldman Barrett, "Where in the Body Are Discrete Emotions?", poster presentation, Society for Affective Science, Bethesda, MD, April 24-26, 2014; Maria Gendron, Debi Roberson, and Lisa Feldman Barrett," Cultural Variation in Emotion Perception Is Real: A Response to Sauter, Eisner, Ekman, and Scott, "*Psychological Science* 26, no. 3 (2015).
4. Joseph LeDoux, "The Slippery Slope of Fear," *Trends in Neuroscience* 36, no. 5 (2013): 275-84.
5. Joseph LeDoux, "Emotinal Brain, Fear and the Amygdala,". *Cellular and Molecular Neurobiolog* 23, nos. 4-5 (2002): 727-738.
6. International Association of Amusement Parks and Attractions, *The Economic Impact of the U.S. Attractions Industry*, 2014, iaapa.org/iaapa-

foundation/economic-impact-study
7. Robert Cartmell, *The Incredible Scream Machine: A History of the Roller Coaster* (Bowling Green , OH: Bowling Green State Univ Popular Press,1987).
8. David Bennett, *Roller Coaster: Wooden & Steel Coasters, Twisters and Corkscrews* (Edison, NJ: Chartwell Books, 1998).
9. Adam Sandy, "Roller Coaster History," Ultimate Rollercoaster. 1999-2006, ultimaterollercoaster.com/coasters/history/.
10. Arthur Aron, Christina C. Norman, Elaine N. Aron, Colin McKenna and Richard E. Heyman, "Couples' Shared Participation in Novel and Arousing Activities and Experienced Relationship Quality, "*Journal of Personality and Social Psychology* 78, no. 2 (2002): 273-284.
11. Garriy H. Shteynberg, Jacob B. Hirsh; Evan P. Apfelbaum, Jeff T. Larsen; Adam D. Galinsky and Neal J. Roese, "Feeling More Together: Group Attention Intensifies Emotion," *Emotion* 14, no. 6 (2014): 1102-1114.
12. Kyung Hwa Lee and Greg J. Siegle,"Common and Distinct Brain Networks Underlying Explicit Emotional Evaluation: a Meta-Analytic Study,". *Social Cognitive and Affective Neuroscience* 7, no. 5, (2012): 521-534.
13. Lindsay M. Oberman Vilayanur S. Ramachandran, "The Simulating Social Mind: The Role of the Mirror Neuron System and Simulation in the Social and Communicative Deficits of Autism Spectrum Disorders," *Psychological Bulletin* 133, no. 2 (2007): 310-27.
14. Jason Marsh, "Do Mirror Neurons Give Us Empathy?," *Greater Good: Science of a Meaningful Life*, March 29, 2012, greatergood.berkeley.edu/article/item/do_mirror_neurons_give_empathy.
15. Christian Jarrett, "A Calm Look at the Most Hyped Concept in Neuroscience – Mirror Neurons," *Wired*, December 13, 2013.
16. James Kilner and Roger Lemon, "What We Know Currently About Mirror Neurons," *Current Biology* 23, no. 23 (2013):R1057-1062.
17. Jason R. Carter and Chester A. Ray, "Sympathetic Responses to Vestibular Activation in Human," *American Journal of Physiology - Regulatory, Integrative and Comparative Physiology* 294, no. 3 (2008) 294 (3): R681-688. Diane Deroualle和Christopher Lopez, "Toward a Vestibular Contribution to Social Cognition," *Frontiers in Integrative Neuroscience* 8 (2014): 16; Stephen M. Highstein, Richard R. Fay and Arthur N. Popper, *The Vestibular System* (New York: Springer, 2004).
18. "International Space Hall of Fame: John Stapp, "New Mexico Museum of Space History, nmspacemuseum.org/halloffame/detail.php?id=46, accessed March15, 2015.
19. Suzanne Slade, *Feel the G's: the Science of Gravity and G-Forces,* Headline Science (Mankato, MN: Compass Point Books, 2009).

20. 克瑞格・西格爾（Greg Siegle）和我在一個旋轉光隧道進行一項實驗。我帶著行動式腦電圖裝置，一邊試圖「控制」暈眩感，一邊放輕鬆享受這種不適應。腦電圖數據顯示，在嘗試控制和放鬆時，我的腦波確實不同。
21. Julien Barra, Laurent Auclair, Agnes Charvillat, Manuel Vidal, and Dominic Pérennou, "Postural Control System Influences Intrinsic Alerting State," *Neuropsychology* 29, no. 2 (2015): 226-234.
22. Christopher Bergland, "How Does the Vagus Nerve Convey Gut Instincts to the Brain?," The Athelete's Way (blog), *Psychology Today*, May 23, 2014, psychologytoday.com/blog/the-atheletes-way/201405/how-does-the-vagus-nerve-convey-gut-instincts-to-the-brain; Melanie Klarer, Myrtha Arnold, Lydia Günther, Christine Winter, Wolfgang Langhans, and Urs Meyer, "Gut Vagal Afferents Differentially Modulate Innate Anxiety and Learned Fear," *Journal of Neuroscience* 34, no. 21 (2014): 7067-7076.
23. Robert W. Levenson, "The Autonomic Nervous System and Emotion, "*Emotion Review* 6, no. 2 (2014): 100-112.
24. Pavel Mohr, Mabel Rodriguez, Anna Slavi ková, and Jan Hanka, "The Application of Vagus Nerve Stimulation and Deep Brain Stimulation in Depression," *Neuropsychobiology* 64, no. 3 (2011): 170-181; Giuseppe Tisi, Angelo Franzini, Giuseppe Messina, Mario Savino, and Orsola Gambini, "Vagus Nerve Stimulation Therapy in Treatment-Resistant Depression: A Series Report," *Psychiatry and Clinical Neurosciences* 68, no. 8 (2014): 606-611.
25. Klarer et al., "Gut Vagal Afferents."
26. Roger Highfield, "Science: Why We Scream," *Telegraph* (London), June 17, 2008.
27. Fredrick Verbruggen, Maisy Best, William A. Bowditch, Tobias Stevens, and Ian P. L. McLaren, "The Inhibitory Control Reflex," *Neuropsychologia* 65 (2014): 263-278; Kai Hwang, Avniel S. Ghuman, Dara S. Manoach, Stephanie R. Jones, and Beatriz Luna, "Cortical Neurodynamics of Inhibitory Control," *Journal of Neuroscience* 34, no. 29 (2014): 9551-9561; Simon Chamberland, and Lisa Topolnik, "Inhibitory Control of Hippocampal Inhibitory Neurons," *Frontiers in Neuroscience* 6 (2012): 165.
28. Brad J. Bushman, Roy F. Baumeister and Colleen M. Phillips, "Do People Aggress to Improve Their Mood? Catharsis Beliefs, Affect Regulation Opportunity, and Aggressive Responding," *Journal of Personality and Social Psychology* 81, no. 1 (2011): 17-32.
29. Nicholas M. Farandos, Ali K. Yetisen, Michael J. Monteiro, Christopher R. Lowe and Seok Hyun Yun, "Contact Lens Sensors in Ocular Diagnostics, "*Advanced Healthcare Materials*, November 17, 2014.
30. Diana I. Tamir and Jason P. Mitchell, "Disclosing Information About the Self Is Intrinsically Rewarding, "*Proceedings of the National Academy of*

Sciences 109, no. 21 (2012): 8038-8043.

31. James A. Coan and John J. B. Allen, eds., *The Handbook of Emotion Elicitation and Assessment* (New York : Oxford University Press, 2007); Lane Beckes and James Coan, "Social Baseline Theory and the Social Regulation of Emotion, " in *The Science of the Couple*, edited by L. Campbell, J. La Guardia, J. M. Olson and M. P. Zanna, Ontario Symposium on Personality and Social Psychology (New York : Psychology Press, 2012), 79-91.

第二章　在一百一十六層樓的邊緣漫步

1. Brandt, T. and D. Huppert, "Fear of Heights and Visual Height Intolerance," *Current Opinion in Neurobiology* 27, no. 1 (2014): 111-117.
2. "Skydiving History," United States Parachute Association, uspa.org/AboutSkydiving/Sky divingHistory/tabid/118/Default.aspx, accessed March 15, 2015; "History of Bungee Jumping," Bungee Zone, bungeezone .com/history, accessed March 15, 2015.
3. Dacher Keltner, "Evolution of the Sublime: Toward a Science of Awe," presentation at the annual meeting of the Society of Affective Science, April 2015.
4. Candace M. Raio, Temidayo A. Orederu, Laura Palazzolo, Ashley A. Shurick, and Elizabeth A. Phelps, "Cognitive Emotion Regulation Fails the Stress Test," *Proceedings of the National Academy Sciences* 110, no. 37 (2013): 15139-15144.
5. Hofmann, S.G., K.K. Ellard, and G.J. Siegle, "Neurobiological Correlates of Cognitions in Fear and Anxiety: a Cognitive-Neurobiological Information-Processing Model," *Cognitive Emotion* 26, no. 2 (2012): 282-299; Adam L. Lawson, Sarah Gauer, and Rebecca Hurst, "Sensation Seeking, Recognition Memory, and Autonomic Arousal," *Journal of Research in Personality* 46, no. 1 (2012): 19-25; Joshua P. Johansen, Christopher K. Cain, Linnaea E. Ostroff, and Joseph E. LeDoux, "Molecular Mechanisms of Fear, Learning and Memory," *Cell* 147 (2011): 509-524.
6. Joseph E. LeDoux, J., "The Slippery Slope of Fear," *Trends Neuroscience* 36, no. 5 (2013): 275-284.
7. Carter, J.R. and C.A. Ray, "Sympathetic Responses to Vestibular Activation in Humans," *American Journal of Physiology - Regulatory, Integrative and Comparative Physiology* 294, no. 3 (2008): R681-688.
8. Joseph E. LeDoux, "Emotinal Brain, Fear and the Amygdala," *Cellular and Molecular Neurobiology* 23, nos. 4/5 (2002): 727-738.

9. Masamichi Sakagami, Xiaochuan Pan, and Bob Uttl, "Behavioral Inhibition and Prefrontal Cortex in Decision-Making," *Neural Networks* 19, no. 8 (2006): 1255-1265.

10. Peter J. de Jong, Mark van Overveld, and Charmaine Borg, "Giving In to Arousal or Staying Stuck in Disgust? Disgust-Based Mechanisms in Sex and Sexual Dysfunction. *Journal of Sex Research* 50, nos. 3-4 (2013): 247-262.

11. Daniel Vastfjall, Paul Slovic, and Marcus Mayorga, "Whoever Saves One Life Saves the World: Confronting the Challenge of Pseudoinefficacy," University of Oregon Global Justice Program, April 2014, globaljustice.uoregon.edu/files/2014/07/Whoever-Saves-One-Life-Saves-the-World-1wda5u6.pdf.

12. David H. Zald, Ronald L. Cowan, Patrizia Riccardi, Ronald M. Baldwin, M. Sib Ansari, Rui Li, Evan S. Shelby, Clarence El. Smith, Maureen McHugo, and Robert M. Kessler, "Midbrain Dopamine Receptor Availability is Inversely Associated with Novelty-Seeking Traits in Humans," *Journal of Neuroscience* 28, no. 53 (2008): 14372-14378.

13. Shelley E. Taylor, "Tend and Befriend: Biobehavioral Bases of Affiliation Under Stress," *Current Directions in Psychological Science* 15, no. 6 (2006): 273-277.

14. Sara Shabani, Mohsen Dehghani, Mehdi Hedayati, and Omid Rezaei, "Relationship of Serum Serotonin and Salivary Cortisol with Sensation Seeking," *International Journal of Psychophysiology* 81, no. 3 (2011): 225-229; Masahiro Matsunaga, Hiroki Murakami, Kaori Yamakawa, Tokiko Isowa, Kunio Kasugai, Masashi Yoneda, Hiroshi Kaneko, Seisuke Fukuyama, Hun Shinoda, Jitsuhiro Yamada, and Hideki Ohira, "Genetic Variations in the Serotonin Transporter Gene-linked Polymorphic Region Influence Attraction for a Favorite Person and the Associated Interactions between the Central Nervous and Immune Systems," *Neuroscience Letters* 468, no. 3 (2010): 211-215.

15. Jon-Kar Zubieta, Yolanda R. Smith, Joshua A .Bueller, Yanjun Xu, Michael R. Kilbourn, Douglas M. Stohler, "Regional Mu Opioid Receptor Regulation of Sensory and Affective Dimensions of Pain" *Science* 293, no. 5528 (2001):311-315; A. Vania Apkarian, M. Catherine Bushnell, Rolf-Detlef Treede, and Jon-Kar Zubieta, "Human Brain Mechanisms of Pain Perception and Regulation in Health and Disease," *European Journal of Pain* 9, (2005): 463-484.

16. James J. Burston and Stephen G. Woodhams, "Endocannabinoid system and pain: An Introduction, "*The Proceedings of the Nutrition Society* 73, no. 1 (2014): 106; Molly S. Crowe, Sara R. Nass, Kristin M. Gabella, and Steven G. Kinsey, "The Endocannabinoid System Modulates Stress, Emotionality, and Inflammation," *Brain, Behavior, and Immunity* 42 (2014): 1-5; Josee Guindon and Andrea Hohmann, "The Endocannabinoid

System and Pain," *CNS & Neurological Disorder: Drug Targets* 8, no. 6 (2009): 403-421; John M. McPartland, Geoffrey W. Guy, and Vincenzo Di Marzo," Care and Feeding of the Endocannabinoid System: A Systematic Review of Potential Clinical Interventions that Upregulate the Endocannabinoid System," *PLoS One* 9, no. 3 (2014).

17. A. D. "Bud" Craig,"How Do You Feel — Now? The Anterior Insula and Human Awareness," *Nature Reviews Neuroscience* 10, no. 1 (2009): 59-70; A. D. "Bud" Craig, "Interoception: The Sense of the Physiological Condition of the Body," *Current Opinion in Neurobiology* 13, no. 4 (2003): 500-505.

第三章　伸手不見五指的監獄

1. Erving Goffman, *Asylums: Essays on the Social Situation of Mental Patients and Other Inmates* (Garden City, NY: Anchor Books, 1961).
2. Roy F. Baumeister, Ellen Bratslavsky, Catrin Finkenauer, and Kathleen D. Vohs, "Bad Is Stronger Than Good," *Review of General Psychology* 5, no. 4 (2001): 323-370; Nico Bunzeck and Emrah Düzel, "Absolute Coding of stimulus Novelty in the Human Substania Nigra/VTA," *Behavioral Medicine* 51, no. 3 (2006): 280-282; Gary Lewandowski Jr. and Arthur Aron, "Distinguishing Arousal from Novelty and Challenge in Initial Romantic Attraction Between Strangers," *Social Behavior and Personality* 32, no. 4 (2004): 361-372; Adam L. Lawson, Sarah Gauer, and Rebecca Hurst, "Sensation Seeking, Recognition Memory, and Autonomic Arousal," *Journal of Research in Personality* 46 no. 1 (2012): 19-25.
3. 菲利普・金巴多（Philip Zimbardo），孫佩妏、陳雅馨譯，《路西法效應：在善惡的邊緣了解人性》（*The Lucifer Effect*），商周出版，二〇一四年九月。
4. 米歇爾・傅柯（Michel Foucault），劉北成譯，《規訓與懲罰：監獄的誕生》（*Discipline and Punish*），桂冠出版，一九九二年二月。
5. History of Eastern State Penitentiary, Eastern State Penitentiary Historic Site, 1994; *Eastern State Penitentiary: Historic Structures Report*, 2 vols., Philadelphia Historical Commission, July 21, 1994; B. Belbot, "Eastern State Penitentiary," in *Encyclopedia of Prisons & Correctional Facilities*, edited by Mary Bosworth, (Thousand Oaks, CA: Sage Publications, 2005), 272-274; Mike Walsh, "Black Hoods and Iron Gags: The Quaker Experiment at Eastern State Penitentiary in Philadelphia," MissionCreep, missioncreep.com/mw/estate.html, accessed March 15, 2015.
6. "Museum History Talk," Walsall Council, May 11, 2009, cms.walsall.gov.uk/museum_history_talk_sheds_light_on_the_scold_s_bridle.htm.

7. Lane Beckes and James Coan, "Social Baseline Theory and the Social Regulation of Emotion," in *The Science of the Couple,* edited by L. Campbell, J. La Guardia, J. M. Olson, and M. P. Zanna, Ontario Symposium on Personality and Social Psychology (New York: Psychology Press, 2012), 79-91; Seth D. Pollak, Charles A. Nelson, Mary F. Schlaak, Barbara J. Roeber, Sandi S. Wewerka, Kristen L. Wiik, Kristin A. Frenn, Michelle M. Loman, and Megan R. Gunnar, "Neurodevelopmental Effects of Early Deprination in Post—Institutionalized Children, "*Child Development* 81, no. 1 (2010): -224-236; Harry T. Chugani, Michael E. Behen, Otto Muzik, Csaba Juhász, Ferenc Nagy, and Diane C. Chugani, "Local Brain Functional Activity Following Early Deprivation: A Study of Postinstitutionalized Romanian Orphans," *NeuroImage* 14, no. 6 (2001): 1290—1301.
8. Charles Dickens, "Philadelphia, and Its Solitary Prison," chapter 7 in *American Notes* (1842; reprint, London: Chapman & Hall, 1913).
9. Patrick Walters, "Mental Health Pros Boo Haunted House at Pa. Asylum," *Boston Globe*, September 22, 2010; Jamie Tarabay, "Haunted House Has Painful Past as Asylum," National Public Radio News, October 29, 2010; "Pennhurst Asylum Haunted House," Pennhurst Asylum, pennhurstasylum.com, accessed March 13, 2015; "A Statement Regarding the Pennhurst Haunted Asylum," Pennhurst Memorial and Preservation Alliance, August 2010, preservepennhurst.org, accessed April 27, 2015.
10. *Eastern State Penitentiary: Historic Structures Report*, Philadelphia Historical Commission, 1994, 1:220.
11. 同上，1:221.
12. Michel Foucault, *The Birth of the Clinic: An Archaeology of Medical Perception* (New York: Vintage, 1994).
13. Susan Nolen-Hoeksema, Blair E. Wisco, and Sonja Lyubomirsky, "Rethinking Rumination," Perspectives on *Psychological Science* 3, no. 5 (2008): 400-424.
14. "Most People Would Rather Shock Themselves Than Be Alone with Their Thoughts," *University Herald* [New York], July 6, 2014; Judy McGuire, "People Would Rather Shock Themselves Than Be Alone with Their Thoughts," *Today*, July 3, 2014.
15. James Gross, "Emotion Regulation: Affective, Cognitive, and Social Consequences," *Psychophysiology* 39 (2002): 281-291.
16. V. Legrain, F. Mancini, C. Sambo, D. M. Torta, I. Ronga, and E. Valentini, "Cognitive Aspects of Nociception and Pain: Bridging Neurophysiology with Cognitive Psychology," *Clinical Neurophysiology* 42, no. 5 (2012): 325-336; Valéry Legrain, Caroline Perchet, and Luis Garcia-Larrea, "Involuntary Orienting of Attention to Nociceptive Events: Neural and Behavioral Signatures," *Journal of Neurophysiology* 102, no. 4 (2009): 2423-2434; Geert Crombez, Chris Eccleston, Frank Baeyens, and Paul Eelen, "Attentional Disruption Is Enhanced by the

Threat of Pain," *Behaviour Research and Therapy* 36, no. 2 (1998): 195-204.

17. "Whipping Therapy Cures Depression and Suicide Crises," Pravda.ru, March 26, 2005, English.pravda.ru/health/26-03-2005/7950-whipping-0.
18. Olga Pollatos, Jochen Laubrock, and Marc Wittmann, "Interoceptive Focus Shapes the Experience of Time," *PLoS One* 9, no. 1 (2014).
19. Justine Cléry, Olivier Guipponi, Soline Odouard, Claire Wardak, and Suliann Ben Hamed, "Impact Prediction by Looming Visual Stimuli Enhances Tactile Detection," *Journal of Neuroscience* 35, no. 10 (2015): 4179-4189.
20. Marc Wittmann, Virginie van Wassenhove, A. D. "Bud" Craig, and Martin P. Paulus, "The Neural Substrates of Subjective Time Dilation," *Frontiers in Human Neuroscience* 4, no. 2 (2010); Marc Wittmann and Martin P. Paulus, "Decision Making, Impulsivity and Time Perception," *Trends in Cognitive Science* 12, no. 1 (2008): 7-12.
21. Philip Solomon, Philip E. Kubzansky, Herbert Leiderman, Jack H. Mendelson, Richard Trumbull, and Donald Wexler, eds., *Sensory Deprivation: A Symposium Held at Harvard Medical School* (Cambridge, MA: Harvard University Press, 1961); Michael Bond, "How Extreme Isolation Warps the Mind," BBC, May 14, 2014.
22. *The Yale Book of Quotations*, edited by Fred R. Shapiro (New Haven, CT: Yale University Press, 2006), 210.

第四章　怪聲、白影、不明物體

1. "Deserted Places: The Haunted Hotel at Tequendama Falls," Deserted Places: Abandoned Places and Urban Decay (blog), August 16, 2012, desertedplaces.blogspot.com/2012/08/the-haunted-hotel-at-tequendama-falls.html.
2. Stephen T. Asma, *On Monsters: An Unnatural History of Our Worst Fears* (New York: Oxford University Press, 2009).
3. Claude Levi-Strauss, *Myth and Meaning* (London: Routledge & Kegan Paul, 1978).
4. Barbara Ehrenreich, *Blood Rites: Origins and History of the Passions of War* (New York: Holt, 1998).
5. Asma, *On Monsters*, 24.
6. 同上，33.
7. 同上，37.

8. Jason Zinoman, *Shock Value: How a Few Eccentric Outsiders Gave Us Nightmares, Conquered Hollywood, and Invented Modern Horror* (New York: Penguin, 2011).
9. Lee Speigel, "Spooky Number of Americans Believe in Ghosts," *Huffington Post*, February 2, 2013.
10. Mario Beauregard and Vincent Paquette, "Neural Correlates of a Mystical Experience in Carmelite Nuns," *Neuroscience Letters* 405, no. 3 (2006): 186-190.
11. "Infrasound Linked to Spooky Effects," Associated Press, September 7, 2003.
12. Michael A. Persinger, "Infrasound, Human Health, and Adaptation: An Integrative Overview of Recondite Hazards in a Complex Environment," *Natural Hazards* 70, no. 1 (2013): 501-525.
13. Vic Tandy, "The Ghost in the Machine," *Journal of the Society for Psychical Research* 62, no. 851 (1998).
14. Marc Lallanilla, "Mysterious Hum Driving People Around the World Crazy," *LiveScience,* July 25, 2013, livescience.com/38427-the-hum-mystery-taos-hum.html.
15. Michael A. Persinger, "Religious and Mystical Experiences as Artifacts of Temporal Lobe Function: A General Hypothesis," *Perceptual and Motor Skills* 57 (1983): 1255-1262; Michael A. Persinger, "The Neuropsychiatry of Paranormal Experiences," *Journal of Neuropsychiatry and Clinical Neurosciences* 13, no. 4 (2001).
16. Jack Hitt, "This Is Your Brain on God," *Wired*, November 7, 1999.
17. Pehr Granqvist, Mats Fredrikson, Patrik Unge, Andrea Hagenfeldt, Sven Valind, Dan Larhammer, and Marcus Larsson, "Sensed Presence and Mystical Experiences Are Predicted by Suggestibility, Not by the Application of Transcranial Weak Complex Magnetic Fields," *Neuroscience Letters*, 379, no. 1 (2005): 1-6.
18. Vaughan Bell, Venu Reddy, Peter W. Halligan, George Kirovm and Hadyn Ellis, "Relative Suppression of Magical Thinking: A Transcranial Magnetic Stimulation Study," *Cortex* 43, no. 4 (2007): 551-557; Marco Sandrini, Carlo Umiltà, and Elena Rusconi, "The Use of Transcranial Magnetic Stimulation in Cognitive Neuroscience: A New Synthesis of Methodological Issues," *Neuroscience & Biobehavioral Reviews* 35, no. 3 (2011): 516-536.
19. Shahar Arzy, Margitta Seeck, Stephanie Ortigue, Laurent Spinelli, and Olaf Blanke, "Induction of an Illusory Shadow Person," *Nature* 443, no. 7109 (2006): 287.

20. Anne-Marie Landtblom, "The 'Sensed Presence': An Epileptic Aura with Religious Overtones," *Epilepsy & Behavior* 9, no. 1 (2006): 186-188; Landtblom, H. Lindehammer, H. Karlsson, and A. D. Craig, "Insular Cortex Activation in a Patient with 'Sensed Presence'/Ecstatic Seizures," *Epilepsy & Behavior* 20, no. 4 (2011): 714-718; Christine Le and Daniel H. Silverman, "Neuroimaging and EEG-Based Explorations of Cerebral Substrates for Suprapentasensory Perception: A Critical Appraisal of Recent Experimental Literature," *Psychiatry Research* 194, no. 2 (2011): 105-110; Michael Trimble and Anthony Freeman, "An Investigation of Religiosity and the Gastaut–Geschwind Syndrome in Patients with Temporal Lobe Epilepsy," *Epilepsy & Behavior* 9, no. 3 (2006): 407-414; Norman Geschwind, "Personality Changes in Temporal Lobe Epilepsy," *Epilepsy & Behavior* 15, no. 4 (2009): 425-433; Kara O'Connell, Joanne Keaveney, and Raymond Paul, "A Novel Study of Comorbidity Between Schizoaffective Disorder and Geschwind Syndrome," *Case Reports in Psychiatry* 2013 (2013): 1-3.
21. Trimble and Freeman, "An Investigation of Religiosity and the Gastaut–Geschwind Syndrome," 407-414.
22. Rhodri Marsden, "Maria Spends 20 Minutes Folding Towels': Why Millions Are Mesmerised by ASMR videos," *Independent [*London], July 21, 2012; Harry Cheadle, "ASMR: The Good Feeling No One Can Explain" Vice, July 31, 2012; Nitin K. Ahuja, "It Feels Good to Be Measured: Clinical Role-Play, Walker Percy, and the Tingles," *Perspectives in Biology and Medicine* 56, no. 3 (2013): 442-451; Steven Novella, "ASMR," NeuroLogica (blog), March 12, 2012, theness.com/neurologicablog/index.php/asmr.
23. David Huron, "Biological Templates for Musical Experience: From Fear to Pleasure," International Symposium on the Neurobiology of Music, Rice University, November 18, 2006.

第五章　從凶宅到日本鬼屋的挑戰

1. Elizabeth A. Grater, "The Rise of 'Slut-o-ween': Cultural Productions of Femininity in Halloween Costumes," master's thesis, George Washington University, 2012.
2. Antoni Slodkowski, "As Temperatures Soar, Japanese Turn to Ghost Houses," Reuters, September 2, 2010.
3. Chris Beckett, and Hilary Taylor, *Human Growth and Development*, 2nd ed. (Los Angeles: Sage, 2010).
4. Ayse Pinar Saygin, Thierry Chaminade, Hiroshi Ishiguro, Jon Driver, Chris Frith, "The Thing That Should Not Be: Predictive Coding and the Uncanny Valley in Perceiving Human and Humanoid Robot Actions," *Social Cognitive and Affective Neuroscience* 7, no. 4 (2012): 413-422.

5. Sandra C. Soares, Björn Lindström, Francisco Esteves, and Arne Öhman, "The Hidden Snake in the Grass: Superior Detection of Snakes in Challenging Attentional Conditions," *PLoS One* 9, no. 12 (2014).
6. Lynne A. Isbell, "Snakes as Agents of Evolutionary Change in Primate Brains," *Journal of Human Evolution* 51, no. 1 (2006): 1-35.
7. Vanessa LoBue, David H. Rakison, and Judy S. DeLoache, "Threat Perception Across the Life Span: Evidence for Multiple Converging Pathways," *Current Directions in Psychological Science* 19, no. 6 (2010): 375-379.
8. Isabelle Blanchette, "Snakes, Spiders, Guns, and Syringes: How Specific Are Evolutionary Constraints on the Detection of Threatening Stimuli?," *Quarterly Journal of Experimental Psychology* 59, no. 8 (2006): 1484-1504.
9. Elaine Fox, Laura Griggs, and Elias Mouchlianitis, "The Detection of Fear-Relevant Stimuli: Are Guns Noticed as Quickly as Snakes?" *Emotion* 7, no. 4 (2007): 691-696.
10. Kathryn Schulz, "Did Antidepressants Depress Japan?" *New York Times Magazine*, August 22, 2004.
11. Mary Picone, "Suicide and the Afterlife: Popular Religion and the Standardisation of 'Culture' in Japan," *Culture of Medical Psychiatry* 36, no. 2 (2012): 391-408.
12. 同上。
13. Cara Clegg, "Living with Ghosts: The Rising Popularity of 'Death Rooms' in Japan," *Rocket News*, April 9, 2014.
14. Paul J. Whalen, Hannah Raila, Randi Bennett, Alison Mattek, Annemarie Brown, James Taylor, Michelle van Tieghem, Alexandra Tanner, Matthew Miner, and Amy Palmer, "Neuroscience and Facial Expressions of Emotion: The Role of Amygdala–Prefrontal Interactions, "*Emotion Review* 5, no. 1 (2013): 78-83; Abigail A. Marsh, Megan N. Kozak, and Nalini Ambady, "Accurate Identification of Fear Facial Expressions Predicts Prosocial Behavior, "*Emotion* 7, no. 2: 239-251; Matthew Botvinick, Amishi P. Jha, Lauren M. Bylsma, Sara A. Fabian, Patricia E. Solomon, and Kenneth M. Prkachin, "Viewing Facial Expressions of Pain Engages Cortical Areas Involved in the Direct Experience of Pain, "*NeuroImage* 25, no. 1 (2005): 312-319; David Matsumoto and Hyisung C. Hwang, "Judgments of Subtle Facial Expressions of Emotion, "*Emotion* 14, no. 2 (2014): 349.
15. Bernard M. C. Stienen and Beatrice de Gelder, "Fear Detection and Visual Awareness in Perceiving Bodily Expressions," *Emotion* 11, no. 5 (2011): 1182-1189; David Matsumoto, and Paul Ekman, "American-Japanese Cultural Differences in Intensity Ratings," *Motivation and Emotion* 13, no. 2 (1989); Koji Akiyama, "A Comparative Study of Facial Expressions and Emblems Between Japanese and Americans" *Intercultural Communication Studies* 1, no. 1 (1991): 147; Paul Ekman, "Universals and Cultural Differences in Facial Expressions of Emotion,"

in *Nebraska Symposium on Motivation, 1971*, edited by J. Cole, vol. 19 (Lincoln: University of Nebraska Press, 1972), 207-282; Jan B. Engelmann and Marianna Pogosyan, "Emotion Perception Across Cultures: The Role of Cognitive Mechanisms," *Frontiers in Psychology* 4 (2013): 118; Dawn T. Robinson, "The Role of Cultural Meanings and Situated Interaction in Shaping Emotion," *Emotion Review* 6, no. 3 (2014): 189-195.

16. Maria Gendron, Debi Roberson, Jacoba Marieta van der Vyver, and Lisa Feldman Barrett, "Cultural Relativity in Perceiving Emotion From Vocalizations," *Psychological Science* 25, no. 4 (2014): 911-920.

17. Jessica Tracy, Azim F. Shariff, Wanying Zhao, and Joseph Henrich, "Supplemental Material for Cross-Cultural Evidence That the Nonverbal Expression of Pride Is an Automatic Status Signal," *Journal of Experimental Psychology: General* 142, no. 1 (2013): 163-180.

18. Joan Y. Chiao, "Current Emotion Research in Cultural Neuroscience," *Emotion Review* 7, no. 3 (2015), 280-293. Kimberly B. Rogers, Tobias Schröder, and Christian von Scheve, "Dissecting the Sociality of Emotion: A Multilevel Approach," *Emotion Review* 6, no. 2 (2013): 124-133; Engelmann and Pogosyan, "Emotion Perception Across Cultures."

19. Yair Bar-Haim, Aya Kerem, and Dominique Lamy, "When Time Slows Down: The Influence of Threat on Time Perception in Anxiety," *Cognition & Emotion* 24, no. 2 (2010): 255-263.

20. David M. Eagleman, "Human Time Perception and Its Illusions," *Current Opinion in Neurobiology* 18, no. 2 (2008): 131-136.

第六章　當死亡如此靠近

1. 研究人員採用許多不同量表。多面向恐懼量表（Multidimensional Fear Scale）將死亡恐懼分成八類：害怕死亡的過程，害怕死者，害怕被破壞，害怕重要他者，害怕未知，害怕意識死亡，害怕遺體，害怕早逝。這八個類別又可進一步細分。例如，維克多．佛羅里安（Victor Florian）與施洛默．克拉維茲（Shlomo Kravetz）一九八三年的個人死亡恐懼量表，分別衡量我們的個人內在憂慮（喪失自我實現，自我毀滅），人際關係憂慮（喪失社會認同，對家人與朋友的影響），以及超越個人的憂慮（超自然後果，此後的懲罰）。最廣為採用的量表是由柯雷特（Lora-Jean Collette）與萊斯特（David Lester）一九六九年設計，企圖將量表簡化，測量的恐懼包括對自身的死亡（例如完全孤獨的死亡，生命短暫，再也無法思考或感受），自身的垂死（例如死亡過程的痛苦，智力退化，對過程缺乏掌控，他人的悲痛），他人的死亡（例如失去親密的人，再也無法溝通，沒有對方而覺得孤單），以及他人的垂死（例如目睹對方受苦，必須陪伴臨終者）。

2. Ernest Becker, *The Denial of Death* (New York: Simon & Schuster, 1973), 87.
3. Brian L. Burke, Andy Martens, and Erik H. Faucher, "Two Decades of Terror Management Theory: A Meta-Analysis of Mortality Salience Research," *Personality and Social Psychology Review* 14, no. 2 (2010): 155-195.
4. 柏格（Peter Berger）、紀登斯（Anthony Giddens）、傅柯（Michel Foucault），及透納（Bryan S. Turner）對死亡及臨終的對話如何變化都有貢獻，提供歷史背景與理論架構，理解我們與死亡的關係對生活有何影響。
5. Philip A. Mellor and Chris Shilling, "Modernity, Self-Identity and the Sequestration of Death", *Sociology* 27, no. 3 (1993): 411-431.
6. 諾伯特・愛里亞斯（Norbert Elias），鄭義愷譯，《臨終者的孤寂》（*Loneliness of the Dying*），群學，二〇〇八年八月。
7. Jaya K. Rao, Lynda A. Anderson, Feng-Chang Lin, and Jeffrey P. Laux, "Completion of Advance Directives Among U.S. Consumers," *American Journal of Preventive Medicine* 46, no. 1 (2014): 65-70.
8. David Ropeik, "The Consequences of Fear," *EMBO Reports* 5 (2004); World Health Organization 2014 reports, who.int/en/.
9. Trinda L. Power and Steven M. Smith, "Predictors of Fear of Death and Self-Mortality: An Atlantic Canadian Perspective," *Death Studies* 32, no. 3 (2008): 253-272.
10. Fenna Van Marle and Shadd Maruna, "'Ontological Insecurity' and 'Terror Management': Linking Two Free-Floating Anxieties," *Punishment & Society* 12, no. 1 (2009): 7-26.
11. Rob Gilhooly, "Inside Japan's 'Suicide Forest,'" *Japan Times*, June 26, 2011; Peter Hadfield, "Japan Struggles with Soaring Death Toll in Suicide Forest," *Telegraph* [London], November 5, 2000.
12. 蘇珊・桑塔格（Susan Sontag），陳耀成譯，《旁觀他人之痛苦》（*Regarding the Pain of Others*），麥田，二〇一〇年五月。
13. Michael S. Bowman and Phaedra C. Pezzullo, "What's So 'Dark' About 'Dark Tourism'? Death, Tours, and Performance," *Tourist Studies* 9, no. 3 (2010): 187-202; Philip R. Stone, "Dark Tourism and Significant Other Death," *Annals of Tourism Research 39*, no. 3 (2012): 1565-1587; Tracey J. Potts, "'Dark Tourism' and the 'Kitschification' of 9/11," *Tourist Studies* 12, no. 3 (2012): 232-249; Sondra Brand and Nina Platter, "Dark Tourism: The Commoditisation of Suffering and Death," in *The Long Tail of Tourism: Holiday Niches and Their Impact on Mainstream Tourism*, edited by Alexis Papathanassis (New York: Springer, 2011), 7-15.
14. Wataru Tsurumi, *Kanzen Jisatsu Manyuaru [Complete Suicide Manual]*, 1993.

15. Seicho Matsumoto, *Kuroi Jukai* (*Sea of Trees* [Tokyo: Kodansha]), 1960.
16. Rosie Goldsmith, "Suicide 'Epidemic' Among Japan's Elderly," BBC, March 19, 2003.
17. World Health Organization 2014 reports, who.int/en/.
18. 同上。
19. Erin Petrun, "Suicide in Japan," *CBS News*, July 12, 2007.
20. Alexander Martin, "Japanese Stem-Cell Scientist Yoshiki Sasai Commits Suicide," *Wall Street Journal*, August 5, 2014.
21. Mary Picone, "Suicide and the Afterlife: Popular Religion and the Standardisation of 'Culture' in Japan," *Culture of Medical Psychiatry* 36, no. 2 (2012): 391-408; Jennifer R. Reimer, "Kokoro no kaze: The Creation of 'Depression' in Japan," *Practice of Madness Magazine*, March 2010.
22. Justin McCurry, "Japan Vows to Cut Suicide Rate by 20% over 10 Years," *Guardian* [London], September 4, 2014; Cameron Allan McKean, "How Blue Lights on Train Platforms Combat Tokyo's Suicide Epidemic," *Next City*, March 20, 2014.
23. Philip J. Cozzolino, Angela Dawn Staples, Lawrence S. Meyers, and Jamie Samboceti, "Greed, Death, and Values: From Terror Management to Transcendence Management Theory," *Personality and Social Psychology Bulletin* 30, no. 3 (2004): 278-292; Laura E. R. Blackie and Philip J. Cozzolino, "Of Blood and Death: A Test of Dual-Existential Systems in the Context of Prosocial Intentions," *Psychological Science* 22, no. 8 (2011): 998-1000; Oona Levasseur, Mark R. McDermott, and Kathryn D. Lafreniere, "The Multidimensional Mortality Awareness Measure and Model: Development and Validation of a New Self-Report Questionnaire and Psychological Framework," *OMEGA—Journal of Death and Dying* 70, no. 3 (2015): 317-341.
24. Debra M. Bath, "Separation from Loved Ones in the Fear of Death," *Death Studies* 34, no. 5 (2010): 404-425.
25. Kenneth E. Vail III, Jacob Juhl, Jamie Arndt, Matthew Vess, Clay Routledge, and Bastiaan T. Rutjens, "When Death Is Good for Life: Considering the Positive Trajectories of Terror Management," *Personality and Social Psychology Review* 16, no. 4 (2012): 303-329.
26. Victor Florian and Mario Mikulincer, "Fear of Death and the Judgment of Social Transgressions: A Multidimensional Test of Terror Management Theory," *Journal of Personality and Social Psychology* 73, no. 2 (1997): 369-380; Abram Rosenblatt, Jeff Greenberg, Sheldon Solomon, Tom Pyszczynski, and Deborah Lyon, "Evidence for Terror Management Theory: I. The Effects of Mortality Salience on Reactions to Those Who Violate or Uphold Cultural Values," *Journal of Personality and Social Psychology* (1989): 10-1037; Linda Simon, Jeff Greenberg, Eddie Harmon-Jones, Sheldon Solomon, and Tom Pyszczynski, "Mild Depression, Mortality Salience and Defense of the Worldview Evidence of Intensified Terror Management in

the Mildly Depressed," *Personality and Social Psychology Bulletin* 22, no. 1 (1996): 81-90.
27. Fadel Zeidan, Nakia S. Gordon, Junaid Merchant, and Paula Goolkasian, "The Effects of Brief Mindfulness Meditation Training on Experimentally Induced Pain," *Journal of Pain* 11, no. 3 (2010): 199-209.
28. Molly Maxfield, Sheldon Soloman, Tom Pyszczynski, and Jeff Greenberg, "Mortality Salience Effects on the Life Expectancy Estimates of Older Adults as a Function of Neuroticism," *Journal of Aging Research* (2010): 1-8.
29. Gina O'Connell Higgins, *Resilient Adults: Overcoming a Cruel Past* (San Francisco: Jossey-Bass, 1994); Scott J. Russo, James W. Murrough, Ming-Hu Han, Dennis S. Charney, and Eric J. Nestler, "Neurobiology of Resilience," *Nature Neuroscience* 15, no. 11 (2012): 1475-1484.
30. Thomas Greening, "PTSD from the Perspective of Existential-Humanistic Psychology," *Journal of Traumatic Stress* 3, no. 2 (1990): 323-326.
31. Tom Pyszczynski and Pelin Kesebir, "Anxiety Buffer Disruption Theory: A Terror Management Account of Posttraumatic Stress Disorder," *Anxiety, Stress & Coping* 24, no. 1 (2011): 3-26.
32. Christopher Peterson, Nansook Park, Nnamdi Pole, Wendy D'Andrea, and Martin E. P. Seligman, "Strengths of Character and Posttraumatic Growth," *Journal of Trauma Stress* 21, no. 2(2008): 214-217.
33. Wendy D'Andrea, Nnamdi Pole, Jonathan DePierro, Steven Freed, and D. Brian Wallace, "Heterogeneity of Defensive Responses After Exposure to Trauma: Blunted Autonomic Reactivity in Response to Startling Sounds," *International Journal of Psychophysiology* 90, no. 1 (2013): 80-89.

第七章　暴力攻擊下的顫抖

1. *Colombia 2014 Crime and Safety Report: Bogotá,* US Department of State, 2014.
2. "A Tourist Revival in the Heart of Bogotá.", *New York Times*, September 14, 2012.
3. Christoffer Frendsen, "Bogota's Most Dangerous Places," *Colombia Reports*, August 11, 2014; John Quiñones, "Radio Shows Help Colombia Kidnap Victims," ABC News, May 17, 2014; Alan Gilbert, "Urban Governance in the South: How Did Bogota Lose Its Shine?" *Urban Studies* 52, no.4(2014): 665-684.
4. *Post Traumatic Sress Disorder* (brochure), Arlington, VA: National Alliance on Mental Illness, 2011.
5. Kerry J. Ressler, Barbara O. Rothbaum, Libby Tannenbaum, Page Anderson, Ken Graap, Elana Zimand, PhD; Larry Hodges and Michael

Davis, "Cognitive Enhancers as Adjuncts to Psychotherapy," *Archives of General Psychiatry* 61, no .11(2004): 1136-1144.

6. Negar Fani, David Gutman, Erin B. Tone, Lynn Almli, Kristina B. Mercer, Jennifer Davis, Ebony Glover, Tanja Jovanovic, Bekh Bradley, Ivo D. Dinov, Alen Zamanyan, Arthur W.Toga, Elisabeth B. Binder, and Kerry J. Ressler, "FKBP5 and Attention Bias for Threat: Associations with Hippocampal Function and Shape," *Archives of General Psychiatry* 70, no.4(2013): 392.

7. Lynn M. Almli, Negar Fani, Alicia K. Smith, and Kerry J. Ressler, "Genetic Approaches to Understanding Post-Traumatic Stress Disorder," *International Journal of Neuropsychopharmacology* 17, no. 2(2014): 355; Masahiro Matsunaga, Hiroki Murakami, Kaori Yamakawa, Tokiko Isowa, Kunio Kasugai, Masashi Yoneda, Hiroshi Kaneko, Seisuke Fukuyama, Jun Shinoda, Jitsuhiro Yamada, and Hideki Ohira, "Genetic Variations in the Serotonin Transporter Gene-Linked Polymorphic Rigion Influence Attrcation for a Favorite Person and the Associated Interactions Between the Central Nervous and Immune Systems," *Neuroscience Letters* 468, no. 3(2010): 211-215.

8. 位於印第安納波利斯（Indianapolis）的印第安納大學（Indiana University）醫學院，有項研究發現原先顯得緊張的老鼠，注射了ＮＰＹ之後和其他老鼠互動，就沒有展露任何緊張的行為。，而其他沒有注射ＮＰＹ的老鼠，則會避免和其他的同伴互動，持續九十分鐘。Tammy J. Sajdyk, Philip L. Johnsono, Randy J. Leitermann, Stephanie D. Fitz, Amy Dietrich, Michelle Morin, Donald R. Gehlert, Janice H. Urban, and Anantha Shekhar, "Neuropeptide Y in the Amygdala Induces Long-Term Resilience to Stress-Induced Reductions in Social Responses but Not Hypothalamic-Adrenal-Pituitary Axis Activity or Hyperthermia," *Journal of Neuroscience* 28, no. 4(2008): 893–903.

9. Mark Gapen, Dorthie Cross, Kile Ortigo, Allen Graham, Ebono Johnson, Mark Evces, Kerry J. Ressler, and Bekh Bradley, "Perceived Neighborhood Disorder, Community Cohesion, and PTSD Symptoms Among Low-Income African Americans in an Urban Health Setting," *American Journal of Orthopsychiatry* 81,no. 1(2011): 31-37.

10. Molly Born, "Woodland Hills schools, Swissvale police investigate bus-stop fights," *Pittsburgh Post Gazette*, January 9, 2013.

11. Jim Glade, "Tourists to Bogota Sexually Assaulted, Held Hostage in Series of Hotel Robberies," *Colombia Reports*, April 19, 2011. 青年旅館是行搶常見的目標，二〇一一年至少有十二起，除了單人侵入，還有集團進攻並挾持人質搜刮財物者。許多這類犯罪都是黑數，因為青年旅館不希望有負面新聞，而旅客對司法又不夠熟悉，甚至懼怕走司法流程。

12. Lisa M. McTeague and Perter J. Lang, "The Anxiety Spectrum and The Reflex Physiology of Defense: From Circumscribed Fear to Broad Distress," *Depress Anxiety* 29, no. 4(2012): 264-281; Desmond J. Oathes, Greg J. Siegle, and William J. Ray, "Chronic Worry and the Temporal Dynamics of Emotional Processing," *Emotion* 11, no. 1(2011): 101-114; *Post Traumatic Stress Disorder*(brochure).

13. Jen Christensen, "PTSD from Your ZIP Code: Urban Violence and The Brain," CNN, March 27, 2014; Schwartz et al., "Posttraumatic stress disorder among African Americans."

14. Interview with Judy Cameron, July 2015; Cynthia L. Bethea, Kenny Phu, Arubala P. Reddy, and Judy L. Cameron, "The Effect of Short-Term Stress on Serotonin Gene Expression in High And Low Resilient Macaques," *Progress Neuropsychopharmacology &Biological Psychiatry* 44(2013): 143-153.

15. Brain G. Dias, Sunayana B. Banerjee, Jared V. Goodman, and Kerry J. Ressler, "Towards New Approaches to Disorders of Fear and Anxiety," *Current Opinion in Neurobiology* 23, no. 3(2013): 346-352; Giuseppe Tisi, AngeloFranzini, Giuseppe Messina, Mario Savino, and Orsola Gambini, "Vagus Nerve Stimulation Therapy in Treatment-Resistant Depression: A Series Report," *Psychiatry and Clinical Neurosciences* 68, no. 8(2014): 606-611;Marco Sandrini, Carlo Umiltà, and Elena Rusconi, "The Use of Transcranial Magnetic Stimulation in Cognitive Neuroscience: A New Synthesis of Methodological Issues," *Neuroscience & Biobehavioral Reviews* 35, no. 3(2011): 516-536.

16. Christina M. Alberini and Joseph E. LeDoux, "Memory Reconsolidation," *Curret Biology* 23, no. 17(2013): R746-750; Joshua P. Johansen, Christopher K. Cain, Linnaea E. Ostroff, and Joseph E. LeDoux, "Molecular Mechanisms of Fear Learning and Memory," *Cell* 147, no. 3(2011): 509-524; Thomas Agren, Jonas Engman, Andreas, Frick, and Mats Fredrikson, "Disruption of Reconsolidation Erases a Fear Memory Trace in The Human Amygdala," *Science* 337, no. 6101(2012): 1550-1552.

17. Emily A. Holmes, Ella L. James, Thomas Coode-Bate, and Catherine Deeprose, "Can Playing the Computer Game 'Tetris' Reduce The Build-Up of Flashbacks for Trauma?" A Proposal From Cognitive Science." *PLoS One* 4, no. 1(2009).

18. Elise Donovan, "Propranolol Use in The Prevention and Treatment of Posttraumatic Stress Disorder in Military Veterans: Forgetting Therapy Revisited," *Perspectives Biology Medicine* 53, no. 1(2010): 61-74.

19. 同上。

20. Drew Magary, "What It's Like to Be Kidnapped," *GQ*, April 2013.

21. Daniel Gardner, *The Science of fear:How the Culture of Fear Manipulates Your Brain* (New York: Penguin, 2008); Peter Sterns, *American Fear: The Causes and Consequences of High Anxiety* (New York: Routledge, 2006); Barry Glassner, *The culture of Fear: Why Americans Are Afraid of the Wrong Things* (New York: Basic Books, 1999).

22. David Ropeik, "The Consequences of Fear," *EMBO Reports* 5(2004).

23. *Gun Homicide Rate Down 49% Since 1993 Peak; Public Unaware*, Pew Research Center, 2013; “Study: Gun Homicides, Violence Down Sharply in Past 20 years,” CNN, May 9, 2013. 關於美國人對於風險錯誤警覺的評論，可參見Peter Sterns, *American Fear: The Causes and Consequences of High Anxiety.*
24. *The State of the News Media*, Pew Research Center, 2013.
25. Hannah Rosin, “The Overprotected Kid,” *The Atlantic*, April 2014.
26. C. W. Lejuez, Anne N. Banducci, and Katherine Long, "Commentary on the Distress Tolerance Special Issue," *Cognitive Therapy Research* (2013).
27. Hannah Rosin, “The Overprotected Kid,”
28. Virginia Hughes, “Stress: The Roots of Resilience”, *Nature* 490(October 10, 2012): 165-167; Scott J. Russo, James W. Murrough, Ming-Hu Han, Dennis S. Charney, and Eric J. Nestler, “Neurobiology of Resilience,” *Nature Neuroscience* 15(2012): 1475-1484; Aliza P. Wingo, Kerry J. Ressler, and Bekh Bradley, “Resilience Characteristics Mitigate Tendency for Harmful Alcohol and Illicit Drug Use in Adults with a History of Childhood Abuse: A Cross-Sectional Study of 2024 Inner-City Men And Women,” *Journal of Psychiatric Research* 51(2014): 93-99; Bekh Bradley, Telsie A. Davis, Aliza P. Wingo, Kristina B. Mercer, and Kerry J. Ressler, “Family Environment and Adult Resilience: Contributions of Positive Parenting and the Oxytocin Receptor Gene,” *European Journal of Psychotraumatology* 4(2013): 1-9

第八章　比鬼屋更恐怖的恐懼實驗室

1. Ricky Brigante, “Most Extreme Haunted Houses,” Fox News, October 10, 2014.
2. Ben Brantley, “‘Sleep No More’ Is a ‘Macbeth’ in a Hotel,” *The New York Times*, April 13, 2011.
3. Bill O'Driscoll, “Bricolage Offers Immersive, Interactive Theatrical Experience STRATA,” *Pittsburgh City Paper*, July 25, 2012.
4. Immanuel Kant, *Kant's Critique of Judgement*, translated by J. H. Bernard (London: Macmillan, 1914).
5. Pat Konopelski, Personal conversation, Summer 2014.
6. Gal Sheppes and Ziv Levin, "Emotion Regulation Choice: Selecting Between Cognitive Regulation Strategies to Control Emotion." *Frontiers in Human Neuroscience* 7(2013): 179.

7. Wendy D'Andrea, Nnamdi Pole, Jonathan Depierro, Stevem Freed, and D. Brian Wallace, "Heterogeneity of Defensive Responses After Exposure to Trauma: Blunted Autonomic Reactivity in Response to Startling Sounds," *International Journal Psychophysiology* 90,no. 1(2013): 80-89.
8. Christine L. Larson, Hillary S. Schaefer, Greg J. Siegle, Cory A. B. Jackson, Michael J. Anderle, and Richard J. Davidson, "Fear Is Fast in Phobic Individuals: Amygdala Activation in Response to Fear-Relevant Stimuli," *Biological Psychiatry* 60, no. 4(2006): 410-417; Michael W. Schlund, Greg J. Siegle, Cecile D. Ladouceur, Jennifer S. Silk, Michael F. Cataldo, Erika E. Forbes, Ronald E. Dahl, and Neal D. Ryan, "Nothing to Fear? Neural Systems Supporting Avoidance Behavior in Healthy Youths," *Neuroimage* 52, no. 2(2010): 710-719.
9. Olivia L. Conner, Greg J. Siegle, Ashley M. McFarland, Jennifer S. Silk, Cecile D. Ladouceur, Ronald E. Dahl, James A. Coan, and Neal D. Ryan, "Mom-It Helps When You're Right Here! Attenuation of Neural Stress Markers in Anxious Youths Whose Caregivers Are Present During fMRI." *PLoS One* 7, no. 12(2012).
10. James A. Coan, Hillary S. Schaefer, and Richard J. Davidson, "Lending a Hand Social Regulation of the Neural Response to Threat," *Psychological Science* 17, no. 12(2006): 1032-1039.
11. Candace M. Raio, Temidayo A. Orederu, Laura Palazzolo, Ashley A. Shurick, and Elizabeth A. Phelps, "Cognitive Emotion Regulation Fails the Stress Test," *Proceedings of the National Academy of Sciences* 110, no. 37(2013): 15139-15144.
12. Sheppes and Levin, "Emotion Regulation Choice"; James Gross, "Emotion Regulation: Affective, Cognitive, and Social Consequences," *Psychophysiology* 39(2002): 281-291.
13. B. Rael Cahn and John Polich, "Meditation States and Traits: EEG, ERP, and Neuroimaging Studies," *Psychology Bulletin* 132, no. 2(2006): 180-211; Christine Le and Daniel H. S. Silverman, "Neuroimaging and EEG-Based Explorations of Cerebral Substrates for Suprapentasensory Perception: A Critical Appraisal of Recent Experimental Literature," *Psychiatry Research* 194, no. 2(2011): 105-110; John Thomas, Graham Jamieson, and Marc Cohen, "Low and Then High Frequency Oscillations of Distinct Right Cortical Networks Are Progressively Enhanced by Medium and Long Term Satyananda Yoga Meditation Practice," *Frontiers in Human Neuroscience* 8(2014): 197.
14. Fadel Zeidan, Nakia S. Gordon, Junaid Merchant, and Paula Goolkasian, "The Effects of Brief Mindfulness Meditation Training on Experimentally Induced Pain." *The Journal of Pain* 11, no. 3(2010): 199-209; Fadel Zeidan, Susan K. Johnson, Bruce J. Diamond, Zhanna David, and Paula Goolkasian, "Mindfulness Meditation Improves Cognition: Evidence of Brief Mental Training," *Consciousness Cognition* 19,

no. 2(2010): 597-605.

15. Andreas A. J. Wismeijer and Marcel A. L. M. van Assen, "Psychological Characteristics of BDSM Practitioners," *Journal Sexual Medicine* 10, no. 8(2013): 1943-1952; Ali Héber and Angela Weaver, "An Examination of Personality Characteristics Associated with BDSM Orientations." *Canadian Journal of Human Sexuality* 23, no. 2(2014): 106-115; Juliet Richters, Richard O. De Visser, Chris E. Rissel, Andrew E. Grulich, and Anthony M. A. Smith, "Demographic and Psychosocial Features of Participants in Bondage and Discipline, 'Sadomasochism' or Dominance and Submission (BDSM): Data from a National Survey," *Journal of Sexual Medicine* 5, no. 7(2008): 1660-1668.

16. Linda Gilmore and Marilyn Campbell, "Scared but Loving It: Children's Enjoyment of Fear as A Diagnostic Marker of Anxiety?" *Australian Educational and Developmental Psychologist* 25, no. 1(2008): 24-31.

17. Catherine Hartley, Alyson Gorun, Marianne Reddan, Franchesca Ramirez, and Elizabeth A. Phelps, "Stressor Controllability Modulates Fear Extinction in Humans," *Neurobiology of Learning and Memory* 113(2014): 149.

18. Laura Starecheski, "10 Questions Some Doctors Are Afraid to Ask", National Public Radio, March 3, 2015; Robert Anda, "The Health and Social Impact of Growing Up With Adverse Childhood Experiences: The Human and Economic Costs of the Status Quo," Anna Institute, theannainstitute.org/ACE%20folder%20for%20website/50%20Review_of_ACE_Study_with_references_summary_table_2_.pdf, accessed April 20, 2015.

19. "A Haunted House Turned Scientists' Lab", *Science Friday*, National Public Radio, October 2014; "Adventures in the Upside of Fear", *Essential Pittsburgh*, WESA Radio, October 2014; Margee Kerr, "Scared and Loving It: Improved Mood Following Voluntary Engagement with Negative Stimuli," poster presentation, Society for Affective Science, April, 2015.

20. Michael J. Apter, *The Dangerous Edge: The Psychology of Excitement*, (New York: Free Press, 1992).

商周其他系列　BO0248

恐懼密碼

為什麼我們總是怕黑、怕鬼、怕獨處？

原文書名／Scream: Chilling Adventures in the Science of Fear
作　　者／瑪姬．克爾（Margee Kerr）
譯　　者／蕭美惠、林奕伶、楊琇玲、陳筱宛
企劃選書／黃鈺雯
責任編輯／黃鈺雯
編輯協力／曾曉玲
版　　權／黃淑敏
行銷業務／周佑潔、石一志

總 編 輯／陳美靜
總 經 理／彭之琬
發 行 人／何飛鵬
法律顧問／台英國際商務法律事務所
出　　版／商周出版　臺北市中山區民生東路二段141號9樓
電話：(02)2500-7008　傳真：(02)2500-7759
E-mail：bwp.service@cite.com.tw
發　　行／英屬蓋曼群島商家庭傳媒股份有限公司　城邦分公司
台北市104民生東路二段141號2樓
電話：(02)2500-0888　傳真：(02)2500-1938
讀者服務專線：0800-020-299　24小時傳真服務：(02)2517-0999
讀者服務信箱：service@readingclub.com.tw
劃撥帳號：19833503
戶名：英屬蓋曼群島商家庭傳媒股份有限公司城邦分公司
香港發行所／城邦(香港)出版集團有限公司
香港灣仔駱克道193號東超商業中心1樓
電話：(825)2508-6231　傳真：(852)2578-9337
E-mail：hkcite@biznetvigator.com
馬新發行所／城邦(馬新)出版集團
Cite (M) Sdn Bhd
41, Jalan Radin Anum, Bandar Baru Sri Petaling,
57000 Kuala Lumpur, Malaysia.
電話：(603)9057-8822　傳真：(603)9057-6622　email: cite@cite.com.my

封面設計／許晉維　內文設計暨排版／無私設計．洪偉傑　印　刷／鴻霖印刷股份有限公司
經 銷 商／聯合發行股份有限公司　電話：(02)2917-8022　傳真：(02) 2911-0053
地址：新北市231新店區寶橋路235巷6弄6號2樓

國家圖書館出版品預行編目(CIP)資料

恐懼密碼：為什麼我們總是怕黑、怕鬼、怕獨處？/ 瑪姬.克爾(Margee Kerr)著；蕭美惠等譯. -- 初版. -- 臺北市：商周出版：家庭傳媒城邦分公司發行, 民105.08
面；　公分. --(商周其他系列；BO0248)
譯自：Scream：Chilling Adventures in the Science of Fear
ISBN 978-986-477-065-6(平裝)

1.恐懼 2.情緒

176.52　　105011819

ISBN／978-986-477-065-6
定價／350元

城邦讀書花園
www.cite.com.tw

2016年(民105)8月初版